THE HUNDRED-PAGE
MACHINE LEARNING
BOOK

THE HUNDRED-PAGE
MACHINE LEARNING
BOOK

수식과 간결한 설명을 바탕으로 하는
핵심 머신 러닝

안드리 부르코프 지음 남기혁 · 이용진 · 윤여찬 옮김

i!i
에이콘

에이콘출판의 기틀을 마련하신 故 정완재 선생님 (1935-2004)

나의 부모님 타티아나와 발레리,
나의 딸 캐서린과 에바,
나의 형 디미트리에게

최근 20년 사이에 우리가 다룰 수 있는 데이터의 양은 폭발적으로 늘어났으며, 이에 따라 통계학과 머신 러닝 응용에 대한 관심도 덩달아 급증했다. 그 파급 효과는 상당하다. 10년 전, 내가 선택 과목인 통계 학습을 개설할 때 MBA 과정의 모든 학생이 강의실을 가득 채울 정도로 인기가 많아서 동료 교수들이 깜짝 놀랄 정도였다(당시 개설된 선택 과목 중 대부분은 수강생 채우기에 급급했기 때문이다). 현재는 '비즈니스 애널리틱스 Business Analytics'라는 석사 과정을 제공하고 있는데, 이 과정은 우리 학교의 특화된 석사 과정 중에서도 가장 규모가 크며, 지원자 수는 MBA 과정 지원자 수에 맞먹을 정도다. 그동안 이 과정의 과목 수가 많이 늘어났음에도 모든 수업마다 수강생이 가득 차서 불만이라는 의견은 여전히 나오고 있다. 이는 비단 우리 학교에서만 볼 수 있는 현상이 아니다. 데이터 사이언스와 머신 러닝 전공자에 대한 수요가 늘어나면서 이 분야의 학위 과정이 급속도로 늘고 있다.

이렇게 수요가 급증하는 배경에는 단순하지만 불가피한 한 가지 사실이 있다. 바로 머신 러닝 기법은 사회 과학, 경영학, 생물학, 의학을 비롯한 수많은 분야에서 기존과 상당히 다른 접근 방식을 제공한다는 것이다. 그로 인해 머신 러닝을 배경으로 하는 전문가의 수요가 엄청나게 늘어났다. 그런데 이러한 기술을 학생에게 가르치기는 쉽지 않다. 기존 자료들은 대부분 실전과 동떨어진 이론 위주인 데다, 오래전 통계학에서 다루던 피팅fitting 알고리즘과 이에 기반한 예측기만 다루기 때문이다. 정작 현실에서 마주치는 문제를 풀기 위해 다양한 기법을 구현해야 하는 연구원이나 엔지니어들에게 도움이 되는 자료는 드물다. 이들은 주어진 문제에 적합한 기법을 선정할 수 있도록 다양한 기법의 가정과 장단점을 파악해야 한다. 하지만 피팅 알고리즘에 관한 이론적 배경이나 세부 사항은 이러한 요구 사항과 다소 거리가 있다. 내가 『ISLR An Introduction to Statistical Learning: with Applications in R 』을 집필한 동기는 바로 이들을 위한 자료를 제공하기 위해서였다. 이 책에 대한 열광적인 호응만 봐도 실제로 그런 독자층이 적지 않다는 사실을 입증한다.

안드리 부르코프의 책도 성격이 비슷하다. 『ISLR』과 마찬가지로, 이론에 관한 세부 사항은 가볍게 넘기고 다양한 기법을 구현하는 데 필요한 핵심만 전달하고 있다. 이 책은 '데이터 사이언스를 위한' 간략한 매뉴얼 같다. 예상컨대 학교에서뿐만 아니라 실전에서도 반드시 참고할 만한 필독서로 자리매김할 것이다. 100페이지(실제로는 이보다 살짝 많은) 분량으로 구성돼 있어서 단숨에 읽기에도 충분하다. 분량은 적지만, 고전 선형 회귀와 로지스틱 회귀부터 SVM과 딥러닝, 부스팅, 랜덤 포레스트와 같은 최신 주제까지 머신 러닝의 핵심 주제를 거의 모두 망라해 다룬다. 각각의 주제는 결코 부족하지 않은 수준으로 설명하고 있으며, 더 깊이 알고 싶은 독자를 위해 이 책의 위키 사이트에 관련 자료도 제공하고 있다. 고급 수학과 통계 이론을 알아야만 이 책을 읽을 수 있는 것은 아니며, 심지어 프로그래밍 경험이 없어도 된다. 따라서 머신 러닝 기법을 알고 싶은 사람이라면 누구나 이 책을 읽을 수 있다. 머신 러닝 박사 과정을 시작하는 사람이라면 반드시 이 책을 읽어야 한다. 숙련된 독자도 레퍼런스처럼 활용하기에 좋다. 또한 이 책은 몇 가지 알고리즘에 대해 파이썬 코드도 함께 제공한다(파이썬은 현재 머신 러닝 분야에서 가장 인기 있는 프로그래밍 언어다). 나는 머신 러닝을 본격적으로 배우고 싶은 입문자뿐만 아니라, 어느 정도 머신 러닝에 대한 경험이 있으면서 실력을 쌓으려는 전문가에게도 이 책을 강력히 추천한다.

가레스 제임스[Gareth James]
USC(서던캘리포니아 대학) 데이터 사이언스 및 오퍼레이션학과 교수
베스트셀러 『An Introduction to Statistical Learning: with Applications in R』의 공저자

개인적으로 지난 수년간 설명해온 말이며, 내 저서 제목처럼 "인공지능이란 없다 Artificial Intelligence does not exist." 최소한 지난 10년 동안 들어왔던 '우리 대신 생각해주는 기계'는 순전히 할리우드식 판타지이자, 가장 비이성적인 공포라고 볼 수 있다. 기계는 우리가 학습하라고 제시한 것 외에는 학습하지 않는다. 생각하지도 않고, 숙고하지도 않는다. 르네 데카르트가 1637년에 한 말인 "생각한다. 고로 나는 존재한다 Cogito, ergo sum."에 따르면 생각해야 존재할 수 있는 것이다. 따라서 기계는 존재하지 않는다.

태곳적부터 우리는 일상생활에 필요한 작업을 하거나 문제 해결을 도와줄 기계나 로봇을 만들고자 노력해왔으며, 이런 기계나 로봇이 우리처럼 행동하거나 문제를 풀도록 가르쳤다. 그러다가 1950년대 후반에 들어서 인공지능과 머신 러닝이란 단어가 '뉴런을 수학적으로 모델링한 것'이라는 의미로 등장하면서부터 상황은 급변하기 시작했다. 용어에는 오해의 소지가 다분했지만 분야 자체는 상당히 흥미로웠다. 특히 빅데이터 시대가 도래하면서 아직 초기 단계에 불과하기는 하지만 머신 러닝은 뛰어난 도구를 개발하는 데 공헌했다.

따라서 머신 러닝은 실제로 존재하고 응용 분야는 나날이 확장되고 있으며, 이러한 도구들, 즉 우리를 도와주는 '비서들'은 가까운 미래에 더욱 다양하게 등장할 것이다. 머신 러닝의 응용 분야는 지금도 활발히 적용되고 있는 이미지 분야부터 헬스케어와 DNA 연구에 이르기까지 다양하게 확장하고 있다. 특히 DNA 연구에서 머신 러닝은 유전자의 기능 조합을 분석하기 위한 다양한 방법을 제시했다. 머신 러닝은 운송 영역에도 적용돼 인식과 계획 관련 기술을 좀 더 정교하게 발전시켜서 매일 출퇴근하는 동안 안전하고 안락한 교통 수단을 제공해줄 수도 있고, 기발한 방식으로 개체들을 연결해 일상생활을 윤택하게 만들어줄 것이다.

머신 러닝이 인간의 삶에 갑자기 들이닥치면서 우리 모두 머신 러닝에 어떤 식으로든 관심을 가질 수밖에 없게 됐다. 그중 일부는 머신 러닝의 작동 원리만큼은 확실하게 이해해야 한다. 또 어떤 이들은 가장 적합한 알고리즘을 선택하고 시스템을 배치하는 단계에서 치명적인 편향이 발생하지 않도록 데이터셋을 올바르게 정의하고, 만들고, 고를 수 있을 정도로 다양한 머신 러닝 기법을 깊이 있게 이해해야 한다. 그 외의 사람들도 최소한 머신 러닝 기술의 한계와 잠재적인 위험을 잘 파악해서 차분한 마음으로 활용할 수 있어야 한다.

안드리 부르코프의 책에서는 바로 이러한 것들을 설명하고 있다. 복잡한 수학 이론에서 헤매지 않고 꼭 필요한 기초만 강조함으로써, 고전 통계 기법부터 최신 딥러닝 기법에 이르기까지 머신 러닝이 제공하는 다양한 기법을 빠르게 습득할 수 있다. 이 책은 사람들이 헷갈리기 쉬운 개념과 용어들을 명확하고 간결하고 논리적으로 정리해 준다. 나아가 실전에서 알고리즘을 효과적으로 구현할 수 있도록 파이썬 코드 예제도 제시하고 있다.

입문자부터 실력 있는 전문가에 이르기까지 다양한 독자가 이 책을 레퍼런스로 삼아 머신 러닝의 모든 측면을 확실히 이해하고 마스터할 수 있을 것이다.

뤽 줄리아 박사^{Dr. Luc JULIA}

삼성 이노베이션 CTO & SVP

베스트셀러 『L'intelligence artificielle n'existe pas』의 저자

"모든 모델은 틀렸다. 그중 일부가 유용할 뿐이다."
    − 조지 박스

"시간이 좀 더 있었다면 편지를 이보다 짧게 썼을 텐데."
    − 블레즈 파스칼

| 지은이 소개 |

안드리 부르코프^{Andriy Burkov}

두 아이의 아빠이자 캐나다 퀘벡 시에서 머신 러닝 전문가로 활동하고 있다. 9년 전 AI 분야로 박사 학위를 취득한 후 6년 동안 가트너에서 머신 러닝 수석 개발자로 일하고 있다.

전문 분야는 자연어 처리다. 현재 팀에서 표층 학습 기법과 심층 학습 기법을 모두 적용해 최첨단 텍스트 추출 및 정규화 시스템을 개발하고 있다.

| 옮긴이 소개 |

남기혁(kihyuk.nam@gmail.com)

고려대학교 컴퓨터학과에서 학부와 석사 과정을 마친 후 한국전자통신연구원에서 선임 연구원으로 재직하고 있으며, 현재 ㈜프리스티에서 네트워크 제어 및 검증 소프트웨어 개발 업무를 맡고 있다. 한빛미디어에서 출간한 『Make: 센서』(2015), 『메이커 매뉴얼』(2016), 『이펙티브 디버깅』(2017), 에이콘출판사에서 출간한 『GWT 구글 웹 툴킷』(2008), 『해킹 초보를 위한 USB 공격과 방어』(2011), 『자바 7의 새로운 기능』(2013), 『iOS 해킹과 보안 가이드』(2014), 『Neutron 오픈스택 네트워킹』(2015), 『실전 IoT 네트워크 프로그래밍』(2015), 『애플 워치 WatchKit 프로그래밍』(2015), 『현대 네트워크 기초 이론』(2016), 『도커 컨테이너』(2017), 『스마트 IoT 프로젝트』(2017), 『파이썬으로 배우는 인공지능』(2017), 『메이커를 위한 실전 모터 가이드』(2018), 『트러블슈팅 도커』(2018), 『Go 마스터하기』(2018), 『자율 주행 자동차 만들기』(2018) 등을 번역했다.

이용진(xyzeroth@gmail.com)

포스텍 컴퓨터공학과 석사 과정에서 머신 러닝을 전공했으며, 2003년 한국데이터마이닝학회에서 'Best Student Paper'를 수상했다. 2004년부터 한국전자통신연구원에서 근무 중이다. 워싱턴대학교University of Washington의 전기공학과Dept. of Electrical Engineering에서 박사 과정을 밟는 동안 인공지능, 고급 선형 대수, 컨벡스 최적화 과목의 수업 조교를 맡았다. 현재는 한국전자통신연구원에서 심층 신경망과 강화 학습 관련 연구를 수행하고 있다.

윤여찬(ycyoon@gmail.com)

고려대학교 컴퓨터학과에서 학부와 석사 과정을 마치고 한국전자통신연구원에 입사한 후 현재까지 10년 넘게 자연어 처리, 이미지 처리 등 인공지능이 필요한 분야에 관한 연구를 수행해오고 있다.

최근 몇 년간의 화두로 떠오른 딥러닝 덕분에 머신 러닝이 전산학의 필수 과목으로 자리잡는 것 같습니다. 비단 전산 관련 일을 하지 않더라도 금융, 의료, 공학 등 여러 분야에서 머신 러닝에 대한 수요가 급증하는 것을 볼 수 있습니다. 그래서 많은 사람이 머신 러닝을 공부하길 원합니다. 이 책의 원서는 약 100페이지 분량의 얇은 핸드북입니다. 100페이지 정도에 불과하지만 머신 러닝이 무엇인지 충분히 파악할 수 있는 알찬 내용으로 구성돼 있습니다. 책의 내용이 침대에 누워서 가볍게 읽을 만큼 쉽지는 않으며, 특히 수식에서 어려움을 느낄 수도 있습니다. 그러나 머신 러닝을 제대로 이해하는 데 꼭 필요한 내용이 모두 담겨 있으므로, 입문서로서 내용을 파악하고 더 깊은 공부를 향해가기 위한 충분한 이정표를 제시할 수 있을 것으로 보입니다. 어쩌면 이 책을 시작으로 머나먼 여정이 시작됐을 수도 있고, 이 책의 내용만으로도 원하는 바를 충분히 이룰 수 있을 것입니다. 어떤 길로 나아가든 이 책이 도움이 됐으면 합니다.

제 학부 시절에 머신 러닝은 과거에 잠시 주목받았지만 대학원 전공으로 삼기에는 전망이 좋지 않다는 인식이 지배적이었습니다. 그러나 졸업 후 몇 년도 채 지나지 않아서 분위기가 완전히 달라진 것을 보니 어안이 벙벙할 정도입니다. 이제는 전문가가 되기 위해서가 아니라, 기본 교양으로 머신 러닝을 배워야 하는 시대가 됐습니다. 특히 현재 기술의 효과와 한계를 명확히 이해하는 것이 무엇보다 중요합니다. 자칫 공상 과학 소설과 현실을 혼동하거나, 본의 아니게 과장과 거짓말을 할 위험도 있기 때문입니다. 개인적으로는 처음부터 정의와 의미를 정확히 짚고 넘어가는 것이 도움이 된다고 생각합니다. 물론 수식 하나 없이 친구가 얘기해주는 것 같은 설명이 처음에는 편하더라도 결국 딱딱한 정의와 수식을 찾아가게 됩니다. 프로그램에 대한 최고의 문서가 코드이듯, 아쉽지만 머신 러닝도 기반 수학 이론에 익숙해질 필요가 있다고 느꼈습니다.

이 책은 머신 러닝에 대해 어렴풋이 들어본 입문자가 핵심 이론을 확실히 익히면서 최근 동향에 대해 감을 잡기에 좋습니다. 원서가 100페이지 정도의 적은 분량으로 중요한 내용만 다루고 있어서 언제든 책상 곁에 두고 틈틈이 참고하기에 좋습니다. 압축된 표현과 수식에 당황할 수 있지만, 군더더기 없어서 오히려 본질에 집중할 수 있습니다. 책은 얇지만 원서 웹사이트와 깃허브에서 풍부한 관련 자료와 다양한 파이썬 예제를 제공하고 있습니다.

이전에 번역했던 다른 책과 마찬가지로 빠른 이해와 정확한 전달에 우선순위를 뒀습니다. 그래서 용어나 표현도 가급적 널리 사용하는 것을 따르거나 부득이한 경우 음차 표기했습니다. 특히 이 분야는 오래전에 정립된 통계학 용어와 영문 용어가 혼재돼 있습니다. 좀 아쉽더라도 익숙함을 기준으로 용어를 통일했습니다. 최대한 자연스럽게 표현하고 본래 의미도 보존하려 노력했지만, 미처 걸러내지 못한 미흡한 부분이 있다면 미리 양해를 구합니다. 좋은 책을 맡겨주신 에이콘출판사 관계자 분들과 노련한 솜씨로 군더더기 없이 교정해주시는 전도영 실장님, 그리고 AI 책마다 항상 기꺼이 참여하면서 풍부한 경험과 예리한 지적을 아낌없이 쏟아주는 이용진 연구원과 윤여찬 연구원께 감사의 말을 전합니다.

대표 역자 남기혁

| 차례 |

이 책을 시작하기에 앞서 분명히 밝힐 사실이 있다. 바로 기계(머신machine)는 학습하지 않는다는 것이다. 흔히 말하는 '머신 러닝machine learning(기계 학습)'은 주어진 입력 집합(훈련 데이터training data)에 대해 정해진 값을 출력하는 수학 공식을 찾는 것을 말한다. 이러한 수학 공식은 훈련에 사용하지 않은 다른 데이터에 대해서도 정답에 가까운 결과를 출력한다. 단, 입력이 훈련 데이터의 통계 분포와 같거나 비슷해야 한다.

그렇다면 기계가 학습할 수 없는 이유는 무엇일까? 입력이 조금이라도 달라지면 정답과 완전히 다른 오답을 출력할 가능성이 높기 때문이다. 동물은 이렇게 학습하지 않는다. 화면을 똑바로 쳐다보면서 비디오 게임을 하는 방법을 배웠다면, 화면의 방향을 틀어도 게임을 할 수 있다. 하지만 머신 러닝에서는 화면을 똑바로 쳐다본 상태로 훈련시켜서 나온 알고리즘을 기울인 화면에 대해서도 훈련시키지 않는 한, 기울인 화면에서는 제대로 게임을 하지 못한다.

그렇다면 왜 '머신 러닝'이라 부르는 것일까? 흔히 그렇듯이 마케팅을 위한 의도가 다분하다. 머신 러닝이란 표현은 컴퓨터 게임과 인공지능artificial intelligence 분야를 개척한 미국의 아더 새뮤얼Arthur Samuel이 1959년 IBM에 근무하면서 만들었다. 2010년대에 IBM이 경쟁사와 차별화하기 위해 '인지 컴퓨팅cognitive computing'이란 용어를 내세웠던 것처럼, 과거에도 고객과 우수한 직원을 유치하기 위해 '머신 러닝'이라는 차별화된 용어를 사용했던 것이다.

인공지능이 진짜 지능이 아니듯이, 머신 러닝도 학습이 아니다. 하지만 머신 러닝은 현재 구체적으로 프로그래밍하지 않고도 다양한 일을 처리할 수 있는 머신을 개발하는 과학과 공학을 의미한다고 널리 알려져 있다. 그래서 여기서 말하는 '학습'은 동물의 학습 과정과 같지 않고, 일종의 비유인 셈이다.

이 책의 대상 독자

이 책은 1960년대부터 지금까지 개발된 머신 러닝에 관련된 기술 중에서도 활용 가치가 높다고 증명된 것만 소개한다. 머신 러닝을 처음 배우는 독자들은 이 책에 나온 내용만 잘 익혀도 이 분야를 이해하고 질문을 제대로 던질 수 있게 된다.

머신 러닝에 대한 경험을 어느 정도 갖춘 현업 엔지니어는 이 책에 나온 내용을 가이드로 삼아서 실력을 더욱 향상시킬 수 있다. 이 책은 또한 프로젝트 초반에 브레인스토밍을 하는 데도 유용하다. 특히 프로젝트에서 해결해야 할 비즈니스적인 문제나 기술적인 문제에 '머신 러닝'을 적용할 수 있는지, 만약 그렇다면 어떤 기법을 적용해야 하는지를 파악하는 데 도움이 된다.

이 책의 활용 방법

머신 러닝을 처음 학습하는 독자는 반드시 처음부터 끝까지 빠짐없이 모두 읽길 바란다(고작 100페이지 정도라서 큰 부담은 없을 것이다). 그중 특정한 주제에 관해 깊이 알고 싶다면, 각 절에 나온 QR 코드를 따라가보길 바란다.

QR 코드

이 코드를 스마트폰으로 스캔하면, 이 책의 위키인 theMLbook.com에 있는 페이지가 나올 것이다. 그 페이지에는 참고 문헌, 비디오, Q&A, 코드 예제, 튜토리얼을 비롯한 다양한 자료가 나와 있다. 이 위키는 저자뿐만 아니라 전 세계 독자들이 꾸준히 업데이트한다. 따라서 이 책은 구입하고 나서도 마치 와인처럼 시간이 흐를수록 더 좋아진다.

왼쪽에 나온 QR 코드를 스캔하면 이 책의 위키로 갈 수 있다.

어떤 절에 QR 코드가 없더라도 해당 위키 페이지는 대부분 있다. 위키의 검색창에 절 제목을 영어로 입력하면 쉽게 찾을 수 있다.

정오표

한국어판의 정오표는 에이콘출판사의 도서정보 페이지 http://www.acornpub.co.kr/
book/100page-ml에서 찾아볼 수 있다.

질문

이 책과 관련해 질문이 있다면 이 책의 옮긴이나 에이콘출판사 편집 팀(editor@
acornpub.co.kr)으로 문의해주길 바란다.

일러두기

100페이지 분량을 강조한 원제목 『The Hundred-Page Machine Learning Book』에서 알 수 있듯이
핵심적인 내용을 압축적으로 담아내는 것이 이 책의 콘셉트다. 한국어판은 번역서로 출간하면서 100
페이지가 아닌 200페이지 분량으로 출간되지만, 원제목과 콘셉트를 충실히 살리고자 본문에서 '100페
이지'라는 표현을 수정하지 않고 그대로 썼음을 밝혀둔다.

01

개요

1.1 머신 러닝이란

머신 러닝^{machine learning}(기계 학습)은 컴퓨터 과학의 한 분야로서, 실제 현상에서 관측한 데이터를 토대로 주어진 문제를 해결하는 알고리즘을 구축하는 기법을 다룬다. 이때 사용하는 예제는 실세계에서 수집하거나, 사람이 인위적으로 만들거나, 다른 알고리즘을 이용해 생성할 수도 있다.

또는 머신 러닝을 1) 데이터를 수집하고 2) 이에 대한 통계 모델을 알고리즘으로 만들어서 현실 문제를 푸는 절차라고 정의할 수도 있다. 이렇게 만든 통계 모델은 실제 문제를 푸는 데 활용된다.

이 책에서는 간결한 표현을 위해 때때로 '머신 러닝'을 간단히 '학습'이라고도 표현한다.

1.2 학습 유형

머신 러닝은 지도 학습, 준지도 학습, 비지도 학습, 강화 학습으로 구분할 수 있다.

1.2.1 지도 학습

지도 학습supervised learning[1]에서 **데이터셋**dataset(데이터 집합)은 $\{(\mathbf{x}_i, y_i)\}_{i=1}^{N}$과 같이 **레이블**(정답)**이 달린 예제**labeled example를 모은 것이다. 여기서 N은 전체 예제의 개수를 나타내며, 그 중 한 예제인 $\mathbf{x}_i$를 **특징 벡터**feature vector라고 부른다. 특징 벡터가 D차원일 때 각 차원의 성분 $x^{(j)}(j = 1, \cdots, D)$는 예제의 속성 중 하나를 표현한다. 이러한 속성값을 **특징**feature이라 부른다. 예를 들어 주어진 데이터셋에서 예제 $\mathbf{x}$가 사람을 표현한다면, 첫 번째 특징인 $x^{(1)}$은 키를 cm 단위로 표현하고, 두 번째 특징인 $x^{(2)}$는 kg 단위로 몸무게를 표현하고, $x^{(3)}$은 성별을 나타내는 식으로 구성할 수 있다. 이렇게 구성한 데이터셋의 예제마다 특징 벡터의 j번째 특징이 가리키는 정보의 종류는 모두 같다. 다시 말해 $x_i^{(2)}$가 예제 $\mathbf{x}_i$에 대한 kg 단위의 몸무게를 표현한다면, 모든 $\mathbf{x}_k(k = 1, \cdots, N)$에서 $x_k^{(2)}$는 kg 단위의 몸무게를 담고 있다. 이때 **레이블**label y_i는 특징 벡터 $\mathbf{x}_i$가 속하는 **클래스**class를 의미하는 유한 집합 $\{1, 2, \cdots, C\}$로 표현할 수도 있고, 실숫값real number으로 표현할 수도 있으며, 벡터, 행렬, 트리, 그래프나 그보다 더 복잡한 구조체일 수도 있다. 이 책에서는 y_i에 대한 설명이 따로 없으면 원소가 유한한 클래스 집합이거나 실수를 가리킨다.[2] 이때 클래스는 어떤 예제가 속한 범주category를 의미하기도 한다. 가령 이메일 메시지에 대한 데이터셋으로 스팸 필터를 만들 때는 {스팸, 스팸_아님}과 같이 두 클래스로 구성할 수 있다.

지도 학습 알고리즘의 목적은 주어진 데이터셋을 이용해 입력된 특징 벡터 $\mathbf{x}$로부터 레이블을 추론(출력output)하는 **모델**model을 구축하는 것이다. 예를 들어 사람에 대한 데이터셋으로 생성한 모델은 사람을 표현하는 특징 벡터를 입력받아서 그 사람이 암에 걸릴 확률을 출력할 수 있다.

---

1 이렇게 **굵게 표시한** 용어는 이 책 맨 끝의 '찾아보기'에 나온다.

2 실수는 0, −256.34, 1000, 1000.2처럼 직선상의 거리를 표현하는 양이다.

1.2.2 비지도 학습

비지도 학습^{unsupervised learning}은 $\{\mathbf{x}_i\}_{i=1}^{N}$과 같이 **레이블이 없는 예제**^{unlabeled example}로 구성된 데이터셋을 사용한다. 여기서도 $\mathbf{x}$를 특징 벡터라고 부른다. **비지도 학습 알고리즘**의 목적은 주어진 문제를 쉽게 풀 수 있도록 원래 입력된 특징 벡터 $\mathbf{x}$를 다른 형태의 벡터나 값으로 변환하는 **모델**을 생성하는 것이다. 예를 들어 **군집화**(클러스터링^{clustering}) 기법은 데이터셋에 있는 각 특징 벡터에 대해 군집(클러스터^{cluster}) ID를 리턴하는 모델을 구축한다. **차원 축소**^{dimensionality reduction} 기법은 입력된 특징 벡터 $\mathbf{x}$보다 적은 특징으로 구성된 벡터를 출력하는 모델을 만든다. **아웃라이어 탐지**^{outlier detection} 기법은 입력된 $\mathbf{x}$가 데이터셋의 '전형적인' 예제와 얼마나 차이가 있는지를 나타내는 실숫값을 출력하는 모델을 만든다.

1.2.3 준지도 학습

준지도 학습^{semi-supervised learning}(반지도 학습)은 레이블이 달린 예제와 레이블이 없는 예제가 둘 다 있는 데이터셋을 사용한다. 일반적으로 레이블이 달린 예제보다 레이블이 없는 예제가 훨씬 많다. **준지도 학습 알고리즘**의 목적은 지도 학습 알고리즘과 같지만, 더 좋은 모델을 찾는 데(또는 '생성/계산하는 데') 레이블이 없는 예를 활용한다.

얼핏 생각하면, 레이블이 없는 예를 더 추가하면 학습에 도움이 되지 않고 오히려 문제만 복잡해진다고 생각할 수 있다. 하지만 레이블이 없는 예를 추가하면 주어진 문제에 대해 더 많은 정보를 제공할 수 있다. 가령 샘플이 많을수록 레이블을 도출할 목표 데이터의 확률분포를 좀 더 구체적으로 알 수 있다. 이론적으로 학습 알고리즘은 이러한 부가 정보를 이용해 성능을 향상시킬 수 있어야 한다.

1.2.4 강화 학습

강화 학습^{reinforcement learning}이란 기계가 어떤 환경 안에서 '실제로 작동하면서' 그 환경의 **상태**^{state}를 인식해 각 상태마다 적절한 **동작**^{action}을 수행하도록 학습하는 기법이다.

이때 환경의 상태를 특징 벡터로 입력받는다. 수행하는 동작마다 적절한 **보상**reward을 주며, 동작의 결과로 환경의 상태가 바뀔 수 있다. 강화 학습 알고리즘의 목적은 정책을 학습하는 것이다.

 여기서 **정책**policy이란 (지도 학습 모델과 마찬가지로) 환경의 상태를 표현하는 특징 벡터를 입력받은 후 그 상태에서 할 수 있는 최적의 동작을 출력하는 함수를 말한다. 그리고 최적의 동작은 **평균 기대 보상**expected average reward을 극대화하는 동작을 말한다.

강화 학습은 게임, 로보틱스, 자원 관리, 로지스틱처럼 의사 결정이 순차적이고 장기간에 걸쳐 이뤄지는 문제에 적합하다. 이 책에서는 입력 예제가 다른 예제나 과거에 내린 결정(예측)의 영향을 받지 않는 단일 의사 결정one-shot decision making 문제만 소개하고, 다른 종류의 강화 학습에 대해서는 다루지 않는다.

1.3 지도 학습의 원리

지도 학습에 대해 깊이 살펴보기 전에 먼저 문제를 해결하는 데 지도 학습을 적용하는 방법을 간략히 살펴보자. 지도 학습을 먼저 소개하는 이유는 실전에서 가장 많이 사용하기 때문이다.

지도 학습을 하려면 먼저 데이터부터 수집해야 한다. 지도 학습용 데이터는 (입력, 출력) 쌍의 집합으로 구성한다. 입력은 이메일 메시지, 그림, 센서 측정값 등을 비롯한 그 어떤 것이든 될 수 있다. 출력은 대체로 실숫값이나 ('스팸', '스팸 아님', '고양이', '개', '쥐' 등과 같은) 레이블로 표현한다. 간혹 출력을 (사진에 나온 사람 주위를 둘러싼 사각형의 위치를 나타내는 네 좌표와 같이) 벡터, ('크고 아름다운 자동차'라는 입력에 대해 ['형용사', '형용사', '명사']와 같은) 시퀀스sequence, 혹은 그 밖의 다른 구조체로 표현하기도 한다.

여기서는 스팸 필터를 지도 학습으로 구현하는 과정을 살펴보자. 먼저 이메일 메시지를 10,000개 정도 수집하고, 각 메시지에 '스팸'이나 '스팸 아님'이라는 레이블을 단다

(레이블을 다는 작업은 직접 할 수도 있고, 다른 사람에게 돈을 주고 시킬 수도 있다). 그리고 나서 이메일 메시지를 특징 벡터로 변환한다.

이메일 메시지처럼 현실에 존재하는 대상을 특징 벡터로 변환하는 방법은 데이터 분석가의 경험을 토대로 결정한다. 흔히 사용하는 변환 방법 중 하나는 영어 사전을 이용해 특징 벡터로 만드는 **BoW**^{Bag of Words}(**단어 뭉치**)라는 방법이 있다. 예를 들어 20,000개 단어를 알파벳순으로 정렬한 영어 사전으로 메시지에 대한 특징 벡터를 만든다고 하자.

- 이메일 메시지에 'a'란 단어가 들어있으면 첫 번째 특징 값을 1로 지정한다. 그렇지 않으면 0으로 지정한다.
- 이메일 메시지에 'aaron'이란 단어가 들어있으면 두 번째 특징 값을 1로 지정한다. 그렇지 않으면 0으로 지정한다.
- ...
- 이메일 메시지에 'zulu'란 단어가 들어있으면 20,000번째 특징 값을 1로 지정한다. 그렇지 않으면 0으로 지정한다.

데이터셋에 있는 모든 이메일 메시지에 대해 이 과정을 반복하면, 20,000차원 특징 벡터 10,000개와 '스팸'/'스팸 아님'이란 레이블을 구성할 수 있다.

이제 입력 데이터는 기계가 해석할 수 있게 표현됐다. 그런데 출력 레이블은 여전히 기계보다는 사람이 읽기 좋은 텍스트 형태다. 일부 학습 알고리즘에서는 텍스트 레이블을 숫자로 변환해서 적용해야 한다. 가령 어떤 알고리즘은 '스팸 아님'을 0으로, '스팸'을 1로 표현한다. 이 예제에서는 **SVM**^{Support Vector Machine}(**서포트 벡터 머신**) 알고리즘을 사용하며, 숫자 +1을 '스팸'이라는 양성 레이블로, 숫자 −1을 '스팸 아님'이라는 음성 레이블로 사용한다.

이렇게 **학습 알고리즘**과 **데이터셋**이 준비됐다면, 데이터셋에 학습 알고리즘을 적용해서 **모델**을 만들면 된다.

SVM은 특징 벡터를 고차원 공간에 있는 한 점으로 본다(이 예제에서는 20,000차원 공간이다). 이 알고리즘은 모든 특징 벡터를 가상의 20,000차원 벡터 공간에 집어넣고 양성 레이블을 가진 예와 음성 레이블을 가진 예를 구분하는 가상의 19,999차원 직선(초평면hyperplane)을 그린다. 머신 러닝에서는 이렇게 주어진 데이터 예제를 서로 다른 클래스로 분리하는 경계선을 **결정 경계**decision boundary라고 부른다.

이 예제의 결정 경계에 대한 초평면 방정식은 **파라미터**parameter(매개변수, 모수) 두 개로 표현한다. 하나는 입력으로 주어진 특징 벡터 $\mathbf{x}$와 차원이 같은 실수 벡터 $\mathbf{w}$고, 다른 하나는 실수 b다.

$$\mathbf{w}\mathbf{x} - b = 0$$

여기서 $\mathbf{w}\mathbf{x}$는 $w^{(1)}x^{(1)} + w^{(2)}x^{(2)} + \cdots + w^{(D)}x^{(D)}$를 의미하고, D는 특징 벡터 $\mathbf{x}$의 차원을 나타낸다.

(이 식의 의미에 대해서는 2장에서 수학과 통계 기초를 소개할 때 자세히 설명한다. 여기서는 우선 직관적인 의미만 이해하고 넘어간다. 수학적 의미는 2장을 읽고 나면 정확히 알게 될 것이다.)

이제 주어진 입력 특징 벡터 $\mathbf{x}$에 대해 예측한 레이블을 다음과 같이 정의할 수 있다.

$$y = \text{sign}(\mathbf{w}\mathbf{x} - b)$$

여기서 sign은 입력된 숫자가 양수면 +1을, 음수면 −1을 출력하는 수학 연산자다.

학습 알고리즘(이 예제의 경우, SVM)의 목적은 주어진 데이터를 최대한 이용해 파라미터 $\mathbf{w}$와 b에 대한 최적의 값 $\mathbf{w}^*$와 b^*를 찾는 것이다. 학습 알고리즘으로 최적값optimal value을 찾았다면, **모델** $f(\mathbf{x})$를 다음과 같이 정의할 수 있다.

$$f(\mathbf{x}) = \text{sign}(\mathbf{w}^*\mathbf{x} - b^*)$$

이 모델로 이메일이 스팸인지 아닌지를 예측하려면, 텍스트 형태의 메시지를 특징 벡터로 변환하고 여기에 $\mathbf{w}^*$를 곱한 후 b^*를 빼고 마지막으로 sign 연산을 적용한다. 그러면 '스팸'일 때는 +1을, '스팸 아님'일 때는 −1을 출력한다.

그렇다면 $\mathbf{w}^*$와 b^*를 어떻게 찾을까? 바로 최적화 문제를 푸는 방식으로 알아낸다. 주어진 제약 조건constraint을 만족하는 최적의 함수를 찾는 작업은 컴퓨터를 이용하면 쉽게 할 수 있다.

그렇다면 제약 조건을 어떻게 구성해야 할까? 모델이 만족해야 할 가장 중요한 속성은 10,000개의 예제에 대한 레이블을 정확히 예측하는 것이다. 앞에서 설명했듯이 지도 학습에서는 각 예제를 $(\mathbf{x}_i, y_i)$라는 쌍으로 표현한다($i = 1, ..., 10000$). 여기서 $\mathbf{x}_i$는 i번째 예제에 대한 특징 벡터고, y_i는 레이블을 표현하는 -1이나 $+1$이다. 따라서 제약 조건을 다음과 같이 정할 수 있다.

$$y_i = +1일 때, \quad \mathbf{w}\mathbf{x}_i - b \geq +1$$
$$y_i = -1일 때, \quad \mathbf{w}\mathbf{x}_i - b \leq -1$$

또한 양성 예제와 음성 예제를 구분하는 초평면(결정 경계) 중에서도 마진이 가장 큰 것이 좋다. 여기서 **마진**margin(**간격**)이란 두 클래스의 예제 중에서 결정 경계에 가장 가까운 예제 사이의 거리를 뜻한다. 마진이 클수록 **일반화**generalization가 잘돼서 처음 보는 예제도 잘 분류할 수 있다. 이렇게 하려면 $\mathbf{w}$에 대한 유클리드 놈norm(표준 명칭은 노름, 거리/길이/크기 개념)인 $\|\mathbf{w}\|$를 최소화해야 한다. 이 값은 다음 식으로 구한다.

$$\sqrt{\sum_{j=1}^{D}(w^{(j)})^2}$$

따라서 컴퓨터로 풀 최적화 문제는 다음과 같다.

$i = 1, ..., N$에 대해 $y_i(\mathbf{w}\mathbf{x}_i - b) \geq 1$을 만족하는 $\|\mathbf{w}\|$를 최소화한다. 여기서 $y_i(\mathbf{w}\mathbf{x}_i - b) \geq 1$이라는 식은 앞에 나온 두 제약 조건을 합쳐서 간략히 표현한 것이다.

이러한 최적화 문제를 풀어서 찾은 $\mathbf{w}^*$와 b^*에 대한 식을 **통계 모델**statistical model 또는 간단히 모델model이라 부른다. 그리고 이러한 모델을 만드는 과정을 **훈련**(**트레이닝**training 또는 **학습**learning이라고도 한다.)이라 부른다.[†]

[†] 알고리즘은 모델을 훈련시키고(트레이닝하고) 모델은 데이터셋을 학습한다고 표현할 수 있지만, 둘 다 학습으로 표현하는 경우 가 많다. – 옮긴이

특징 벡터가 2차원일 때 최적화 문제와 해를 그림 1.1과 같이 표현할 수 있다. 여기서 파란색 원은 양성 예제를, 주황색 원은 음성 예제를 나타내며, $\mathbf{wx} - b = 0$으로 그린 선이 결정 경계다.

그렇다면 두 클래스 사이의 마진을 최대화하는 작업을 $\mathbf{w}$의 놈이 최소가 되는 방식으로 찾을 수 있는 이유는 무엇일까? 기하학적으로 볼 때 $\mathbf{wx} - b = 1$과 $\mathbf{wx} - b = -1$은 서로 평행한 초평면을 구성한다(그림 1.1). 두 초평면 사이의 거리는 $\frac{2}{\|\mathbf{w}\|}$다. 따라서 $\|\mathbf{w}\|$가 작을수록 두 초평면 사이의 거리는 멀어진다.

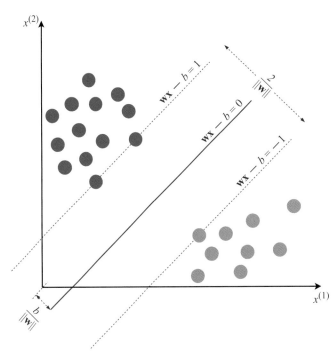

그림 1.1 2차원 특징 벡터에 대한 SVM 모델의 예

지금까지 SVM 알고리즘에 대해 살펴봤다. 여기서 사용한 SVM 알고리즘은 선형 모델 linear model을 만드는데, 결정 경계가 선형(직선, 평면, 초평면)이기 때문이다.

SVM은 **커널**^{kernel}을 사용해 임의의 비선형 결정 경계를 만들 수도 있다. 때로는 점들을 완벽히 두 그룹으로 나눌 수 없는 경우도 있다. 데이터에 노이즈가 있거나 레이블에 문제가 있거나 데이터에 **아웃라이어**^{outlier}(데이터셋의 일반적인 예제와는 매우 다른 예제)가 있을 때 그렇다. 또한 특정한 클래스의 훈련 예제를 잘못 분류했을 때 부과할 페널티를 표현하는 하이퍼파라미터^{hyperparameter3}를 지정하는 SVM 버전도 있다. SVM 알고리즘에 대해서는 3장에서 자세히 소개한다.

지금까지 설명한 내용을 정리하면 다음과 같다. 모든 분류 학습 알고리즘은 명시적으로든 암묵적으로든 항상 결정 경계를 만든다. 이러한 결정 경계는 직선일 수도 있고 곡선일 수도 있으며, 또한 그보다 훨씬 복잡한 형태일 수도 있고 여러 기하 도형이 중첩된 형태일 수도 있다. 결정 경계의 형태에 따라 모델의 **정확도**^{accuracy}(레이블을 정확히 예측하는 비율)가 달라진다. 학습 알고리즘마다 결정 경계의 형태, 혹은 훈련 데이터로부터 알고리즘적으로나 수학적으로 결정 경계를 계산하는 방식은 학습 알고리즘마다 다르다.

실전에서 학습 알고리즘을 비교할 때는 모델 구축 속도와 예측 처리 시간(예측값을 계산하는 데 걸리는 시간)이라는 기준도 고려해야 한다. 실전에서는 정확도가 낮더라도 모델 구축 속도가 중요한 경우가 많다. 또한 정확도는 좀 떨어지더라도 예측 속도가 상당히 빠른 모델이 좋은 경우도 있다.

1.4 훈련 데이터로 만든 모델이 처음 보는 데이터에 대해서도 효과적인 이유

머신 러닝으로 구축한 모델이 새로운 예제의 레이블을 정확히 예측할 수 있는 비결은 무엇일까? 그 이유는 그림 1.1을 보면 알 수 있다. 여기에 나온 결정 경계를 기준으로 예제를 두 클래스로 나누면, 각 클래스에 속한 예제는 결정 경계에 따라 생성된 두 부

---

3 하이퍼파라미터(초매개변수)는 학습 알고리즘의 속성 중 하나로서 (항상 그런 것은 아니지만 대체로) 숫자로 표현한다. 이 값은 알고리즘의 작동 방식에 영향을 미치지만, 학습 알고리즘이 데이터로부터 훈련하는 과정에서 알아낼 수 없고 알고리즘을 실행하는 데이터 애널리스트가 직접 지정해야 한다.

분 공간 중 하나에 속하게 된다.

학습 과정에 사용된 각각의 예제를 매번 똑같은 방식으로 서로 독립적이면서 무작위로 선택했다면, 통계적으로 볼 때 새로운 음성 예제가 공간에 놓이는 위치는 다른 음성 예제와 멀지 않을 가능성이 높다. 새로운 양성 예제도 마찬가지로 다른 양성 예제 주변에 놓일 가능성이 크다. 이렇게 구축된 모델의 결정 경계는 새로운 예제에 대해서도 양성과 음성을 제대로 분류할 **확률**이 높다. 물론 현재 모델이 새로운 예제에 대해 예측 오차를 발생시킬 수도 있지만, 이런 상황이 발생할 가능성은 작을 것이다.

직관적으로 생각해보면, 훈련 예제 집합이 클수록 새로운 예제가 훈련에 사용된 예제와 다를(공간에서 멀리 떨어질) 가능성이 줄어든다. 다르게 표현하면, 학습에 사용된 예제가 새로운 예제와 비슷할(공간에서 서로 가까이 놓일) 확률이 높아진다.

SVM 알고리즘은 새로운 예제에 대해 실수할 확률을 최소화하기 위해 마진을 최대화해서 양쪽 클래스에서 최대한 멀리 떨어진 결정 경계를 구한다.

 학습 가능성learnability, 모델 오차, 훈련 집합 크기, 모델을 정의하는 수학 방정식, 모델 구축 시간의 관계에 대해 깊이 이해하고 싶은 독자는 PAC 러닝Probably Approximately Correct learning에 대한 자료를 참고하길 바란다. PAC 러닝 이론을 활용하면, 어떤 조건에서 학습 알고리즘이 근사적으로 정확한 분류기classifier를 출력할 확률이 높은지를 분석할 수 있다.

02

수학 정의와 표기법

2.1 표기법

이 장에서는 학교에 다닐 때 배웠지만 졸업하고 나서 까먹었을 수도 있는 수학 정의와 표기법을 복습해보자.

2.1.1 데이터 구조

스칼라scalar란 15, −3.25와 같은 단일 숫자값이다. 이 책에서는 스칼라 값을 가진 변수와 상수를 x나 a와 같이 기울임꼴로 표기한다.

벡터vector란 스칼라 값을 일정한 순서로 나열한 것이다. 이때 각 스칼라 값을 벡터의 성분attribute, component이라고 부른다. 이 책에서는 벡터를 **x**나 **w**와 같이 굵게 표시한다. 벡터는 다차원 공간의 한 점 또는 특정한 방향을 가리키는 화살표로 표현할 수 있다. **a** = [2, 3], **b** = [−2, 5], **c** = [1, 0]이라는 이차원 벡터 세 개를 그림으로 표현하면 그림 2.1과 같다. 이 책에서는 벡터의 성분을 기울임꼴로 표기한 값에 인덱스를 붙인 기호(예: $w^{(j)}$나 $x^{(j)}$)로 표기한다. 여기서 인덱스 j는 벡터의 특정 차원, 즉 벡터의 특정 성분의 위치를 가리킨다. 예를 들어 그림 2.1에서 빨간색으로 표시한 $\mathbf{a}$ 벡터는 $a^{(1)} = 2$ 와 $a^{(2)} = 3$이라는 성분으로 구성된다.

벡터의 성분을 나타내는 $x^{(j)}$와 지수 연산을 적용한 x^2이나 x^3은 엄연히 다르다. 벡터 의 성분에 지수 연산을 적용할 때는 $(x^{(j)})^2$과 같이 표기한다.

$x_i^{(j)}$나 $x_{i,j}^{(k)}$처럼 변수에 인덱스를 두 개 이상 붙일 수도 있다. 예를 들어 신경망에서 계 층layer과 유닛unit이 각각 l과 u인 입력 특징 j를 $x_{l,u}^{(j)}$로 표기한다.

행렬matrix은 행과 열로 구성된 사각형 배열에 숫자를 나열한 것이다. 예를 들어 2행 3 열로 구성된 행렬은 다음과 같다.

$$\begin{bmatrix} 2 & 4 & -3 \\ 21 & -6 & -1 \end{bmatrix}$$

행렬은 $\mathbf{A}$와 $\mathbf{W}$처럼 굵은 대문자 기호로 표기한다.

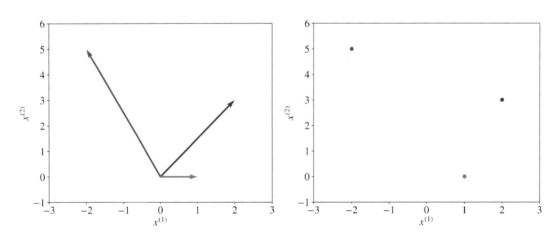

그림 2.1 세 벡터를 화살표로 표현한 예와 점으로 표현한 예

집합set은 원소를 일정한 순서 없이 중복되지 않게 나열해서 묶은 것이다. 집합을 나 타내는 기호는 S처럼 기울임꼴 대문자로 표기한다. 숫자로 구성된 집합은 유한 집합

일 수도 있고 무한 집합일 수도 있다. 유한 집합일 때는 원소의 개수가 일정한 숫자로 고정돼서 $\{1, 3, 18, 23, 235\}$나 $\{x_1, x_2, x_3, \cdots, x_n\}$과 같이 중괄호^{accolade, brace}로 묶어서 표기할 수 있다. 또한 숫자 집합은 일정한 구간^{interval}(범위)에 속한 모든 수로 구성된 무한 집합일 수도 있다. 가령 a와 b를 포함하면서 그 사이에 있는 수로 구성된 집합을 $[a, b]$와 같이 대괄호^{bracket}로 묶은 구간으로 표기한다. a와 b를 포함하지 않을 때는 (a, b)와 같이 소괄호^{parenthesis}로 표기한다. 예를 들어 집합 $[0, 1]$의 원소로는 $0.0001, 0.25, 0.784, 0.9995, 1.0$ 등이 있다. 음의 무한대에서 양의 무한대에 이르는 모든 실수를 $\mathbb{R}$이라는 특수한 기호로 표기한다.

x가 집합 S의 원소일 때는 $x \in S$와 같이 표기한다. 두 집합 S_1과 S_2를 교집합^{intersection}해서 S_3이라는 새로운 집합을 만들 수 있다. 이때 $S_3 \leftarrow S_1 \cap S_2$와 같이 표기한다. 가령 $\{1, 3, 5, 8\} \cap \{1, 8, 4\}$는 $\{1, 8\}$이라는 새 집합을 생성한다.

두 집합 S_1과 S_2를 합집합^{union}해서 S_3이라는 새로운 집합을 만들 수 있다. 이때 $S_3 \leftarrow S_1 \cup S_2$와 같이 표기한다. 가령 $\{1, 3, 5, 8\} \cup \{1, 8, 4\}$는 $\{1, 3, 4, 5, 8\}$이라는 새 집합을 생성한다.

2.1.2 대문자 시그마 기호

집합 $X = \{x_1, x_2, \ldots, x_{n-1}, x_n\}$의 원소나 벡터 $\mathbf{x} = [x^{(1)}, x^{(2)}, \cdots, x^{(m-1)}, x^{(m)}]$의 성분을 모두 더할 때는 다음과 같이 대문자 시그마^{sigma} 기호(Σ)로 표기한다.

$$\sum_{i=1}^{n} x_i \stackrel{\text{def}}{=} x_1 + x_2 + \ldots + x_{n-1} + x_n,$$

$$\sum_{j=1}^{m} x^{(j)} \stackrel{\text{def}}{=} x^{(1)} + x^{(2)} + \ldots + x^{(m-1)} + x^{(m)}$$

여기서 $\stackrel{\text{def}}{=}$는 '~라고 정의한다.'는 뜻이다.

2.1.3 대문자 파이 기호

대문자 파이^{pi} 기호(Π)는 대문자 시그마 기호와 비슷하지만 벡터의 성분이나 집합의 원소에 대한 곱을 나타낸다.

$$\prod_{i=1}^{n} x_i \stackrel{\text{def}}{=} x_1 \cdot x_2 \cdot \ldots \cdot x_{n-1} \cdot x_n$$

여기서 $a \cdot b$는 a와 b를 곱한다는 뜻이다. 또한 간략한 표기를 위해 $\cdot$ 기호를 생략할 때가 많다. 따라서 ab는 a와 b를 곱한다는 뜻이다.

2.1.4 집합 연산

새로운 집합을 생성하는 연산자를 $S' \leftarrow \{x^2 \mid x \in S, x > 3\}$과 같이 표기한다. 이는 S의 원소 x 중에서 3보다 큰 원소를 제곱한 값으로 구성된 집합을 의미한다.

집합의 크기^{cardinality}를 구하는 연산자인 $|S|$는 집합 S에 있는 원소의 개수를 리턴한다.

2.1.5 벡터 연산

두 벡터의 합^{sum} $\mathbf{x} + \mathbf{z}$는 벡터 $[x^{(1)} + z^{(1)}, x^{(2)} + z^{(2)}, \cdots, x^{(m)} + z^{(m)}]$으로 정의한다.

두 벡터의 차^{difference} $\mathbf{x} - \mathbf{z}$는 벡터 $[x^{(1)} - z^{(1)}, x^{(2)} - z^{(2)}, \cdots, x^{(m)} - z^{(m)}]$으로 정의한다.

벡터에 스칼라를 곱한 결과도 벡터다. 예를 들어 $\mathbf{x}c \stackrel{\text{def}}{=} [cx^{(1)}, cx^{(2)}, \cdots, cx^{(m)}]$이다.

두 벡터의 점곱$^{dot\ product}$(스칼라곱, (유클리드 공간의) 내적)은 스칼라다. 예를 들어 $\mathbf{w}\mathbf{x} \stackrel{\text{def}}{=} \Sigma_{i=1}^{m} w^{(i)}x^{(i)}$다. 점곱을 $\mathbf{w} \cdot \mathbf{x}$로 표기하기도 한다. 이때 두 벡터의 차원은 반드시 같아야 한다. 그렇지 않으면 점곱을 적용할 수 없다.

행렬 $\mathbf{W}$와 벡터 $\mathbf{x}$를 곱하면 다른 벡터가 나온다. 가령 행렬 $\mathbf{W}$가 다음과 같이 주어졌다고 하자.

$$\mathbf{W} = \begin{bmatrix} w^{(1,1)} & w^{(1,2)} & w^{(1,3)} \\ w^{(2,1)} & w^{(2,2)} & w^{(2,3)} \end{bmatrix}$$

행렬과 연산하는 벡터는 기본적으로 한 열로 된 행렬인 열 벡터^{column vector}로 표기한다. 열 벡터가 행렬의 오른쪽에 나올 때 벡터의 행의 개수가 행렬의 열의 개수와 같아야 곱할 수 있다. 열 벡터 $\mathbf{x} \stackrel{\text{def}}{=} [x^{(1)}, x^{(2)}, x^{(3)}]$이 주어졌을 때, $\mathbf{Wx}$는 다음과 같이 이차원 벡터로 정의한다.

$$\begin{aligned} \mathbf{Wx} &= \begin{bmatrix} w^{(1,1)} & w^{(1,2)} & w^{(1,3)} \\ w^{(2,1)} & w^{(2,2)} & w^{(2,3)} \end{bmatrix} \begin{bmatrix} x^{(1)} \\ x^{(2)} \\ x^{(3)} \end{bmatrix} \\ &\stackrel{\text{def}}{=} \begin{bmatrix} w^{(1,1)}x^{(1)} + w^{(1,2)}x^{(2)} + w^{(1,3)}x^{(3)} \\ w^{(2,1)}x^{(1)} + w^{(2,2)}x^{(2)} + w^{(2,3)}x^{(3)} \end{bmatrix} \\ &= \begin{bmatrix} \mathbf{w}^{(1)}\mathbf{x} \\ \mathbf{w}^{(2)}\mathbf{x} \end{bmatrix} \end{aligned}$$

행이 다섯 개인 행렬과 열 벡터를 곱하면 5차원 벡터가 나온다.

반면 이 곱셈에서 열 벡터가 행렬의 왼쪽에 나오면, 벡터를 행렬에 곱하기 전에 먼저 전치^{transpose}해야 한다. 다음과 같이 열 벡터 $\mathbf{x}$를 전치하면 행 벡터가 된다.

$$\mathbf{x} = \begin{bmatrix} x^{(1)} \\ x^{(2)} \end{bmatrix} \text{일 때,} \quad \mathbf{x}^{\top} \stackrel{\text{def}}{=} \begin{bmatrix} x^{(1)} & x^{(2)} \end{bmatrix}$$

여기에 나온 벡터 $\mathbf{x}$를 행렬 $\mathbf{W}$와 곱하면 다음과 같다.

$$\begin{aligned} \mathbf{x}^{\top}\mathbf{W} &= \begin{bmatrix} x^{(1)} & x^{(2)} \end{bmatrix} \begin{bmatrix} w^{(1,1)} & w^{(1,2)} & w^{(1,3)} \\ w^{(2,1)} & w^{(2,2)} & w^{(2,3)} \end{bmatrix} \\ &\stackrel{\text{def}}{=} \begin{bmatrix} w^{(1,1)}x^{(1)} + w^{(2,1)}x^{(2)}, & w^{(1,2)}x^{(1)} + w^{(2,2)}x^{(2)}, & w^{(1,3)}x^{(1)} + w^{(2,3)}x^{(2)} \end{bmatrix} \end{aligned}$$

여기서 볼 수 있듯이, 벡터의 차원이 행렬의 행의 개수와 같을 때만 벡터를 행렬과 곱할 수 있다.

2.1.6 함수

함수[function]는 집합 $\mathcal{X}$의 원소 x를 다른 집합 $\mathcal{Y}$의 한 원소 y에 연결하는 관계[relation]다. 이때 집합 $\mathcal{X}$를 그 함수의 정의역[domain]이라 부르고, 집합 $\mathcal{Y}$를 그 함수의 공역[codomain]이라 부른다. 함수는 대체로 이름이 있다. 가령 함수 이름이 f라면 이 관계를 $y = f(x)$라고 표기한다('x의 함수 f, 에프엑스, 에프 오브 엑스'라고 읽는다). 이때 원소 x를 이 함수의 인수[argument] 또는 입력[input]이라 부르고, y를 그 함수의 값[value] 또는 출력[output]이라 부른다.

여기서 함수의 입력을 표현하는 기호를 그 함수의 변수[variable]라 부른다(흔히 f를 '변수 x에 대한 함수'라고 부른다).

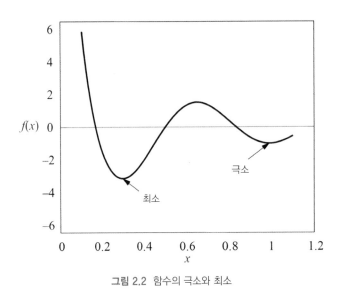

그림 2.2 함수의 극소와 최소

$f(x)$에서 $x = c$ 주변의 어떤 열린 구간에 있는 모든 x에 대해 $f(x) \geq f(c)$를 만족하면, $x = c$인 지점에 극소(값)[local minimum](지역/국소 최솟값)가 있다고 말한다. 여기서 구간[interval]은 두 수 사이에 있는 실수로 구성된 집합으로서, 구간의 경계를 나타내는 두 수도 포함한다. **열린 구간**[open interval](개구간)은 구간의 양 끝점을 포함하지 않는 구간으로

서 소괄호로 표기한다. 예를 들어 (0, 1)은 '0보다 크고 1보다 작은 모든 숫자'를 의미한다. 여러 극솟값 중에서 가장 작은 값을 **최소**^{global minimum}(전역 최솟값)라 부르며, 예를 들면 그림 2.2와 같다.

벡터 함수 $\mathbf{y} = f(x)$는 벡터 $\mathbf{y}$를 리턴하는 함수다. 이 함수의 인수는 벡터 또는 스칼라다.

2.1.7 max와 min, arg max와 arg min 연산

$\mathcal{A} = \{a_1, a_2, \cdots, a_n\}$이라는 값의 집합이 주어졌을 때, 연산자 $\max_{a \in \mathcal{A}} f(a)$는 집합 $\mathcal{A}$의 원소에 대한 $f(a)$ 중에서 가장 큰 값을 리턴한다. 반면 연산자 $\arg \max_{a \in \mathcal{A}} f(a)$는 $f(a)$를 최대로 만드는 $\mathcal{A}$의 원소를 리턴한다.

집합을 명시적으로 지정하지 않거나 무한 집합일 때는 $\max_a f(a)$나 $\arg \max_a f(a)$로 표기한다.

min과 arg min 연산자도 이와 비슷하게 정의한다.

2.1.8 대입 연산자

$a \leftarrow f(x)$란 표현식은 $f(x)$의 결과로 나오는 값을 변수 a에 새로 넣는다는 뜻이다. 이를 변수 a에 새 값을 대입^{assign}한다고 표현한다. 마찬가지로 $\mathbf{a} \leftarrow [a_1, a_2]$는 벡터 변수 $\mathbf{a}$에 2차원 벡터 값 $[a_1, a_2]$를 넣는다는 뜻이다.

2.1.9 도함수와 기울기

함수 f의 도함수^{derivative} f'는 f가 얼마나 빨리 증가(또는 감소)하는지를 표현하는 함수 또는 값이다. 직관적으로 표현하면 증가 또는 감소의 속도를 나타낸다. 도함수가 5나 −3과 같은 상수인 함수는 주어진 정의역의 모든 지점 x에 대해 일정한 속도로 증가

(또는 감소)한다는 뜻이다. f의 도함수 f'도 함수라면 f의 증가 속도는 주어진 정의역의 구간마다 다를 수 있다. 어떤 지점 x에서 도함수 f'가 양수라면 f는 그 지점에서 증가하고, f의 도함수가 주어진 x 지점에서 음수라면 f는 그 지점에서 감소한다. x 지점에서 도함수가 0이라는 말은 x에서 그 함수의 기울기가 수평이라는 뜻이다.

도함수를 찾는 과정을 미분differentiation이라 부른다.

합성 함수가 아닌 기본 함수basic function에 대한 도함수는 알려진 미분 공식에 따라 구한다. 예를 들어 $f(x) = x^2$의 도함수는 $f'(x) = 2x$다. $f(x) = 2x$라면 $f'(x) = 2$다. $f(x) = 2$면 $f'(x) = 0$이다(c가 상수일 때 $f(x) = c$면 $f'(x) = 0$이다).

미분할 대상이 기본 함수가 아닌 합성 함수라면 연쇄 법칙chain rule을 적용해서 도함수를 구한다. 예를 들어 임의의 함수 f와 g에 대해 $F(x) = f(g(x))$일 때, $F'(x) = f'(g(x))g'(x)$다. 가령 $F(x) = (5x + 1)^2$이라면 $g(x) = 5x + 1$이고 $f(g(x)) = (g(x))^2$이다. 여기에 연쇄 법칙을 적용하면 $F'(x) = 2(5x + 1)g'(x) = 2(5x + 1)5 = 50x + 10$이 된다.

기울기gradient(그래디언트)란 입력이 여러 개거나 입력이 하나라도 벡터처럼 복잡한 구조체를 입력받는 함수에 대한 도함수를 일반화한 것이다. 함수의 기울기는 편도함수partial derivative로 구성된 벡터다. 함수의 편도함수를 구하려면, 주어진 함수의 입력 변수 중 하나를 기준으로 삼고 나머지 입력 변수를 상숫값으로 취급해서 도함수를 구하면 된다.

예를 들어 $f([x^{(1)}, x^{(2)}]) = ax^{(1)} + bx^{(2)} + c$라는 함수에서 $x^{(1)}$에 대한 f의 편도함수 $\dfrac{\partial f}{\partial x^{(1)}}$는 다음과 같다.

$$\frac{\partial f}{\partial x^{(1)}} = a + 0 + 0 = a$$

여기서 a는 함수 $ax^{(1)}$의 도함수고, 그 뒤에 나온 0 두 개는 각각 $bx^{(2)}$와 c의 도함수다. 여기서 $x^{(1)}$에 대해 도함수를 계산할 때 $x^{(2)}$를 상수로 취급했으며, 이는 상수의 도함수는 0이기 때문이다.

마찬가지로 $x^{(2)}$에 대한 f의 편도함수 $\dfrac{\partial f}{\partial x^{(2)}}$는 다음과 같다.

$$\frac{\partial f}{\partial x^{(2)}} = 0 + b + 0 = b$$

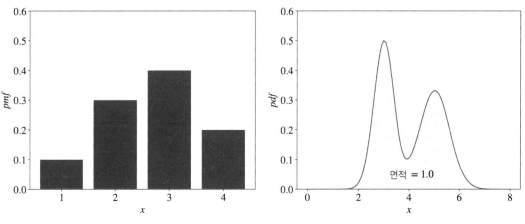

그림 2.3 확률 질량 함수(pmf)와 확률 밀도 함수(pdf)

함수 f의 기울기는 ∇f로 표기하고, 벡터 $[\dfrac{\partial f}{\partial x^{(1)}}, \dfrac{\partial f}{\partial x^{(2)}}]$와 같다.

편도함수를 구할 때도 똑같이 연쇄 법칙을 적용한다. 구체적인 방법은 4장에서 소개한다.

2.2 확률 변수

확률 변수^{random variable}는 무작위 현상(사건)에서 나올 수 있는 결과들을 숫자로 표현하는 변수로서 흔히 X처럼 기울임꼴 대문자로 표기한다.[†] 무작위 현상의 결과를 숫자로 표현하는 예로는 동전 던지기에서 앞면이 나오는 경우를 0으로 표현하고 뒷면이 나오

---

† 수학적으로는 사건(event)에 숫자를 대응하는 함수로 정의한다. 즉, 정의역은 사건 집합(표본 공간)이고 공역은 실수인 함수다.
  – 옮긴이

는 경우를 1로 표현하거나, 주사위를 던져서 나올 수 있는 경우를 1부터 6까지로 표현하거나, 길거리에서 첫 번째로 마주친 사람의 키를 표현하는 것 등이 있다. 확률 변수는 크게 이산 확률 변수discrete random variable와 연속 확률 변수continuous random variable(CRV)로 구분한다.

이산 확률 변수는 빨강, 노랑, 파랑이나 1, 2, 3처럼 서로 구분되는 셀 수 있는 수만 가질 수 있다.

이산 확률 변수에 대한 **확률분포**probability distribution는 변수가 가질 수 있는 확률값을 나열한 것이다. 이렇게 확률을 나열한 것을 **확률 질량 함수**probability mass function(pmf)라 부른다. 예를 들어 $\Pr(X = $ 빨강$) = 0.3$, $\Pr(X = $ 노랑$) = 0.45$, $\Pr(X = $ 파랑$) = 0.25$와 같이 나열한 것이 확률 질량 함수다. 확률 질량 함수에 있는 각각의 확률값은 0보다 크거나 같으며, 모든 확률값의 합은 1이다(그림 2.3(a)).

CRV는 주어진 구간에 무한히 있는 수에 대한 확률을 표현한다. 예를 들면 키, 몸무게, 시간 등이 있다. 연속 확률 변수 X가 가질 수 있는 값은 무한히 많기 때문에 모든 확률 변수 값 c에 대한 확률 $\Pr(X = c)$는 0이다. 그래서 CRV는 확률값을 일일이 나열하지 않고 주어진 구간에 대한 **확률 밀도 함수**probability density function(pdf)로 표현한다. pdf는 공역이 음수가 아니면서 곡선 아래의 면적이 1인 함수다(그림 2.3(b)).

이산 확률 변수 X가 k개의 값을 가질 때($X = \{x_i\}_{i=1}^{k}$), X의 기댓값 $\mathbb{E}[X]$는 다음과 같다.

$$
\begin{aligned}
\mathbb{E}[X] &\stackrel{\text{def}}{=} \sum_{i=1}^{k} \left[x_i \cdot \Pr(X = x_i) \right] \\
&= x_1 \cdot \Pr(X = x_1) + x_2 \cdot \Pr(X = x_2) + \cdots + x_k \cdot \Pr(X = x_k)
\end{aligned}
\tag{2.1}
$$

여기서 $\Pr(X = x_i)$는 pmf에서 X가 x_i일 때의 확률이다. 확률 변수의 **평균**mean, average을 **기댓값**expectation, expected value이라 부르며 흔히 μ(소문자 뮤mu)로 표기한다.[†] 기댓값은 확

[†] 참고로 average는 관측된 샘플로 구한 값이고, mean은 확률분포로 구한 true 값이다. 즉, mean의 추정치가 average다. – 옮긴이

률 변수에 대한 통곗값 중에서도 가장 중요한 값이다.

또 다른 중요한 통곗값으로 **표준편차**standard deviation가 있다. 흔히 σ(소문자 시그마sigma)로 표기하며 다음과 같이 정의한다.

$$\sigma \overset{\text{def}}{=} \sqrt{\mathbb{E}[(X - \mu)^2]}$$

분산variance은 σ^2 또는 $var(X)$로 표기하며 다음과 같이 정의한다.

$$\sigma^2 = \mathbb{E}[(X - \mu)^2]$$

이산 확률 변수의 표준편차는 다음과 같다.

$$\sigma = \sqrt{\Pr(X = x_1)(x_1 - \mu)^2 + \Pr(X = x_2)(x_2 - \mu)^2 + \cdots + \Pr(X = x_k)(x_k - \mu)^2}$$

여기서 $\mu = \mathbb{E}[X]$다.

연속 확률 변수 X의 기댓값은 다음과 같다.

$$\mathbb{E}[X] \overset{\text{def}}{=} \int_{\mathbb{R}} x f_X(x) \, dx \tag{2.2}$$

여기서 f_X는 변수 X에 대한 pdf고, $\int_{\mathbb{R}}$은 $x f_X$에 대한 **적분**integral이다.

적분은 연속형 값으로 구성된 정의역에 대한 함수 값을 모두 더한 것이다. 이 값은 함수 곡선 아래의 면적과 같다. 이처럼 곡선 아래의 면적이 1인 pdf를 수학식으로 표현하면 $\int_{\mathbb{R}} f_X(x) \, dx = 1$이다.

f_X는 모르지만 X의 값 중 일부를 관측할 수 있는 경우가 많다. 머신 러닝에서는 이렇게 관측한 값을 **예제**example라 부르고, 이러한 예제로 구성된 집합을 **샘플**sample(표본) 또는 **데이터셋**dataset(데이터 집합)이라 부른다.

2.3 비편향 추정량

f_X는 모르고 데이터셋(샘플, 표본) $S_X = \{x_i\}_{i=1}^{N}$만 있을 때가 많기 때문에 기댓값과 같은 확률분포에 대한 실제 통곗값이 아닌, **비편향 추정량**unbiased estimator(무편향/불편(향) 추정량)을 이용해야 할 때가 많다.

다음 속성을 만족하는 $\hat{\theta}(S_X)$를 비편향 추정량이라고 하며, 미지의 확률분포에서 추출한 데이터셋 표본 $\hat{\theta}(S_X)$로 계산한다.

$$\mathbb{E}\left[\hat{\theta}(S_X)\right] = \theta$$

여기서 $\hat{\theta}$은 샘플 S_X로 구한 표본 통계치sample statistic로서, X를 정확히 알 때 구할 수 있는 실제 통계치인 θ와 다르다. 여기서 기댓값은 X에서 가져올 수 있는 모든 샘플로 구한다. 직관적으로 생각하면, S_X와 같은 샘플의 크기가 무한할 때 각 샘플마다 비편향 추정량 $\hat{\mu}$을 구해서 평균을 내면 X에 대한 실제 통곗값 μ와 같은 값을 구할 수 있다.

(식 2.1 또는 식 2.2로 주어진) 미지의 $\mathbb{E}[X]$에 대한 비편향 추정량은 $\frac{1}{N}\sum_{i=1}^{N} x_i$로 구할 수 있으며, 통계학에서는 이를 **표본 평균**sample mean이라 부른다.

2.4 베이즈 규칙

조건부 확률conditional probability $\Pr(X = x \mid Y = y)$는 확률 변수 Y가 y라는 특정한 값을 가질 때 확률 변수 X의 값이 x일 확률을 말한다. **베이즈 규칙**Bayes' Rule(또는 베이즈 정리 Bayes' Theorem)에 따르면 다음 관계가 성립한다.

$$\Pr(X = x \mid Y = y) = \frac{\Pr(Y = y \mid X = x)\,\Pr(X = x)}{\Pr(Y = y)}$$

2.5 파라미터 추정

X의 분포에 대한 모델이 θ라는 벡터 형태의 파라미터에 대한 함수 f_θ로 주어지면 베이즈 규칙을 적용하기 쉽다. 대표적인 예로 파라미터가 두 개(μ와 σ)인 가우시안 함수 Gaussian function가 있다. 가우시안 함수의 정의는 다음과 같다.

$$f_{\boldsymbol{\theta}}(x) = \frac{1}{\sqrt{2\pi\sigma^2}}e^{-\frac{(x-\mu)^2}{2\sigma^2}} \tag{2.3}$$

여기서 $\boldsymbol{\theta} \stackrel{\text{def}}{=} [\mu, \sigma]$다.

이 함수는 pdf의 속성을 모두 가진다.[1] 따라서 이 함수를 X에 대한 미지의 확률분포 모델로 사용할 수 있다. 베이즈 규칙을 적용하면 데이터로부터 벡터 θ의 파라미터 값을 업데이트할 수 있다.

$$\Pr(\theta = \hat{\theta}|X = x) \leftarrow \frac{\Pr(X = x|\theta = \hat{\theta})\Pr(\theta = \hat{\theta})}{\Pr(X = x)} = \frac{\Pr(X = x|\theta = \hat{\theta})\Pr(\theta = \hat{\theta})}{\sum_{\tilde{\theta}}\Pr(X = x|\theta = \tilde{\theta})\Pr(\theta = \tilde{\theta})} \tag{2.4}$$

여기서 $\Pr(X = x | \theta = \hat{\theta}) \stackrel{\text{def}}{=} f_{\hat{\theta}}$이다.

X에 대한 표본 S가 있고, θ 값의 집합이 유한하다면, 베이즈 규칙에 따라 예제 $x \in S$를 한 번에 하나씩 반복 적용해서 $\Pr(\theta = \hat{\theta})$을 쉽게 추정할 수 있다. $\Pr(\theta = \hat{\theta})$의 초깃값은 $\sum_{\hat{\theta}}\Pr(\theta = \hat{\theta}) = 1$을 만족한다면 어떤 값이든 상관없다. 이렇게 각 $\hat{\theta}$에 대해 추측한 확률을 사전 확률prior이라 부른다.

먼저 가능한 모든 값 $\hat{\theta}$에 대해 $\Pr(\theta = \hat{\theta}|X = x_1)$을 계산한다. 그리고 나서 $\Pr(\theta = \hat{\theta}|X = x)$를 다시 업데이트하기 전에, 이번에는 식 2.4를 이용해 $x = x_2 \in S$에 대해 식 2.4의 사전 확률 $\Pr(\theta = \hat{\theta})$을 새로 구한 추정치인 $\Pr(\theta = \hat{\theta}) \leftarrow \frac{1}{N}\sum_{x \in S}\Pr(\theta = \hat{\theta}|X = x)$로 교체한다.

1　실제로 식 2.3은 실전에서 가장 많이 사용하는 확률분포인 가우시안 분포(Gaussian distribution) 또는 정규분포(normal distribution)의 pdf며 $\mathcal{N}(\mu, \sigma^2)$이라고 표기한다.

예제 하나가 주어졌을 때 파라미터 θ^*의 최적값$^{\text{best value}}$은 **최대 사후 확률 변수**$^{\text{maximum a}}$ ^{posteriori}(**MAP**) 원칙에 따라 다음과 같이 구할 수 있다.†

$$\theta^* = \arg\max_{\theta} \prod_{i=1}^{N} \Pr(\theta = \hat{\theta}|X = x_i) \tag{2.5}$$

θ가 가질 수 있는 값의 집합이 무한하다면, 4장에서 소개하는 경사 감소법^{gradient} ^{descent}(경사 하강법, 그래디언트 디센트)과 같은 최적화 알고리즘을 이용해 식 2.5를 최적화해야 한다. 일반적으로는 이 식의 우변에 자연 로그를 취한 결과를 최적화하는 방식으로 구한다. 컴퓨터로 계산할 때는 곱셈보다 덧셈이 유리한데, 곱셈에 로그를 취하면 덧셈으로 표현할 수 있기 때문이다.[2]

2.6 파라미터 vs. 하이퍼파라미터

하이퍼파라미터^{hyperparameter}(초매개변수)는 학습 알고리즘의 속성으로서 (항상 그런 것은 아니지만) 주로 숫자로 표현하며, 이 값에 따라 알고리즘의 동작이 달라진다. 하이퍼파라미터 값은 데이터셋 학습으로 정해지는 파라미터와 달리, 알고리즘을 실행하기 전에 데이터 분석가가 직접 설정해야 한다. 하이퍼파라미터를 찾는 방법은 5장에서 설명한다.

2.7 분류 vs. 회귀

분류^{classification} 문제는 **레이블이 없는 예제**$^{\text{unlabeled example}}$에 **레이블**^{label}을 자동으로 달아주는 문제다. 대표적인 분류 문제로 스팸 분류$^{\text{spam detection}}$가 있다.

---

† MAP과 MLE에 대한 정확한 설명은 https://wiseodd.github.io/techblog/2017/01/01/mle-vs-map/을 참고한다. – 옮긴이

2 여러 숫자를 곱하면 값이 아주 작거나 아주 크게 나온다. 그래서 엄청나게 큰 수를 메모리에 저장할 수 없게 되면 수치 연산 과정에서 오버플로 문제가 발생하기 쉽다.

머신 러닝에서 분류 문제는 **분류 학습 알고리즘**classification learning algorithm으로 푼다. 이때 알고리즘은 **레이블이 달린 예제**를 입력받아서 **모델**을 만든다. 이렇게 나온 모델에 레이블이 없는 예제를 입력하면, 예제에 대한 레이블을 출력하거나 나중에 데이터 분석가가 레이블을 달 때 참고할 숫자(예: 확률)를 출력한다.

분류 문제에서 레이블이란 **클래스**class(유형. 부류)를 표현하는 유한 집합의 원소를 말한다. ('아프다'/'건강하다', '스팸'/'스팸 아님'과 같이) 클래스 집합의 크기가 2일 때, **이진 분류**binary classification(또는 **이항 분류**binomial classification)라 부른다. 반면 클래스 집합의 원소가 세 개 이상이면 **다중 클래스 분류**multiclass classification(또는 **다항 분류**multinomial classification) 문제라고 부른다.[3]

학습 알고리즘 중에는 클래스가 두 개 이상인 문제에 쉽게 적용할 수 있는 것도 있지만, 본질적으로 이진 분류만 할 수 있는 것도 있다. 이진 분류 학습 알고리즘을 다중 클래스 알고리즘으로 변환할 수도 있는데, 7장에서 이에 대해 자세히 설명한다.

회귀regression(리그레션) 문제는 레이블이 없는 예제로부터 목표(타깃target)라 부르는 실수 형태의 레이블을 예측하는 문제다. 회귀에 대한 대표적인 예로는 면적, 방의 개수, 입지 등과 같은 속성을 토대로 주택 가격을 예측하는 것이 있다.

회귀 문제는 레이블이 달린 예제 집합을 입력받아서 모델을 출력하는 **회귀 학습 알고리즘**regression learning algorithm으로 푼다. 학습 결과로 나온 모델은 나중에 레이블이 없는 예제를 입력받아서 목푯값을 출력하는 데 사용된다.

2.8 모델 기반 학습 vs. 사례 기반 학습

지도 학습 알고리즘은 대부분 모델 기반 학습 알고리즘model-based learning algorithm이다. 대표적인 예로 앞에서 소개한 SVM이 있다. 모델 기반 학습 알고리즘은 훈련 데이터로부터 학습한 **파라미터**를 갖는 **모델**을 생성한다. SVM은 $\mathbf{w}^*$와 b^*라는 두 개의 파라미

---

3 이 문제에서도 레이블은 예제당 하나다.

터를 사용한다. 이 모델이 완성되고 나면 훈련 데이터는 버려도 된다.

사례 기반 학습 알고리즘instance-based learning algorithm은 데이터셋 전체를 모델로 사용한다. 실전에서 흔히 사용하는 사례 기반 학습 알고리즘의 예로 k-최근접 이웃k-Nearest Neighbors(kNN)이 있다. 분류 문제에서 주어진 입력 예제에 대해 레이블을 예측할 때 kNN 알고리즘은 특징 벡터 공간에서 입력 예제와 가까운 이웃을 탐색한 뒤, 그중에서 가장 많은 레이블을 출력한다.

2.9 표층 학습 vs. 심층 학습

표층(얕은) 학습 알고리즘shallow learning algorithm은 별도의 특징 추출 과정 없이 훈련 예제로부터 곧바로 모델의 파라미터를 학습한다. 지도 학습 알고리즘은 대부분 표층 학습 알고리즘이다. 표층 학습 알고리즘의 대척점에 있는 대표적인 예로는 **신경망**neural network(뉴럴 네트워크), 그중에서도 특히 입력과 출력 사이의 **계층**layer(층, 레이어)이 여러 개인 **심층 신경망**deep neural network(딥 뉴럴 네트워크)이 있다. 심층 신경망 학습(또는 줄여서 심층 학습, 딥러닝deep learning)은 표층 학습과 반대로 모델의 파라미터 중에서 대부분을 훈련 예제의 특징으로부터 직접 학습하지 않고 이전 계층에서 나온 출력으로부터 학습한다.

방금 설명한 내용을 제대로 이해하지 못해도 괜찮다. 신경망은 6장에서 자세히 소개한다.

03

기본 알고리즘

이 장에서는 대표적인 다섯 가지 머신 러닝 알고리즘을 소개한다. 각 알고리즘은 그 자체만으로도 상당히 효과적일 뿐만 아니라, 최신 알고리즘의 구성 요소로도 많이 사용되고 있다.

3.1 선형 회귀

선형 회귀$^{linear\ regression}$ 알고리즘은 널리 사용되는 회귀 알고리즘으로서, 입력 예제의 특징을 선형 결합$^{linear\ combination}$한 형태로 모델을 만든다.

3.1.1 문제 정의

레이블이 달린 예제 집합 $\{(\mathbf{x}_i, y_i)\}_{i=1}^{N}$이 있다고 하자. 여기서 N은 이 집합의 크기(예제 수)고, $\mathbf{x}_i$는 $i = 1, \cdots, N$인 각 예제에 대한 D차원 특징 벡터$^{feature\ vector}$고, 이 벡터의 성분인 $x_i^{(j)}(j = 1, \cdots, D)$는 j번째 개별 특징을 표현하는 실숫값이고, y_i는 목표^{target}를

나타내는 실숫값[1]이다.

모델 $f_{\mathbf{w},b}(\mathbf{x})$는 예제 $\mathbf{x}$의 특징에 대한 선형 결합으로 표현한다.

$$f_{\mathbf{w},b}(\mathbf{x}) = \mathbf{w}\mathbf{x} + b \qquad (3.1)$$

여기서 $\mathbf{w}$는 전체 파라미터를 표현하는 D차원 벡터고 b는 실수다. $f_{\mathbf{w},b}$라는 기호는 모델 f가 파라미터 $\mathbf{w}$와 b에 대한 함수라는 뜻이다.

이 모델을 이용해 주어진 $\mathbf{x}$에 대해 미지수 y를 예측한다. 이를 $y \leftarrow f_{\mathbf{w},b}(\mathbf{x})$와 같이 표현한다. 입력 예제가 같더라도 모델의 파라미터 쌍 $(\mathbf{w}, b)$의 값이 달라지면 예측값도 달라진다. 선형 회귀의 목표는 모델의 예측 정확도를 가장 높일 수 있는 파라미터의 최적값 $(\mathbf{w}^{*}, b^{*})$를 구하는 것이다.[†]

식 3.1에 나온 선형 모델의 형태를 보면 sign 연산자가 없다는 점만 제외하면 SVM 모델과 거의 같다. 수식의 형태와 속성은 비슷하지만 역할은 다르다. SVM에서 선형 모델이 표현하는 초평면hyperplane은 결정 경계decision boundary 역할을 한다. 즉 예제를 두 그룹으로 나누는 데 사용되며, 양쪽 그룹에서 최대한 멀리 떨어질수록 좋다.

반면 선형 회귀 모델이 표현하는 초평면은 모든 훈련 예제와 최대한 가까울수록 좋다. 그림 3.1을 보면 쉽게 이해할 수 있다. 1차원 예제(파란점)에 대해 그은 회귀 직선(빨간선)을 이용하면, 레이블이 없는 처음 보는 입력 예제 x_{new}에 대한 목푯값 y_{new}를 예측할 수 있다. 참고로 입력 예제 x가 D차원 특징 벡터로 주어질 때, 회귀 모델은 직선($D = 1$)이거나 평면($D = 2$)이거나 초평면($D > 2$)이다.

그림 3.1을 보면 회귀 모델(직선, 평면, 초평면)이 최대한 훈련 예제에 가까워야 하는 이유를 알 수 있다. 빨간색 직선이 파란색 점에서 멀면, 예측값 y_{new}의 정확도가 낮아질

---

1   y_i가 실숫값을 가진다는 것을 $y_i \in \mathbb{R}$로 표기한다. 여기서 $\mathbb{R}$은 음의 무한대부터 양의 무한대에 이르는 모든 실수로 구성된 무한 집합이다.

†   용어를 문헌마다 다양하게 표현하는데, 기존에 정립된 통계학 용어와 영어 음차 표현이 뒤섞여 있으므로 동의어를 모두 알고 있는 것이 좋다. 예를 들어 선형 회귀에서 특징 $\mathbf{x}$와 레이블 y_i로 구성된 데이터셋으로 파라미터의 최적값을 찾는 것을 '훈련', '학습', '파라미터 피팅(fitting)'이라 표현하고, 그 결과로 나온 회귀식을 예측(prediction) 모델이라 부른다. 또한 특징을 독립변수, 속성, 예측변수로, 레이블을 종속변수, 클래스, 목푯값, 결괏값으로, 파라미터를 매개변수나 모수라고 표현하기도 한다.
    – 옮긴이

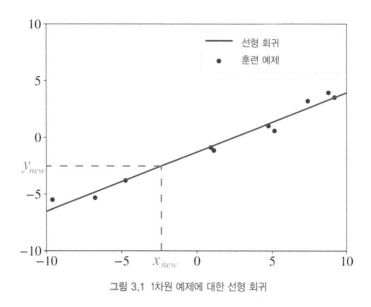

그림 3.1 1차원 예제에 대한 선형 회귀

가능성이 높기 때문이다.

3.1.2 해결 방법

앞에서 말한 조건을 만족할 때, 다음 식을 최소화하는 방식으로 $\mathbf{w}^*$와 b^*에 대한 최적값을 찾는다.

$$\frac{1}{N} \sum_{i=1\ldots N} (f_{\mathbf{w},b}(\mathbf{x}_i) - y_i)^2 \tag{3.2}$$

이처럼 최소화 및 최대화 대상이 되는 수식을 목적 함수$^{objective\ function}$ 또는 간단히 목적^{objective}이라 부른다. 이 목적 함수 중에서 $(f_{\mathbf{w},b}(\mathbf{x}_i) - y_i)^2$을 **손실 함수**$^{loss\ function}$라고 부르며, i번째 예제를 잘못 분류할 때 부과할 페널티^{penalty}(벌점)를 표현한다. 이 식에서는 손실 함수를 **제곱 오차 손실**$^{squared\ error\ loss}$로 정의했다. 모델 기반 학습 알고리즘은 모두 손실 함수가 있으며, 최적의 모델을 찾기 위해 목적 함수를 최소화한다. 이때 목적 함수를 **비용 함수**$^{cost\ function}$라고도 부른다. 선형 회귀에서는 비용 함수를 평균 손실average loss로 표현한다. 이를 **경험적 위험**empirical risk이라고 부른다. 모델의 평균 손실(또는 경험적 위험)은 그 모델을 훈련 데이터에 적용할 때 나오는 전체 페널티의 평균이다.

그렇다면 선형 회귀에서 손실을 제곱(이차 함수quadratic function)으로 표현하는 이유는 무엇일까? 단순히 예측값 $f(\mathbf{x}_i)$에서 실제 목푯값 y_i를 뺀 결과의 절댓값을 곧바로 페널티로 사용하면 안 될까? 그래도 된다. 심지어 제곱 대신 세제곱을 해도 된다.

지금까지 설명한 내용을 보면서 머신 러닝 알고리즘에서 임의로 결정하는 부분이 많다고 느꼈을 것이다. 크게 두 가지가 있었다. 첫째, 방금 설명한 선형 회귀에서는 목푯값 예측에 사용할 식을 특징에 대한 선형 결합으로 정의했다. 하지만 특징을 계산하는 모델을 선형이 아닌 제곱이나 고차 다항식으로 표현할 수도 있다. 둘째, 손실 함수도 주어진 문제에 적합하다면 얼마든지 다르게 정의할 수 있다. 가령 $f(\mathbf{x}_i)$와 y_i의 차이에 대한 절댓값으로 정의해도 된다면, 그 차이의 절댓값에 대한 세제곱이나 **이진 손실**binary loss($f(\mathbf{x}_i)$와 y_i가 다르면 1, 같으면 0)로 표현해도 된다.

모델과 손실 함수를 표현하는 수식과, 파라미터에 대한 최적의 값best value을 찾기 위해 평균 손실을 최소화하는 알고리즘만 살짝 바꾸면 기존과는 다른 학습 알고리즘이 된다. 이렇게 보면 새로운 알고리즘을 개발하기가 쉬워 보이지만 전혀 그렇지 않다. 형태만 바꾸기는 쉽지만 실전에서 효과적인 알고리즘을 만들기가 쉽지 않기 때문이다.

학습 알고리즘을 새로 만드는 이유는 크게 두 가지다.

1. 실전에 주어진 문제를 기존 알고리즘보다 더 잘 해결하기 위해
2. 새로운 알고리즘이 모델의 품질을 높일 수 있다고 이론적으로 증명됐을 때

다시 본론으로 돌아와서, 머신 러닝 알고리즘의 두 가지 임의 결정 사항 중에서 모델을 선형 결합으로 표현하는 이유는 실전에 적용하는 것이 간편하기 때문이다. 간단한 모델로 문제를 해결할 수 있다면 굳이 복잡한 모델을 사용할 이유가 없다. 또한 선형 모델은 오버피팅이 잘 발생하지 않는다. **오버피팅**overfitting(과적합, 과대적합)이란 훈련 단계

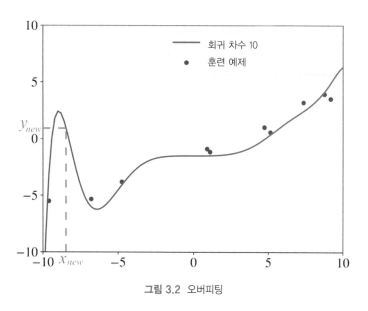

그림 3.2 오버피팅

에서 사용했던 예제에 대한 레이블은 굉장히 잘 예측하지만, 훈련 과정에서 본 적 없는 예제에 대해서는 모델이 오차를 많이 발생시키는 현상을 말한다.

그림 3.2는 회귀에서 오버피팅이 발생한 예를 보여준다. 빨간색 회귀 곡선은 그림 3.1에 나온 선형 회귀와 데이터는 같지만 선형이 아닌 10차 다항 회귀식으로 만든 것이다. 이 회귀 곡선은 거의 모든 훈련 예제에 대해 목푯값을 정확히 예측한다. 하지만 처음 보는 데이터(x_{new})에 대해서는 그림 3.1보다 오차가 커질 가능성이 높다. 오버피팅의 정의와 해결 방법은 5장에서 자세히 설명한다.

선형 회귀식을 사용하는 이유는 오버피팅이 잘 발생하지 않기 때문이라는 점은 충분히 이해했을 것이다. 그렇다면 손실을 제곱으로 표현하는 이유는 무엇일까? 1805년에 프랑스 수학자인 아드리앵-마리 르장드르^{Adrien-Marie Legendre}가 모델의 품질을 제곱의 합으로 측정하는 기법을 발표한 논문을 보면, 오차를 제곱한 뒤에 더하면 편하다^{convenient}고 표현했다. 이를 달리 표현하면, 절댓값으로만 표현하면 불편하다는 뜻이다. 절댓값은 연속 도함수를 가지지 않기 때문에 함수를 매끄럽게^{smoothly} 표현할 수 없어서 최적화 문제에 대한 닫힌 형식의 해$^{\text{closed form solution}}$†를 구하는 과정이 필요 이상으로 복잡해진다. 함수의 최적값을 구하는 해가 닫힌 형식이면 간단한 대수식으로 표현할 수 있기 때문에, 신경망 훈련에서 흔히 사용하는 **경사 감소법**과 같은 복잡한 수치 최적화 기법으로 최적값을 계산하는 것보다 좋다.

직관적으로 생각해볼 때, 페널티를 제곱하면 실제 목푯값과 예측값의 차이를 극대화할 수 있다는 장점도 있다. 세제곱이나 네제곱을 해도 되지만, 그럴 경우에는 도함수 다루기가 힘들어진다.

그런데 여기서 평균 손실에 대한 도함수를 구하려고 노력하는 이유는 무엇일까? 식 3.2에 나온 함수의 기울기^{gradient}(도함수)를 계산할 수 있다면, 이 기울기를 0으로 설정해서^2 연립 방정식을 푸는 방식으로 $\mathbf{w}^*$와 b^*에 대한 최적값을 구할 수 있기 때문이다.

3.2 로지스틱 회귀

본격적인 설명에 앞서, 로지스틱 회귀$^{\text{logistic regression}}$는 엄밀히 말해 회귀가 아니라 분류 학습 알고리즘이라는 점을 밝혀둔다. 로지스틱 회귀는 통계학 용어로서 수식을 선형 회귀와 비슷하게 구성하기 때문에 이렇게 이름이 붙었다.

이 절에서는 이진 분류에 대한 로지스틱 회귀만 소개하지만, 이를 기반으로 얼마든지 다중 클래스 분류로 확장할 수 있다.

3.2.1 문제 정의

로지스틱 회귀에서도 y_i를 $\mathbf{x}_i$에 대한 선형 함수로 표현한다. 하지만 y_i가 이진^{binary} 값을 가질 때는 선형 함수로 표현하기가 쉽지 않을 수 있다. $\mathbf{w}\mathbf{x}_i + b$처럼 특징에 대한

---

† 해를 구하는 방법이 알려진 수식으로 구성된 해 – 옮긴이

2 함수의 최댓값이나 최솟값을 찾으려면 기울기를 0으로 설정해야 한다. 함수의 극값(extremum)(극치)에 대한 기울기는 항상 0이기 때문이다. 2차원에서 기울기의 극값은 수평선이다.

선형 결합은 음의 무한대에서 양의 무한대 사이에 펼쳐지는 함수인 반면, y_i는 단 두 가지 값만 갖기 때문이다.

컴퓨터가 등장하기 전에는, 다시 말해 계산을 손으로 직접 하던 시절에는 (상대적으로 다루기 쉬운) 선형 분류 모델을 찾는 데 상당한 노력을 기울였다. 음성negative(부정)에 대한 레이블을 0, 양성positive(긍정)에 대한 레이블을 1로 정의하고, 공역이 (0, 1)인 간단한 연속 함수를 찾아서 입력 **x**에 대한 모델의 리턴 값이 0에 가까우면 **x**에 음성 레이블을 붙이고, 그렇지 않을 경우 주어진 예제에 양성 레이블을 붙이면 분류 모델로 사용할 수 있다고 생각했다. 이러한 속성을 만족하는 함수로 찾아낸 것 중 하나가 바로 **표준 로지스틱 함수**standard logistic function(또는 **시그모이드 함수**sigmoid function)다.

$$f(x) = \frac{1}{1 + e^{-x}}$$

여기서 e는 자연 로그의 밑(오일러 수Euler's number)이다. 참고로 e^x를 프로그래밍 언어에서는 흔히 exp(x) 함수로 표현한다. 이 함수를 그래프로 표현하면 그림 3.3과 같다.

로지스틱 회귀 모델의 형태는 다음과 같다.

$$f_{\mathbf{w},b}(\mathbf{x}) \stackrel{\text{def}}{=} \frac{1}{1 + e^{-(\mathbf{wx}+b)}} \tag{3.3}$$

이 식을 보면 선형 회귀에서 본 **wx** + b란 항이 있다.

표준 로지스틱 함수를 그래프로 그려보면 이 모델이 왜 분류 문제에 적합한지 알 수 있다. **w**와 b의 값을 적절히 최적화하면 $f(\mathbf{x}_i)$의 출력을 y_i가 양성 레이블일 확률로 해석할 수 있다. 예를 들어 y_i가 문턱값threshold(임곗값)인 0.5와 같거나 크면 $\mathbf{x}_i$는 클래스에 속하고(양성 레이블), 그렇지 않으면 클래스에 속하지 않는다고(음성 레이블) 판단할 수 있다. 실전에서는 주어진 문제에 따라 문턱값을 다르게 정할 수 있다. 구체적인 방법은 5장에서 모델 성능 평가에 대해 소개할 때 자세히 설명한다.

그렇다면 **w**와 b의 최적값인 **w***와 b*를 어떻게 구할 수 있을까?

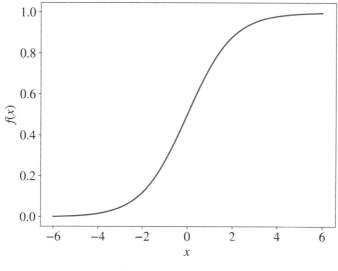

그림 3.3 표준 로지스틱 함수

3.2.2 해결 방법

선형 회귀에서는 경험적 위험(평균 제곱 오차^{average squared error}, MSE^{Mean Squared Error})을 최소화했지만, 로지스틱 회귀는 반대로 모델이 입력값을 분류하기 위해 계산하는 훈련 집합의 가능도^{likelihood}(우도)†를 최대화한다(최대 가능도 추정).

통계학에서 가능도 함수(우도 함수)는 주어진 모델에서 관측값(예제)이 실제로 발생할 가능성을 정의한다.‡ 예를 들어 훈련 데이터가 레이블이 달린 예제 $(\mathbf{x}_i, y_i)$로 구성돼 있고, $\hat{\mathbf{w}}$과 $\hat{b}$이라는 특정한 파라미터 값을 추정(발견)했을 때, 식 3.3에 따라 모델 $f_{\hat{\mathbf{w}}, \hat{b}}$을 $\mathbf{x}_i$에 적용하면 $0 < p < 1$인 값을 구할 수 있다. 그래서 실제로 y_i가 양성 클래스에 속할 때, 이 모델이 계산하는 'y_i가 양성 클래스에 속할 가능도'를 p로 표현하고, 실제로 음성 클래스에 속하는 y_i에 대해 이 모델이 계산하는 'y_i가 음성 클래스에 속할 가능도'를 $1 - p$로 표현한다.

---

† 가능도란 어떤 사건이 일어날 가능성을 말하며, 이산(불연속) 사건에서는 확률과 같지만 연속 사건에서는 서로 다르다. 연속 사건에서는 가능도를 확률 밀도 함수의 값으로 표현한다. – 옮긴이

‡ 최대 가능도 추정을 위해서는 데이터에 대한 확률분포를 가정해야 한다. 가령 오차가 정규(가우시안)분포를 따를 때 오차 제곱 합을 최소화하면 파라미터의 가능도를 최대로 만든다. – 옮긴이

로지스틱 회귀에서 사용하는 이러한 최적화 기준을 **최대 가능도**^{maximum likelihood}라고 부른다. 로지스틱 회귀는 선형 회귀와 달리 평균 손실을 구하지 않고, 모델이 계산하는 훈련 데이터의 가능도(식 3.4)를 최대화한다.[†]

$$L_{\mathbf{w},b} \overset{\text{def}}{=} \prod_{i=1\ldots N} f_{\mathbf{w},b}(\mathbf{x}_i)^{y_i}(1 - f_{\mathbf{w},b}(\mathbf{x}_i))^{(1-y_i)} \tag{3.4}$$

여기서 $f_{\mathbf{w},b}(\mathbf{x})^{y_i}(1 - f_{\mathbf{w},b}(\mathbf{x})^{(1-y_i)}$라는 수식이 상당히 복잡하지만 그 의미는 간단하다. 'y_i = 1이면 $f_{\mathbf{w},b}(\mathbf{x})$고, y_i = 0이면 $(1 - f_{\mathbf{w},b}(\mathbf{x}))$'라는 말을 고상하게 표현한 것에 불과하다. 이 식에 y_i = 1을 대입해보면 $(1 - f_{\mathbf{w},b}(\mathbf{x}))^{(1-y_i)}$가 1이 돼서 $f_{\mathbf{w},b}(\mathbf{x})$만 남게 된다. $1 - y_i$ = 0이 되고 지수가 0이면 항상 1이 되기 때문이다. 반면 y_i = 0일 때는 똑같은 이유로 $f_{\mathbf{w},b}(\mathbf{x})^{y_i}$가 1이 돼서 $(1 - f_{\mathbf{w},b}(\mathbf{x}))$만 남는다.

선형 회귀에서는 목적 함수에 덧셈 연산자인 Σ를 사용했지만, 로지스틱 회귀에서는 식 3.4에 나온 것처럼 곱셈 연산자 Π를 사용한다. (모든 관측이 서로 독립적이라고 가정할 때) N개 예제에서 N개 레이블을 관찰할 가능도는 각 예제를 관측할 가능도의 곱이기 때문이다. 이는 확률론에서 일련의 독립 사건에 대한 전체 확률은 각각을 곱한 것과 같다는 원칙과 비슷하다.

이 모델에서 사용하는 exp 함수의 특성상, 가능도를 위 식 그대로 다루기보다는 로그 가능도^{log-likelihood}를 최대화하도록 구성하는 것이 훨씬 간편하다.[‡] 로그 가능도의 정의는 다음과 같다.

$$LogL_{\mathbf{w},b} \overset{\text{def}}{=} \ln(L_{\mathbf{w},b}(\mathbf{x})) = \sum_{i-1}^{N} [y_i \ln f_{\mathbf{w},b}(\mathbf{x}) + (1 - y_i) \ln (1 - f_{\mathbf{w},b}(\mathbf{x}))]$$

ln은 순증가 함수^{strictly increasing function}[*]이므로, 이 함수를 최대화하는 것은 인수를 최대

[†] 로지스틱 회귀의 비용 함수(목적 함수)는 최대 가능도 함수를 사용한다. 최대 가능도에 음수를 곱하면 비용 함수를 최소화한다고 표현할 수 있다. – 옮긴이

[‡] 로지스틱 함수는 볼록하지 않기(non-convex) 때문에 전역 최적(최대/최소)값(global mimimun 또는 maximum)이 존재한다고 보장할 수 없다. 즉 지역 최적값(local optimum)이 많아서 최적의 값을 찾기 힘들 수 있다. 반면 로그 가능도는 오목(concave) 함수여서 전역 최적값이 존재한다고 보장할 수 있다. – 옮긴이

[*] ≤가 아닌 <로 증가하는 함수 – 옮긴이

화하는 것과 같다. 따라서 이렇게 변형한 최적화 문제의 해는 원본 문제의 해와 같다.

선형 회귀와 달리 로지스틱 회귀의 최적화 문제에는 닫힌 형식의 해가 없다.[†] 그래서 수치 해석 방식으로 최적화를 해야 하는데, 흔히 **경사 감소법**을 사용한다. 이에 대해서는 다음 장에서 소개한다.

3.3 결정 트리 학습

결정 트리decision tree(의사 결정 트리)는 어떤 결정을 내리는 데 사용되는 비순환 그래프 acyclic graph다. **그래프**의 한 노드에서 여러 갈래로 갈라질 때(분기할 때), 특징 벡터의 어떤 특징 j를 검사해서 그 값이 미리 정한 문턱값보다 낮으면 왼쪽으로 분기하고, 그렇지 않으면 오른쪽으로 분기한다. 말단(리프leaf) 노드에 다다르면, 주어진 예제가 속한 클래스(레이블)가 결정된다.

이 절의 제목처럼 결정 트리도 데이터로 학습시킬 수 있다.

3.3.1 문제 정의

선형 회귀나 로지스틱 회귀와 마찬가지로 결정 트리 학습도 레이블이 달린 예제 집합을 사용한다(지도 학습). 이때 레이블은 {0, 1} 집합의 원소로 표현하고, 주어진 특징 벡터가 속한 클래스를 예측(분류)하는 결정 트리를 구축한다(분류 모델).

3.3.2 해결 방법

결정 트리 학습 알고리즘을 구성하는 방법은 다양하다. 그중에서 **ID3** 알고리즘을 소개한다.

여기서는 평균 로그 가능도average log-likelihood를 최적화 기준optimization criterion으로 삼는다.

---

† 특수한 경우에는 존재할 수 있지만 일반적으로는 없다. – 옮긴이

$$\frac{1}{N} \sum_{i=1}^{N} \left[y_i \ln f_{ID3}(\mathbf{x}_i) + (1 - y_i) \ln \left(1 - f_{ID3}(\mathbf{x}_i)\right) \right] \qquad (3.5)$$

이 식에서 f_{ID3}이 결정 트리다.

식 3.5는 로지스틱 회귀와 상당히 비슷하다. 하지만 로지스틱 회귀 학습 알고리즘은 모델 f에서 파라미터의 최적값 $\mathbf{w}^*$, b^*를 주어진 최적화 기준에 대한 최적의 해optimal solution를 구하는 방식으로 모델(**모수 모델**parametric model)을 구축하는데 반해, ID3 알고리즘은 $f_{ID3}(\mathbf{x}) \overset{\text{def}}{=} \Pr(y = 1 \,|\, \mathbf{x})$라는 모델(**비모수 모델**non-parametric model)을 구축해서 최적화 기준을 근사적으로approximately 최적화한다.

ID3 학습 알고리즘의 실행 과정은 다음과 같다. 레이블이 달린 예제 집합 S가 있고 ($S \overset{\text{def}}{=} \{(\mathbf{x}_i,\, y_i)\}_{i=1}^{N}$), 처음에는 결정 트리에 모든 예제를 담은 시작 노드 하나만 있다. 알

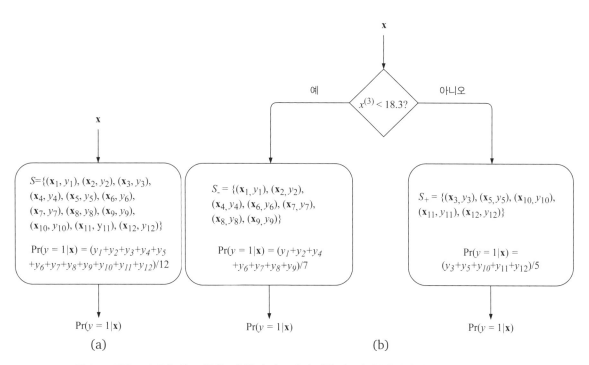

그림 3.4 결정 트리 구축 알고리즘을 표현한 순서도. 훈련 집합 S는 레이블이 달린 예제 12개로 구성된다. (a) 처음에는 결정 트리에 시작 노드만 있다. 그래서 모든 입력에 대해 예측값이 같다. (b) 첫 번째 분할 이후에 생성된 결정 트리로서 특징 3의 값이 18.3보다 작은지를 검사한 결과에 따라 두 말단 노드 중 하나로 예측한다.

고리즘은 다음과 같이 정의한 상수 모델 f_{ID3}^{S}에서 시작한다.

$$f_{ID3}^{S} \stackrel{\text{def}}{=} \frac{1}{|\mathcal{S}|} \sum_{(\mathbf{x}, y) \in \mathcal{S}} y \tag{3.6}$$

모든 입력 $\mathbf{x}$에 대해 이 모델의 예측값 $f_{ID3}^{S}(\mathbf{x})$는 똑같다. 그림 3.4(a)는 레이블이 달린 예제 12개로 구성된 데이터셋으로 결정 트리를 구축하는 과정을 보여준다.

그리고 나서 $j = 1, \cdots, D$까지의 모든 특징과 모든 문턱값 t에 대해 탐색하면서 집합 S를 S_-와 S_+라는 두 부분집합으로 분할^{split}한다.

$$\mathcal{S}_- \stackrel{\text{def}}{=} \{(\mathbf{x}, y) \,|\, (\mathbf{x}, y) \in \mathcal{S}, x^{(j)} < t\}$$

$$\mathcal{S}_+ \stackrel{\text{def}}{=} \{(\mathbf{x}, y) \,|\, (\mathbf{x}, y) \in S, x^{(j)} \geq t\}$$

분할한 두 부분집합은 각자 새로운 말단 노드로 가게 된다. 모든 순서쌍 (j, t)에 대해 S_-와 S_+를 얼마나 잘 분할할 수 있는지를 평가한다. 그 결과로 나온 최적의 (j, t)를 골라서 S를 S_-와 S_+로 분할함으로써 두 개의 말단 노드를 새로 만든다. 이런 식으로 계속해서 S_-와 S_+에 대해 재귀적으로 분할하다가 더 이상 모델을 개선할 수 없으면 중단한다. 그림 3.4(b)는 결정 트리를 한 번 분할했을 때의 결과를 보여준다.

여기서 '얼마나 잘 분할할 수 있는지 평가하는' 방법에 대해 구체적으로 살펴보자. ID3는 엔트로피를 기준으로 분할을 평가한다. 엔트로피^{entropy}는 확률 변수의 불확실한 정도를 나타낸다. 모든 확률 변수의 값들이 동등하면^{equiprobable} 엔트로피는 최대가 된다. 반대로 확률 변수의 값이 단 하나뿐일 때 엔트로피는 최소가 된다. 예제 집합 S에 대한 엔트로피는 다음과 같다.

$$H(\mathcal{S}) \stackrel{\text{def}}{=} -f_{ID3}^{S} \ln f_{ID3}^{S} - (1 - f_{ID3}^{S}) \ln(1 - f_{ID3}^{S})$$

예제 집합을 특징 j와 문턱값 t에 대해 분할할 때의 엔트로피 $H(S_-, S_+)$는 단순히 두 엔트로피에 가중치를 적용해서 더한 값이다.

$$H(\mathcal{S}_-, \mathcal{S}_+) \stackrel{\text{def}}{=} \frac{|\mathcal{S}_-|}{|\mathcal{S}|} H(\mathcal{S}_-) + \frac{|\mathcal{S}_+|}{|\mathcal{S}|} H(\mathcal{S}_+) \tag{3.7}$$

ID3 알고리즘은 각 단계와 말단 노드마다 식 3.7로 구한 엔트로피가 최소가 되는 분할을 찾다가 다음과 같은 조건을 만족하는 말단 노드에서 멈춘다.

- 말단 노드에서 모든 예제가 한 조각 모델one-piece model로 정확히 분류된다(식 3.6).
- 분할의 기준으로 삼을 속성attribute(특징)을 찾을 수 없다.
- 분할하면 엔트로피가 (실험으로 구해야 하는 값[3]인) ϵ보다 작아진다.
- 트리가 (실험으로 구해야 하는 값인) 최대 깊이 d에 도달했다.

ID3에서 매번 반복할 때마다 데이터셋을 분할하는 결정은 지역적local(국소적, 지엽적)이다(즉, 다음 단계의 분할과는 독립적이다). 따라서 이 알고리즘의 결과가 최적의 해라고 보장할 수 없다. 최적의 결정 트리를 탐색하는 과정에 백트래킹backtracking 기법을 적용하면, 모델을 개선할 수 있지만 구축 시간이 늘어날 수 있다.

현재 가장 널리 사용되는 결정 트리 학습 알고리즘은 **C4.5**다. 이 알고리즘은 ID3에 비해 다음과 같은 장점이 있다.

- 연속형continuous 특징(예: 실수)과 이산형discrete(예: 정수) 특징을 모두 입력받을 수 있다.
- 불완전한 예제를 다룰 수 있다.
- '가지치기(프루닝pruning)'라는 상향식bottom-up 기법으로 오버피팅 문제를 해결할 수 있다.

가지치기 기법은 생성된 트리를 거슬러 올라가서 오차 감소에 도움이 되지 않는 가지를 제거하고 그 자리를 말단 노드로 대체한다.

엔트로피를 기준으로 분할하는 방식은 직관적으로도 쉽게 이해할 수 있다. S에 있는

---

3 이 값을 구하는 구체적인 방법은 5장에서 하이퍼파라미터 튜닝을 설명할 때 소개한다.

예제의 레이블이 모두 똑같으면 엔트로피는 최소(0)가 된다. 반면 S에 있는 예제 중에서 정확히 절반만 레이블이 1이면 엔트로피는 최대(1)가 된다. 이런 말단 노드는 분류에 도움이 되지 않는다.[†] 그렇다면 이 알고리즘은 어떻게 평균 로그 가능도 기준을 근사적으로 최대화할까? 이에 대한 답은 참고 문헌을 읽어보길 바란다.

3.4 SVM

SVM^Support Vector Machine(서포트 벡터 머신)에 대해서는 첫 장에서 설명했으므로 여기서는 다음과 같은 상황에 대처하는 방법만 추가로 살펴본다.

1. 데이터에 노이즈가 있고 예제를 양성과 음성으로 명확히 구분하는 초평면이 없을 때

2. 데이터를 평면으로는 구분할 수 없지만 고차원 다항식으로 구분할 수 있을 때

두 상황을 그림 3.5와 같이 표현할 수 있다. 왼쪽 그림과 같은 상황에서는 노이즈 noise(아웃라이어outlier 또는 레이블이 잘못 달린 예제)만 없다면 데이터를 직선으로 구분할 수 있다. 오른쪽 그림과 같은 상황에서 결정 경계는 직선이 아닌 원이 된다.

1장에서 설명했듯이 SVM은 다음 제약 사항을 만족해야 한다.

$$
\begin{aligned}
y_i = +1일\ 때, \quad \mathbf{w}\mathbf{x}_i - b \geq +1 \\
y_i = -1일\ 때, \quad \mathbf{w}\mathbf{x}_i - b \leq -1
\end{aligned}
\tag{3.8}
$$

각 클래스에서 가장 가까운 예제와 초평면 사이의 거리가 똑같도록 $\|\mathbf{w}\|$도 최소화해야 한다. $\|\mathbf{w}\|$를 최소화하는 것은 $\frac{1}{2}\|\mathbf{w}\|^2$을 최소화하는 것과 같다. 이 항을 이용하면 나중에 이차 계획법으로 최적화^quadratic programming optimization할 수 있다. 따라서

[†] 결정 트리의 키가 작고 가지가 적을수록 중간 단계가 짧아져서 결정 속도가 빨라진다. 그러기 위해서는 앞 단계에서 크게 걸러 내도록 분할의 효과가 가장 큰 특징이 앞에 나올수록 좋다. 그래서 분할의 효과를 엔트로피로 평가한다. – 옮긴이

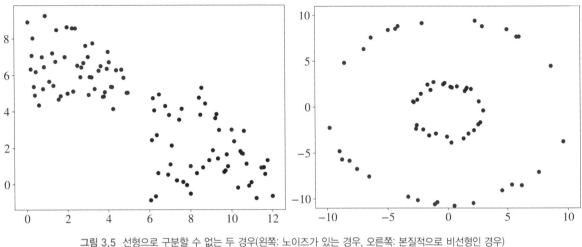

그림 3.5 선형으로 구분할 수 없는 두 경우(왼쪽: 노이즈가 있는 경우, 오른쪽: 본질적으로 비선형인 경우)

SVM 최적화 문제를 다음과 같이 표현할 수 있다.

$$y_i(\mathbf{x}_i\mathbf{w} - b) - 1 \geq 0(i = 1, \dots, N)$$을 만족하는 $\min \frac{1}{2}\|\mathbf{w}\|^2 \qquad (3.9)$

3.4.1 노이즈를 다루는 방법

힌지 손실 함수^{hinge loss function}($\max(0,\ 1 - y_i(\mathbf{w}\mathbf{x}_i - b)))$를 이용하면 선형적으로 구분할 수 없는 데이터에도 SVM을 적용할 수 있다.

식 3.8에 나온 제약 사항을 만족하면 힌지 손실 함수는 0이 된다. 다시 말해 $\mathbf{w}\mathbf{x}_i$가 결정 경계를 기준으로 제대로 분류되면 힌지 손실 함수는 0이 된다. 반면 분류가 잘못되면 힌지 손실 함수의 값은 결정 경계로부터 떨어진 거리에 비례한다.

따라서 다음과 같은 비용 함수를 최소화해야 한다.

$$C\|\mathbf{w}\|^2 + \frac{1}{N}\sum_{i=1}^{N}\max\left(0, 1 - y_i(\mathbf{w}\mathbf{x}_i - b)\right)$$

결정 경계의 크기가 증가하는 것과 각각의 x_i가 제대로 분류되도록 보장하는 것 사이의 절충점은 하이퍼파라미터 C에 따라 결정된다. ID3의 하이퍼파라미터 ϵ나 d와 마찬가지로 C 값도 실험으로 구한다. 힌지 손실을 최적화하는 SVM을 소프트마진^{soft-margin} SVM이라 하고, 원래 방식을 하드마진^{hard-margin} SVM이라 한다.

이 식에서 볼 수 있듯이 C가 충분히 크면 비용 함수의 두 번째 항을 무시할 수 있다. 그러면 SVM 알고리즘은 분류 오류^{misclassification}를 완전히 무시해서 최대 마진을 구할 수 있다. 반대로 C의 값을 줄이면 분류 오류가 점점 커진다. 그러면 SVM 알고리즘은 마진 크기보다는 오류를 줄이는 데 주력한다. 앞에서 설명했던 것처럼 마진이 클수록 일반화가 잘된다. 따라서 훈련 데이터에 대한 분류 성능(경험적 위험 최소화)과 향후 예제에 대한 분류 성능(일반화) 사이의 절충점은 C에 따라 정해진다.

3.4.2 본질적으로 비선형적인 경우에 대처하는 방법

SVM은 원본 공간에서 데이터셋을 초평면으로 구분할 수 없는 경우에도 잘 대처할 수 있다. 원본 공간을 고차원 공간으로 변환할 수 있다면, 예제들을 선형적으로 구분할 수도 있다. 이처럼 SVM에서 원본 공간을 고차원 공간으로 간접적으로 변환하는 함수를 사용해 비용 함수를 최적화하는 기법을 **커널 트릭**^{kernel trick}이라 부른다.

커널 트릭을 적용한 결과는 그림 3.6과 같다. 여기서는 $\phi : \mathbf{x} \mapsto \phi(\mathbf{x})$($\phi(\mathbf{x})$는 $\mathbf{x}$보다 차원이 높은 벡터)를 이용해, 선형적으로 구분할 수 없던 2차원 데이터를 3차원 데이터로 변환했다. 그림 3.5의 오른쪽에 나온 2D 데이터 예제 $\mathbf{x} = [q, p]$를 3D 공간에 투영하는 매핑 ϕ는 $\phi([q, p]) \stackrel{\text{def}}{=} (q^2, \sqrt{2}qp, p^2)$과 같다. 여기서 q^2은 q를 제곱한다는 뜻이다. 이렇게 변환하면 데이터를 선형적으로 구분할 수 있게 된다.

그런데 주어진 데이터에 어떤 변환 함수가 적합할지는 사전에 알 수 없다. 임의의 변환 함수로 입력 예제를 고차원 벡터로 변환해놓고 SVM을 적용하는 식으로 변환 함수를 시험해보기에는 연산 효율이 크게 떨어질 뿐만 아니라, 분류 문제를 풀지 못할 수도 있다.

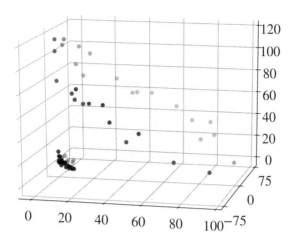

그림 3.6 3차원 공간으로 변환하면 그림 3.5의 데이터를 선형적으로 구분할 수 있다.

다행히 **커널 함수**^{kernel function}(또는 간단히 **커널**^{kernel})를 이용하면, 이렇게 일일이 변환해보지 않고도 고차원 공간으로 효율적으로 변환할 수 있다. 커널의 작동 방식을 이해하려면 SVM 최적화 알고리즘이 $\mathbf{w}$와 b에 대한 최적값을 찾는 과정을 살펴봐야 한다.

식 3.9와 같은 최적화 문제는 주로 라그랑주 승수법^{Lagrange multipliers (method)}으로 푼다. 이 때 식 3.9를 그대로 쓰지 않고 다음과 같이 형태를 바꿔서 풀면 편하다.

$$\max_{\alpha_1 \dots \alpha_N} \sum_{i=1}^{N} \alpha_i - \frac{1}{2} \sum_{i=1}^{N} \sum_{k=1}^{N} y_i \alpha_i (\mathbf{x}_i \mathbf{x}_k) y_k \alpha_k$$

이 식은 $\sum_{i=1}^{N} \alpha_i y_i = 0$과 $\alpha_i \geq 0 (i = 1, \dots, N)$을 만족한다.

여기서 α_i를 라그랑주 승수^{Lagrange multiplier}라 부른다. 식을 이렇게 구성하면 최적화 문제를 볼록 함수의 이차 최적화 문제^{convex quadratic optimization problem}로 만들 수 있다. 따라서 이차 프로그래밍 알고리즘으로 효율적으로 풀 수 있다.

앞에 나온 수식을 보면 $\mathbf{x}_i \mathbf{x}_k$ 항에서만 특징 벡터를 사용한다. 더 높은 차원의 공간으로 변환하려면 $\mathbf{x}_i$를 $\phi(\mathbf{x}_i)$로, $\mathbf{x}_k$를 $\phi(\mathbf{x}_k)$로 변환해서 $\phi(\mathbf{x}_i)$와 $\phi(\mathbf{x}_k)$를 곱해야(점곱^{dot product})

하는데, 그러면 계산량이 상당히 많아진다.

그런데 여기서 $\mathbf{x}_i\mathbf{x}_k$라는 점곱의 결과만 알면 된다. 2장에서 설명했듯이 점곱의 결과는 실숫값이다. 값만 정확하다면 연산 과정은 신경 쓸 필요가 없다. 커널 트릭을 적용하면 원본 특징 벡터를 고차원 벡터로 변환해서 두 벡터의 점곱을 계산하는 힘든 작업 대신, 원본 특징 벡터에 대한 간단한 연산으로 바꿔도 같은 결과를 낼 수 있다. 예를 들어 $(q_1,\ p_1)$과 $(q_2,\ p_2)$를 각각 $(q_1^2,\ \sqrt{2}q_1p_1,\ p_1^2)$과 $(q_2^2,\ \sqrt{2}q_2p_2,\ p_2^2)$으로 변환해서 이에 대한 점곱인 $(q_1^2q_2^2 + 2q_1p_1q_2p_2 + p_1^2p_2^2)$을 계산하지 말고, $(q_1,\ p_1)$과 $(q_2,\ p_2)$의 점곱 $(q_1q_2 + p_1p_2)$를 제곱하면 $(q_1^2q_2^2 + 2q_1p_1q_2p_2 + p_1^2p_2^2)$과 똑같은 결과를 얻을 수 있다.

이런 식으로 처리하는 것이 바로 커널 트릭이다. 여기서는 이차 커널, $k(\mathbf{x}_i,\ \mathbf{x}_k) \overset{\text{def}}{=} (\mathbf{x}_i\mathbf{x}_k)^2$을 사용했다.

커널 함수는 여러 가지가 있는데, 그중에서 **RBF**^{Radial Basis Function}(방사 기저 함수) **커널**이 가장 널리 사용된다.

$$k(\mathbf{x}, \mathbf{x}') = \exp\left(-\frac{\|\mathbf{x} - \mathbf{x}'\|^2}{2\sigma^2}\right)$$

여기서 $\|\mathbf{x} - \mathbf{x}'\|^2$은 두 특징 벡터 사이에 대한 **유클리드 거리**^{Euclidean distance}를 제곱한 것이다. 유클리드 거리는 다음 식으로 구할 수 있다.

$$d(\mathbf{x}_i, \mathbf{x}_k) \overset{\text{def}}{=} \sqrt{\left(x_i^{(1)} - x_k^{(1)}\right)^2 + \left(x_i^{(2)} - x_k^{(2)}\right)^2 + \cdots + \left(x_i^{(D)} - x_k^{(D)}\right)^2}$$

$$= \sqrt{\sum_{j=1}^{D}\left(x_i^{(j)} - x_k^{(j)}\right)^2}$$

RBF 커널의 특징 공간의 차원은 무한임이 증명됐다. 데이터 분석가들은 하이퍼파라미터 σ를 조정하는 방식으로 원본 공간에서 매끄러운(일반화된) 결정 경계와 굴곡진(데이터셋에 더 최적화된) 결정 경계 사이를 선택할 수 있다.

3.5 kNN

k-최근접 이웃 k-Nearest Neighbors(kNN)은 비모수 방식 non-parametric 학습 알고리즘이다. 모델을 구축하고 나서는 훈련 데이터를 쓰지 않는 다른 학습 알고리즘과 달리, kNN은 훈련 예제를 모두 메모리에 보관한다. 처음 보는 예제 $\mathbf{x}$가 들어오면 kNN 알고리즘은 $\mathbf{x}$와 가장 가까운 훈련 예제 k개를 찾는다. 그래서 주어진 문제가 분류라면 그중에서 가장 많이 나온 레이블을 리턴하고, 회귀 문제일 때는 k개 예제의 레이블 평균을 리턴한다.

두 예제의 가까운 정도는 거리 함수 distance function로 구한다. 실전에서는 앞에서 본 유클리드 거리를 주로 사용한다. 또 다른 거리 함수로 음의 **코사인 유사도** cosine similarity가 있다. 코사인 유사도의 정의는 다음과 같으며, 두 벡터의 방향에 대한 유사도를 측정할 수 있다.

$$s(\mathbf{x}_i, \mathbf{x}_k) \stackrel{\text{def}}{=} \cos(\angle(\mathbf{x}_i, \mathbf{x}_k)) = \frac{\sum_{j=1}^{D} x_i^{(j)} x_k^{(j)}}{\sqrt{\sum_{j=1}^{D} \left(x_i^{(j)}\right)^2} \sqrt{\sum_{j=1}^{D} \left(x_k^{(j)}\right)^2}}$$

두 벡터 사이의 각이 0도면, 두 벡터는 같은 방향을 가리킨다. 따라서 코사인 유사도는 1이 된다. 반대로 두 벡터가 수직이면 코사인 유사도는 0이 된다. 서로 반대 방향을 가리키는 벡터에 대한 코사인 유사도는 −1이다. 코사인 유사도로 거리를 측정하려면 여기에 −1을 곱해야 한다. 또 다른 거리 측정 방법으로 체비셰프 거리 Chebychev distance, 마할라노비스 거리 Mahalanobis distance, 해밍 거리 Hamming distance 등이 있다. 거리 측정 방법과 k 값은 데이터 분석가가 알고리즘을 실행하기 전에 결정한다. 다시 말해 이 값들은 하이퍼파라미터다. (이렇게 추측하지 않기) 데이터를 학습해서 거리를 구할 수도 있는데, 구체적인 방법은 10장에서 설명한다.

04

학습 알고리즘 심층 분석

4.1 학습 알고리즘의 기본 구성 요소

앞 장을 읽으면서 학습 알고리즘은 크게 세 부분으로 구성된다는 사실을 눈치챘을 것이다.

1. 손실 함수 loss function

2. 손실 함수 기반의 최적화 기준 optimization criterion (예: 비용 함수 cost function)

3. 학습 데이터를 최대한 활용해 최적화 기준의 해를 구하는 최적화 루틴 optimization routine

모든 학습 알고리즘은 이러한 세 가지 요소로 구성된다. 앞 장에서 본 알고리즘 중에서 선형 회귀, 로지스틱 회귀, SVM 등은 특정한 기준을 직접적으로 최적화하고, 결정 트리나 kNN 등은 기준을 간접적으로 최적화한다. 결정 트리 학습과 kNN은 머신러닝 알고리즘 중에서도 가장 오래된 것으로서, 특정한 최적화 기준을 염두에 두지 않고 직관에 따라 실험적으로 개발된 것이다. 그래서 (과학 역사에서 흔히 볼 수 있듯이) 알고리즘이 효과적인 이유를 설명하기 위한 목적으로 나중에서야 최적화 기준이 나왔다.

머신 러닝에 대한 최신 문헌을 살펴보면 **경사 감소법**gradient descent이나 **확률적 경사 감소법** stochastic gradient descent(SGD)을 언급하는 사례를 많이 볼 수 있다. 두 알고리즘은 최적화 기준이 뚜렷할 때 가장 많이 적용하는 알고리즘으로 손꼽힌다.

경사 감소법은 반복 과정을 통해 함수의 최솟값을 찾는 최적화 알고리즘이다. 경사 감소법은 함수의 극소local minimum(지역 최솟값)를 찾기 위해 먼저 무작위로 정한 어떤 지점에서 시작해 현재 지점에서 함수의 음의 기울기(또는 기울기의 근사치)에 비례하는 방향(현재 지점에서 함수의 값이 가장 가파르게 감소하는 방향)으로 업데이트(이동)하는 방식으로 최솟값을 찾는다.

경사 감소법은 선형 회귀와 로지스틱 회귀, SVM뿐만 아니라 뒤에서 소개할 신경망에서도 최적의 파라미터를 찾는 데 활용된다. 로지스틱 회귀나 SVM을 비롯한 다양한 모델은 최적화 기준을 **볼록 함수**convex function로 삼는다. 볼록 함수는 전역 최솟값을 단 하나만 갖는다. 신경망에서는 최적화 기준이 볼록 함수가 아니지만, 실전에서는 극솟값만으로 충분하다.

그럼 경사 감소법에 대해 구체적으로 살펴보자.

4.2 경사 감소법

이 절에서는 선형 회귀식의 해를 경사 감소법으로 찾는 방법을 소개한다.[1] 경사 감소법 알고리즘에서 반복 횟수가 늘어날수록 개선되는 과정을 쉽게 볼 수 있도록 파이썬 코드와 그래프도 함께 살펴본다. 여기서는 단 한 가지 특징으로만 구성된 1차원 데이터셋을 사용한다. 1차원 데이터에 대한 최적화 기준은 w와 b라는 두 개의 파라미터로 구성된다. 이 데이터셋을 다차원 훈련 데이터로도 쉽게 확장할 수 있다. 2차원 데이터에 대해서는 변수를 $w^{(1)}$, $w^{(2)}$, b로, 3차원 데이터에 대해서는 변수를 $w^{(1)}$, $w^{(2)}$, $w^{(3)}$, b로 구성하면 된다.

---

1 앞에서 설명한 것처럼 선형 회귀는 닫힌 형식의 해를 갖는다. 다시 말해 선형 회귀 문제를 푸는 데 반드시 경사 감소법을 사용할 필요는 없지만, 경사 감소법의 작동 과정을 보여주기에 좋으므로 소개한다.

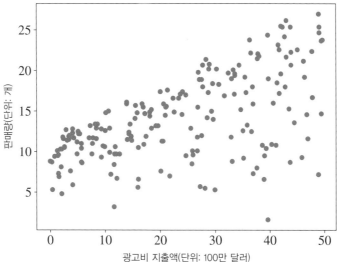

그림 4.1 원본 데이터. Y축은 (예측하려는) 판매량을 표현하고, X축은 특징(라디오 광고에 지출한 비용)을 표현한다.

구체적인 예를 살펴보기 위해 다음과 같이 구성된 실제 데이터셋을 적용해보자(이 데이터는 이 책의 위키 페이지에서 볼 수 있다). 이 데이터는 각 회사의 연간 라디오 광고 지출액과 연간 판매량으로 구성돼 있다. 이를 바탕으로 라디오 광고비 지출액으로부터 판매량을 예측하는 회귀 모델을 만들어보자. 데이터셋의 각 행은 특정한 회사를 나타낸다.

회사	지출액(단위: 100만 달러)	판매량(단위: 개)
1	37.8	22.1
2	39.3	10.4
3	45.9	9.3
4	41.3	18.5
..	..	..

데이터셋에는 200개 회사에 대한 데이터가 담겨 있다. 따라서 $(x_i, y_i) = (Spendings_i,$

$Sales_i$)의 형태로 구성된 훈련 예제가 200개 있다. 이를 2D 도표에 표현하면 그림 4.1과 같다.

앞에서 설명했듯이 선형 회귀 모델은 $f(x) = wx + b$와 같은 식으로 표현한다. 아직은 w와 b의 최적값이 무엇인지 모른다. 이 값은 데이터를 학습해서 알아낼 것이다. w와 b의 최적값은 평균 제곱 오차를 최소화하는 값을 찾는 방식으로 알아낸다.

$$l \stackrel{\text{def}}{=} \frac{1}{N} \sum_{i=1}^{N} (y_i - (wx_i + b))^2$$

경사 감소법은 먼저 이 식을 각 파라미터에 대해 편미분하는 작업부터 한다.

$$\frac{\partial l}{\partial w} = \frac{1}{N} \sum_{i=1}^{N} -2x_i(y_i - (wx_i + b))$$
$$\frac{\partial l}{\partial b} = \frac{1}{N} \sum_{i=1}^{N} -2(y_i - (wx_i + b))$$

(4.1)

$(y_i - (wx + b))^2$ 항의 w에 대한 편도함수를 구할 때 연쇄 법칙$^{\text{chain rule}}$을 적용한다. 이 식은 $f = f_2(f_1)$과 같이 구성돼 있다. 여기서 $f_1 = y_i - (wx + b)$고 $f_2 = f_1^2$이다. f를 w에 대해 편미분하려면 먼저 f_2에 대한 f의 편도함수를 구해야 한다. (미분 공식에 따르면 $\frac{\partial}{\partial x}x^2 = 2x$이므로) 결과는 $2(y_i - (wx + b))$가 된다. 그리고 나서 w에 대한 $y_i - (wx + b)$의 편미분 결과인 $-x$를 곱한다. 그러면 f를 w에 대해 편미분한 결과는 $\frac{\partial l}{\partial w} = \frac{1}{N} \sum_{i=1}^{N} -2x_i(y_i - (wx_i + b))$가 된다. l의 b에 대한 편도함수 $\frac{\partial l}{\partial b}$도 이와 마찬가지로 계산한다.

경사 감소법은 **에포크**^{epoch} 단위로 진행한다. 훈련 집합 전체로 파라미터를 한 번 업데이트하는 것이 한 에포크다. 첫 번째 에포크에서는 $w \leftarrow 0$, $b \leftarrow 0$으로 초기화한다.[2] 편도함수 $\frac{\partial l}{\partial w}$과 $\frac{\partial l}{\partial b}$은 식 4.1에 따라 각각 $\frac{-2}{N} \sum_{i=1}^{N} x_i y_i$와 $\frac{-2}{N} \sum_{i=1}^{N} y_i$다. 한 에포

---

2 신경망처럼 파라미터가 수천 개인 복잡한 모델에서는 파라미터를 초기화하는 방법에 따라 경사 감소법의 해가 크게 달라진다. 초기화 방법은 여러 가지(예: 무작위로 하기, 모두 0으로 하기, 0 주변은 작은 값으로 하기 등)가 있으며, 그중에서 한 가지를 선택하는 것은 데이터 분석가의 주요 결정 사항 중 하나다.

크마다 편미분을 계산한 결과로 w와 b를 업데이트한다(식 4.2). 이 식에서 α는 **학습률**
learning rate(**학습 속도**)로서, 업데이트 크기(간격)를 조절한다.

$$w \leftarrow w - \alpha \frac{\partial l}{\partial w}$$
$$b \leftarrow b - \alpha \frac{\partial l}{\partial b} \tag{4.2}$$

현재 파라미터 값에서 편도함수를 (더하지 않고) 빼는 이유는 도함수가 함수의 증가량
을 표현하기 때문이다. 주어진 지점[3]에서 도함수가 양(+)이라는 말은 그 지점에서 함
수가 증가한다는 뜻이다. 여기서는 목표 함수objective function를 최소화하는 것이 목적이
기 때문에 도함수가 양이면 파라미터를 반대 방향(좌표축에서 왼쪽)으로 이동시켜야 한
다. 도함수가 음(−)이라면(함수가 감소한다면) 파라미터를 오른쪽으로 이동시켜서 함수
가 좀 더 감소하게 만든다. 파라미터 값에서 음의 값을 빼면 오른쪽으로 이동시킬 수
있다.

그다음 에포크에서는 식 4.1의 w와 b를 앞에서 구한 값으로 업데이트해서 다시 편미
분한다. 이 과정을 w와 b 값이 수렴할 때까지 계속한다. 일반적으로 여러 에포크를
거쳐야 w와 b 값이 더 이상 변하지 않는다. 그러면 알고리즘을 중단한다.

머신 러닝 엔지니어는 대부분 파이썬을 사용한다. 파이썬을 배우고 싶은 마음이 있었
다면 지금이 절호의 기회다. 방금 설명한 경사 감소법을 파이썬으로 구현하는 방법을
살펴보자.

한 에포크 동안 파라미터 w와 b를 업데이트하는 함수 코드는 다음과 같다.

```
1   def update_w_and_b(spendings, sales, w, b, alpha):
2       dl_dw = 0.0
3       dl_db = 0.0
4       N = len(spendings)
5
6       for i in range(N):
7           dl_dw += -2*spendings[i]*(sales[i] - (w*spendings[i] + b))
```

---

3   여기서 지점(point)이란 현재 파라미터 값이다.

```
8          dl_db += -2*(sales[i] - (w*spendings[i] + b))
9
10        # w와 b를 업데이트한다
11        w = w - (1/float(N))*dl_dw*alpha
12        b = b - (1/float(N))*dl_db*alpha
13
14        return w, b
```

이 작업을 여러 에포크에 대해 반복하는 코드는 다음과 같다.

```
15    def train(spendings, sales, w, b, alpha, epochs):
16        for e in range(epochs):
17            w, b = update_w_and_b(spendings, sales, w, b, alpha)
18
19            # 진행 과정을 로그에 남긴다
20            if e % 400 == 0:
21                print("epoch:", e, "loss: ", avg_loss(spendings, sales, w, b))
22
23        return w, b
```

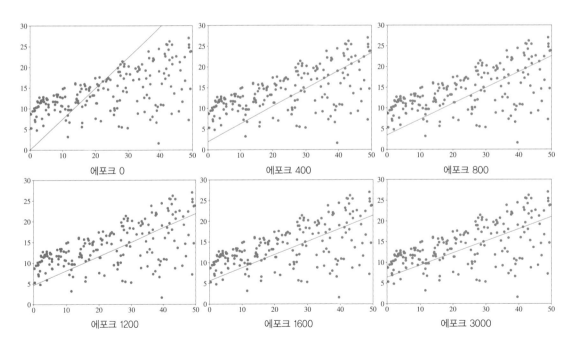

그림 4.2 경사 감소법의 에포크가 늘어남에 따라 회귀 직선이 변하는 모습

앞의 코드에서 avg_loss 함수는 평균 제곱 오차를 구하는 함수다. 이 함수를 정의하는 코드는 다음과 같다.

```
25  def avg_loss(spendings, sales, w, b):
26      N = len(spendings)
27      total_error = 0.0
28      for i in range(N):
29          total_error += (sales[i] - (w*spendings[i] + b))**2
30      return total_error / float(N)
```

train 함수를 $\alpha = 0.001$, $w = 0.0$, $b = 0.0$에 대해 15,000 에포크 동안 실행한 결과는 다음과 같다(여기서는 일부만 표시했다).

```
epoch:  0 loss: 92.32078294903626
epoch:  400 loss: 33.79131790081576
epoch:  800 loss: 27.9918542960729
epoch:  1200 loss: 24.33481690722147
epoch:  1600 loss: 22.028754937538633
...
epoch:  2800 loss: 19.07940244306619
```

결과를 보면 train 함수를 반복하는 에포크가 늘어날수록 평균 손실이 감소하는 것을 알 수 있다. 그림 4.2는 에포크가 늘어날수록 회귀 직선이 변하는 모습을 보여주고 있다.

파라미터 w와 b에 대한 최적의 값을 찾았다면 마지막으로 예측 함수를 구현한다.

```
31  def predict(x, w, b):
32      return w*x + b
```

지금까지 작성한 코드를 다음과 같이 실행해보자.

```
33  w, b = train(x, y, 0.0, 0.0, 0.001, 15000)
34  x_new = 23.0
35  y_new = predict(x_new, w, b)
36  print(y_new)
```

최종 결과는 13.97이다.

경사 감소법의 결과는 학습률 α에 따라 크게 달라진다. 또한 데이터셋이 클수록 속도가 떨어진다. 다행히 경사 감소법의 성능을 향상시키기 위한 기법이 다양하게 나와 있다.

미니배치 확률적 경사 감소법(미니배치 SGD^{minibatch SGD})은 훈련 데이터(배치)의 일부분(미니배치)을 이용해 기울기의 근삿값을 구하는 방식으로 계산 속도를 높인다. 또한 SGD를 업그레이드한 버전도 다양하게 나와 있다. 그중에서 **Adagrad**(에이다그래드)는 각 파라미터에 대한 α 값을 기울기의 히스토리에 따라 조절한다. 기울기가 아주 클 때는 α를 줄이고, 그렇지 않을 때는 높인다. **Momentum**(모멘텀)이란 기법은 기울기의 방향을 좀 더 관련 있는 쪽으로 바꾸고 오실레이션^{oscillation}을 감소시키는 방식으로 속도를 높인다. 흔히 신경망 학습에 **RMSprop**이나 **Adam**(애덤)과 같은 SGD 개선 버전을 많이 사용한다.

참고로 경사 감소법과 이를 변형한 버전 자체는 머신 러닝 알고리즘이 아니다. 엄밀히 말하면 (정의역의 대부분의 지점에서) 최소화 문제의 해를 구하는 기법이다. 여기서 최소화 대상은 기울기 함수다.

4.3 머신 러닝 엔지니어의 작업 방식

막대한 R&D 연구비를 갖춘 대기업 연구소의 연구원이 아닌 이상, 머신 러닝 알고리즘을 직접 구현할 일은 거의 없다. 경사 감소법과 같은 알고리즘도 마찬가지다. 대부분은 오픈소스 라이브러리를 사용한다. 라이브러리^{library}란 안정성과 효율성에 주안점을 두고 구현된 알고리즘과 관련 도구의 집합이다. 실전에서 흔히 사용하는 오픈소스 머신 러닝 라이브러리 중에서 대표적인 것으로는 파이썬과 C 언어로 구현된 사이킷런^{scikit-learn}이 있다. 선형 회귀를 사이킷런으로 구현하는 예는 다음과 같다.

```
1  def train(x, y):
2      from sklearn.linear_model import LinearRegression
3      model = LinearRegression().fit(x,y)
4      return model
5
```

```
 6   model = train(x,y)
 7
 8   x_new = 23.0
 9   y_new = model.predict(x_new)
10   print(y_new)
```

이 코드의 결과도 앞에서와 마찬가지로 13.97이다. 사이킷런을 이용하면 이처럼 간단히 처리할 수 있다. 다른 회귀 알고리즘을 사용하고 싶다면, 코드에서 다른 부분은 그대로 두고 LinearRegression( )이 나온 부분만 원하는 학습 알고리즘으로 바꾸면 그만이다. 분류 문제도 마찬가지다. 로지스틱 회귀를 구현한 *LogisticRegression* 대신 SVC 알고리즘으로 교체하면 그만이다(사이킷런에서는 SVM 알고리즘을 SVC라 부른다). 사이킷런에는 이것 말고도 결정 트리(*DecisionTreeClassifier*), kNN(*NearestNeighbors*)을 비롯한 다양한 분류 학습 알고리즘이 구현돼 있다.

4.4 학습 알고리즘에서 주의할 점

여러 가지 학습 알고리즘을 각각의 두드러진 특징을 중심으로 정리해보자. 앞에서 설명했듯이 학습 알고리즘마다 사용하는 하이퍼파라미터가 다르다(SVM은 C를, ID3는 ϵ와 d를 사용한다). 경사 감소법과 같은 기법도 α라는 하이퍼파라미터를 사용한다.

결정 트리와 같은 알고리즘은 범주형 특징$^{categorical\ feature}$도 입력받을 수 있다. 예를 들어 '색깔'이란 특징을 사용하고 그 값을 '빨강', '노랑', '초록'과 같은 형태로 입력받는다면 그 값을 그대로 사용하면 된다. SVM과 로지스틱 회귀, 선형 회귀나 (코사인 유사도 또는 유클리드 거리를 사용하는) kNN은 특징을 숫자값으로 받는다. 사이킷런에 구현된 알고리즘도 특징을 숫자로 받는다. 이때 범주형 특징을 숫자로 변환하는 방법은 다음 장에서 소개한다.

SVM과 같은 알고리즘을 사용할 때는 데이터 분석가가 각 클래스에 대한 가중치를 지정할 수 있다. 이러한 가중치는 결정 경계에 영향을 미친다. 어떤 클래스에 대한 가중치가 다른 것보다 높다면, 학습 알고리즘은 그 클래스에 대한 훈련 예제의 예측 오차를 최소화한다(이로 인해 다른 곳에서 오차가 커질 수 있다). 이렇게 클래스마다 가중치를 다르게 부여하는 기법은 특정 클래스의 학습 예제 수가 다른 클래스 예제보다 상대적으로 양이 적을 때, 그 클래스에 대한 분류 오류를 최소화하는 데 중요한 역할을 한다.

SVM과 kNN 같은 분류 모델은 주어진 특징 벡터에 대해 클래스만 결과로 출력한다. 반면 로지스틱 회귀나 결정 트리와 같은 모델은 0과 1 사이의 점수(스코어score)도 함께 리턴한다. 이렇게 리턴된 값은 모델이 예측 결과를 얼마나 확신하는지를, 또는 입력 예제가 특정 클래스에 속할 확률을 표현한다.[4]

결정 트리 학습, 로지스틱 회귀, SVM과 같은 몇몇 분류 알고리즘은 데이터셋 전체를 한 번에 학습해서 모델을 만든다. 모델을 만들고 나서 새로운 학습 예제를 추가했다면 모델을 처음부터 다시 만들어야 한다. 나이브 베이즈Naïve Bayes나 다층 퍼셉트론multilayer perceptron, 사이킷런에서 제공하는 SGDClassifier/SGDRegressor, PassiveAggressiveClassifier/PassiveAggressiveRegressor와 같은 알고리즘은 배치 단위로 훈련 데이터를 반복 적용하는 방식으로 처리한다. 이런 알고리즘은 중간에 훈련 예제가 추가되더라도 그 데이터에 대해서만 모델을 업데이트하면 된다.

결정 트리 학습이나 SVM, kNN과 같은 알고리즘은 분류와 회귀 모두에 적용할 수 있는 반면, 어떤 알고리즘은 분류나 회귀 중 어느 한 가지 문제에만 적용할 수 있다.

일반적으로 라이브러리는 각 알고리즘이 풀 수 있는 문제의 종류, 입력할 수 있는 값의 범위와 종류, 모델이 출력하는 결과의 형태 등에 대해 설명하는 문서를 제공한다. 하이퍼파라미터에 대한 정보도 이 문서에서 확인할 수 있다.

---

4 SVM과 kNN에서도 간단한 기법을 이용해 예측 결과에 대한 점수를 얼마든지 만들 수도 있다.

05

핵심 기법

지금까지는 데이터 분석가가 머신 러닝 문제를 다룰 때 반드시 고려해야 할 이슈인 특징 공학, 오버피팅 해결, 하이퍼파라미터 튜닝에 대해 가볍게 언급만 하고 넘어갔다. 하지만 사이킷런^{scikit-learn}으로 `model = LogisticRegression( ).fit(x, y)`를 실행하기 전에 이러한 이슈를 반드시 해결해야 한다. 이 장에서는 세 가지 이슈뿐만 아니라 다른 문제를 해결하는 방법에 대해서도 소개한다.

5.1 특징 공학

프로덕트 매니저가 지난 5년 동안의 고객 대응 기록을 토대로 특정 고객층의 지속적인 유지 여부에 대해 예측할 때, 그저 데이터를 라이브러리에 집어넣고 돌리는 식으로 처리할 수는 없다. 가장 먼저 **데이터셋**부터 만들어야 한다.

이 예측 문제에 필요한 데이터셋은 1장에서 설명했던 **레이블이 달린 예제 집합** $\{(\mathbf{x}_i,\ y_i)\}$ $_{i=1}^{N}$이다. 여기서 총 N개로 구성된 예제 집합의 각 원소 $\mathbf{x}_i$를 **특징 벡터**^{feature vector}라 부른다. 특징 벡터가 D차원일 때 각 차원의 성분 $x^{(j)}(j = 1,....,D)$는 예제에 대한 속성 하나를 표현한다. 이렇게 각 차원마다 가지는 속성값을 **특징**feature이라 부른다.

원본(미가공) 데이터raw data를 데이터셋으로 변환하는 것을 **특징 공학**(피처 엔지니어링feature engineering, **데이터 전처리 기법**)이라 부른다. 실전에서 특징 공학을 수행하기 위해서는 데이터 분석가가 자신이 가진 창의력과 도메인 지식뿐만 아니라 상당한 노동력을 투입해야 할 때가 많다.

예를 들어 어떤 컴퓨터 시스템의 사용자 활동 로그를 데이터셋으로 변환할 때, 사용자에 대한 정보와 로그로부터 추출한 다양한 통계치를 반영해서 특징을 만들 수 있다. 이때 특징을 각 사용자의 구독 요금, 일간/주간/연간 접속 횟수 등으로 정할 수 있다. 또한 초 단위의 평균 세션 시간이나 요청당 평균 응답 시간 등도 특징으로 추출할 수 있다. 이처럼 측정할 수 있는 것이라면 어떤 것도 특징으로 추출할 수 있다. 이때 데이터 분석가의 역할은 의미 있는 정보가 담긴informative 특징을 추출하는 것이다. 그래야 학습 알고리즘으로 훈련에 사용된 데이터에 대한 레이블을 제대로 예측하는 모델을 만들 수 있다. 유익한 정보가 많이 담긴 특징은 예측력predictive power이 높다. 예를 들어 사용자의 평균 세션 시간은 향후 애플리케이션을 사용할 때 사용자가 머무는 시간을 가늠하는 데 뛰어난 예측력을 발휘하는 특징이라고 볼 수 있다.

저편향low bias(편향이 낮은) 모델이란 훈련 데이터에 대해 예측을 정확히 하는 모델을 말한다. 즉, 학습 과정에 사용했던 예제의 레이블을 예측할 때 오차가 적게 발생한다.

5.1.1 원핫 인코딩

학습 알고리즘 중에는 특징 벡터를 반드시 숫자값으로 표현해야 하는 것이 있다. 가령 데이터셋에 담긴 특징이 어떤 범주(예: '색깔', '요일')를 나타낸다면 그 값을 이진수로 변환해야 한다. 이처럼 숫자가 아닌 특징 값을 이진수로 변환하는 것을 **원핫 인코딩**one-hot encoding이라 부른다.

예제가 '색깔'이라는 범주형 특징으로 구성돼 있고 '빨강', '노랑', '초록'이라는 세 가지 값 중 하나를 가진다면, 특징 벡터를 다음과 같이 숫자 세 개로 구성된 벡터로 변환한다.

$$빨강 = [1, 0, 0]$$
$$노랑 = [0, 1, 0] \qquad\qquad (5.1)$$
$$초록 = [0, 0, 1]$$

그런데 이렇게 하면 특징 벡터의 차원이 늘어난다. 이때 차원을 줄이려고 빨강을 1로, 노랑을 2로, 초록을 3으로 표현하는 식으로 바꾸면 안 된다. 그러면 범주를 표현하는 값에 순서의 의미가 있다고 인식해서 결과에 영향을 미칠 위험이 있다. 순서가 없는 특징을 순서가 있는 숫자로 표현하면 학습 알고리즘이 오해할 수 있다.[1] 학습 알고리즘은 애초에 없는 규칙을 억지로 찾으려 하기 때문이다. 그러면 오버피팅이 발생할 수 있다.

5.1.2 비닝

이와 반대로 실전에서 흔치 않지만 숫자로 표현한 특징(수치형 특징numerical feature)을 범주형 특징categorical feature으로 변환해야 할 때가 있다. 이처럼 실수와 같은 연속형 값으로 구성된 특징을 이진 값으로 구성된 특징binary feature 여러 개로 바꾸는 것을 **비닝**binning(또는 **버킷팅**bucketing)이라 한다. 이렇게 분할된 이진 특징을 빈bin 또는 버킷bucket이라 부르며, 흔히 일정한 구간을 기준으로 나누는 방식으로 처리한다. 예를 들어 나이라는 특징을 실숫값 하나로 표현하지 않고, 이 특징을 일정한 구간에 대해 이진 값을 갖는 빈으로 쪼갠다. 예를 들어 0세부터 5세까지를 첫 번째 빈에 넣고, 6세부터 10세까지를 두 번째 빈에 넣고, 11세부터 15세까지를 세 번째 빈에 넣는 식으로 나눈다.

가령 나이를 표현하는 네 번째 차원($j = 4$)의 특징에 비닝을 적용해서, age_bin1, age_bin2, age_bin3이라는 세 가지 빈을 새로 만들 수 있다. 각 빈의 인덱스가 $j = 123$, $j = 124$, $j = 125$라면, 앞에서 말한 원핫 인코딩을 적용해 예제 $\mathbf{x}_i$에서 $x_i^{(4)} = 7$일 때 특징 $x_i^{(124)}$를 1로 설정하고, $x_i^{(4)} = 13$일 때 특징 $x_i^{(125)}$를 1로 설정하는 식으로 만들 수

---

1 반대로 범주형 변수의 값에 순서를 반영하고 싶다면 값들을 모두 숫자로 변환해서 변수 하나로 표현한다. 예를 들어 논문에 대한 평가를 표현하는 변수의 값이 {나쁨, 무난함, 좋음, 뛰어남}으로 구성돼 있다면, {1, 2, 3, 4}와 같은 숫자값으로 바꾼다.

있다.

비닝을 잘 설계하면 적은 예제로 학습을 잘할 때가 있다. 특징 값을 구체적으로 몰라도 그 값이 속한 구간만 알면 된다는 힌트를 학습 알고리즘에게 주기 때문이다.

5.1.3 정규화

정규화normalization란 특징을 표현하는 값의 범위를 표준 구간으로 변환하는 것을 말한다. 흔히 [−1, 1]이나 [0, 1] 구간으로 변환한다.

예를 들어 특징 값의 원래 구간이 350부터 1450까지인 경우, 각 특징 값에서 350을 빼고 다시 1100으로 나누면 [0, 1] 구간으로 정규화할 수 있다.

이렇게 정규화하는 과정을 일반화해서 공식으로 표현하면 다음과 같다.

$$\bar{x}^{(j)} = \frac{x^{(j)} - min^{(j)}}{max^{(j)} - min^{(j)}}$$

여기서 $min^{(j)}$와 $max^{(j)}$는 데이터셋에 있는 특징 j에 대한 값 중에서 최솟값과 최댓값이다.

그렇다면 이렇게 정규화하는 이유는 무엇일까? 데이터를 반드시 정규화할 필요는 없다. 하지만 실전에서는 데이터를 정규화하면 학습 속도가 높아질 때가 있다. 예를 들어 앞 장에서 본 경사 감소법 예제를 생각해보자. 2차원 특징 벡터가 주어졌을 때, 파라미터 $w^{(1)}$과 $w^{(2)}$를 업데이트하려면 $w^{(1)}$과 $w^{(2)}$에 대한 평균 제곱 오차를 편미분해야 한다. $x^{(1)}$이 구간 [0, 1000]에 있고 $x^{(2)}$가 구간 [0, 0.0001]에 있을 때, 둘 중 구간이 큰 특징에 대한 도함수가 업데이트 작업의 상당 부분을 차지하게 된다.

또한 입력값을 상대적으로 작은 범위로 통일시키면 컴퓨터로 계산하는 과정에서 숫자가 아주 작아지거나 아주 커지면서 발생할 수 있는 오버플로numerical overflow 문제를 방지할 수 있다.

5.1.4 표준화

표준화standardization(또는 **z-스코어 정규화**z-score normalization)는 $\mu = 0$이고 $\sigma = 1$인 표준정규분포standard normal distribution를 따르도록 특징 값을 조정하는 절차다. 여기서 μ는 (데이터셋에 있는 모든 예제의 특징에 대한) 평균이고, σ는 표준편차standard deviation다.

특징에 대한 표준 스코어(또는 z-스코어)는 다음과 같이 계산한다.

$$\hat{x}^{(j)} = \frac{x^{(j)} - \mu^{(j)}}{\sigma^{(j)}}$$

그렇다면 어떤 경우에 정규화를 하고 또 어떤 경우에 표준화를 해야 할까? 이에 대한 뚜렷한 기준은 없다. 일반적으로 데이터셋이 너무 크지 않고 시간적 여유가 있다면 둘 다 해보고 나서 주어진 작업을 처리하는 성능이 좋은 것을 선택한다.

하지만 이렇게 실험할 여유가 없다면 다음과 같은 경험칙을 따른다.

- 실전에서 비지도 학습 알고리즘은 정규화보다는 표준화를 적용하는 것이 좋을 때가 많다.
- 특징 값이 정규분포(종 모양 곡선bell curve)에 가깝다면 표준화가 낫다.
- 특징 값에 간간이 극단적으로 크거나 작은 값(아웃라이어outlier)이 있다면 표준화가 유리하다. 정규화하면 정상 값이 굉장히 작은 구간으로 압축될 수 있기 때문이다.
- 그 밖의 나머지 경우는 정규화가 좋다.

대부분의 학습 알고리즘은 특징 값의 크기를 조정하면(특징 리스케일링feature rescaling) 좋다. 하지만 유명한 라이브러리에 최근 들어 구현된 학습 알고리즘은 특징 값의 범위가 서로 달라도 잘 처리한다.

5.1.5 결측값 처리 방법

때로는 데이터 분석가에게 전달된 데이터셋에 특징이 이미 정의돼 있을 수 있다. 이

때 특징 값 중 일부가 빠져 있을 경우가 있다. 이를 **결측값**missing value이라고 한다. 흔히 수작업으로 데이터셋을 구축하는 과정에서 작업자가 실수로 빼먹거나 애초에 측정조차 하지 않았을 때 이런 일이 발생한다.

결측값을 처리하는 방법은 다음과 같다.

- (데이터셋이 커서 훈련 집합에 예제 몇 개가 없어도 문제없다면) 결측값이 있는 예제를 데이터셋에서 제거한다.
- 결측값에 대처할 수 있는 학습 알고리즘을 사용한다(라이브러리의 종류나 알고리즘의 구현 방식에 따라 다르다).
- **데이터 대체**data imputation 기법을 적용한다.

5.1.6 데이터 대체 기법

데이터 대체 기법 중 한 가지는 결측값을 데이터셋에 있는 그 특징의 평균값으로 대체하는 것이다.

$$\hat{\mathbf{x}}^{(j)} \leftarrow \frac{1}{N} \sum_{i=1}^{N} \mathbf{x}_i^{(j)}$$

또 다른 기법은 결측값을 정상 구간 밖의 값으로 채우는 것이다. 예를 들어 정상 구간이 [0, 1]이라면 결측값을 2나 −1로 설정한다. 이렇게 하면 정상 구간 안에 있는 값과 크게 차이 나는 값을 가진 특징을 학습 알고리즘이 나름 최선을 다해 학습한다. 또 다른 방법은 결측값을 특징 값 범위의 중간값으로 설정하는 것이다. 예를 들어 특징 값 범위가 [−1, 1]이라면, 결측값을 0으로 설정한다. 이렇게 중간값으로 지정하면 예측에 큰 영향을 주지 않게 된다.

고급 기법 중에서 결측값을 회귀 문제의 타깃으로 사용하는 기법도 있다. 가령 j번째 특징 값이 빠져 있다면(결측값 $= x_i^{(j)}$), 이를 제외한 나머지 특징 $[x_i^{(1)}, x_i^{(2)}, ..., x_i^{(j-1)},$ $x_i^{(j+1)}, ..., x_i^{(D)}]$만으로 특징 벡터 $\hat{\mathbf{x}}_i$을 구성하고, 결측값 $x_i^{(j)}$를 타깃 $\hat{y}_i$으로 지정해서, $\hat{\mathbf{x}}$으로부터 $\hat{y}$을 예측하는 회귀 모델로 만든다. 이때 훈련 예제 $(\hat{\mathbf{x}}, \hat{y})$은 j번째 특징 값이

존재하는 원본 데이터셋을 이용해 구성해야 한다.

마지막으로 데이터셋이 굉장히 크고 그중 일부 특징 값만 빠져 있다면, 이에 대한 바이너리 인디케이터$^{binary\ indicator}$ 특징을 추가해서 특징 벡터의 차원을 늘린다. 가령 D차원 데이터셋에서 $j = 12$번째 특징 값이 빠져 있다면, 특징 벡터 $\mathbf{x}$에 $(D + 1)$번째 특징($j = D + 1$)을 추가해서 $x^{(12)}$에 대한 값이 $\mathbf{x}$에 있으면 $x^{(D + 1)}$을 1로, 그렇지 않으면 0으로 지정한다. 이렇게 하면 결측값을 0 또는 다른 숫자로 대체할 수 있다.

예측 단계에서 예제가 완전하지 않을 때도 훈련 데이터에 대해 적용한 것과 똑같은 데이터 대체 기법을 적용해서 빠진 특징을 채울 수 있다.

이러한 데이터 대체 기법 중에서 어느 것이 가장 좋은지는 학습 알고리즘을 실제로 돌려봐야 확실히 알 수 있다. 여러 기법으로 모델을 다양하게 만들어보고 가장 뛰어난 기법을 결정한다.

5.2 학습 알고리즘 결정하기

머신 러닝 알고리즘을 선정하기란 쉽지 않다. 시간이 많다면 모든 알고리즘을 다 적용해서 비교해보면 된다. 하지만 일반적으로 문제를 해결하는 데 주어진 시간이 많지 않다. 이럴 때는 구현 작업에 들어가기 전에 다음과 같은 질문을 던져보고, 그 답에 따라 후보 알고리즘을 추려서 주어진 데이터에 실제로 적용해본다.

- 설명력^{explainability}

정확도가 굉장히 높은 학습 알고리즘은 대부분 '블랙박스'와 같다. 이런 알고리즘으로 만든 모델은 오차가 굉장히 적지만, 예측 결과가 왜 그렇게 나왔는지 이해하기가 매우 힘들고 이를 설명하기란 더더욱 힘들다. 대표적인 예로는 신경망과 앙상블^{ensemble} 모델이 있다. 기술적 배경이 없는 이들에게 설명해야 한다면 이런 모델은 적합하지 않다.

반면 kNN, 선형 회귀, 결정 트리 학습 알고리즘은 정확도가 다소 떨어지지만 예측 방식은 이해하기 쉽다.

- 인메모리 vs. 아웃오브메모리

데이터셋 전체를 RAM에 올릴 수 있다면 알고리즘 선택의 폭이 매우 넓어진다. 그렇지 않으면 데이터를 추가하면서 모델을 개선하는 **점진적 학습 알고리즘**incremental learning algorithm을 적용한다.

- 특징과 예제의 개수

현재 데이터셋에 있는 훈련 예제의 개수와 각 예제를 몇 가지 특징으로 구성했는지 살펴본다. (뒤에서 소개할) **신경망, 그래디언트 부스팅**gradient boosting과 같은 알고리즘은 방대한 예제와 특징을 다룰 수 있다. 반면 SVM을 비롯한 일부 알고리즘은 처리할 수 있는 특징과 예제의 양에 제한이 있다.

- 범주형 특징 vs. 수치형 특징

특징이 범주를 나타내는지, 아니면 숫자로 구성됐는지, 혹은 두 가지가 섞여 있는지에 따라 선택할 수 있는 알고리즘이 달라진다. 어떤 알고리즘은 주어진 데이터셋을 곧바로 처리할 수 있고, 또 어떤 알고리즘은 범주형 특징을 수치형 특징으로 변환해야 하는 것도 있다.

- 데이터의 비선형성nonlinearity

데이터를 선형으로 구분할 수 있거나 데이터를 선형 모델로 표현할 수 있다면, 선형 커널을 사용하는 SVM이나 로지스틱 회귀, 선형 회귀를 적용한다. 그렇지 않다면 6장과 7장에서 소개하는 심층 신경망deep neural network(다층 신경망)이나 앙상블 알고리즘을 사용한다.

- 훈련 속도

학습 알고리즘이 모델을 구축하는 데 걸리는 시간도 고려한다. 신경망은 대체로 학습 시간이 오래 걸린다. 로지스틱 회귀나 선형 회귀, 결정 트리와 같은 알고리즘은 학습 시간이 대체로 짧은 편이다. 학습 알고리즘의 성능을 상당히 높이도록 효율적으로 구현한 라이브러리도 있다. 인터넷을 검색해보면 이런 라이브러리를 쉽게 찾을 수 있다. CPU 코어가 많다면 랜덤 포레스트^{random forest}와 같은 알고리즘을 적용하는 것이 유리하다. 이런 알고리즘은 코어가 수십 개 달린 머신을 사용하면 모델 구축 시간을 크게 단축할 수 있다.

- 예측 속도

모델이 예측값을 생성하는 속도와 실전에서 요구하는 모델의 처리량에 따라 알고리즘을 결정할 수도 있다. SVM, 선형 회귀, 로지스틱 회귀, 일부 신경망은 예측 속도가 매우 빠르다. 반면 kNN, 앙상블 알고리즘, 심층 신경망, RNN^{Recurrent Neural Network}(재귀 신경망)은 느린 편이다.[2]

주어진 데이터에 가장 적합한 알고리즘을 무작위로 고르고 싶지 않다면 **검증 집합**^{validation set}으로 직접 테스트한 결과를 토대로 결정한다. 사이킷런을 사용한다면, 그림 5.1에 나온 알고리즘 선택 다이어그램에 따라 결정한다.

5.3 세 가지 집합

지금까지는 '데이터 집합(데이터셋)'과 '훈련 집합'을 동의어처럼 썼다. 하지만 실전에서 데이터 분석가가 레이블이 달린 예제를 다룰 때는 다음과 같이 세 가지 집합으로 나눠서 사용한다.

1) 훈련 집합^{training set}
2) 검증 집합^{validation set}
3) 테스트 집합^{test set}

레이블이 달린 데이터셋을 확보한 뒤에 가장 먼저 할 일은 예제를 잘 섞어서 훈련 집합, 검증 집합, 테스트 집합으로 나누는 것이다. 일반적으로 모델을 만드는 데 사용하는 훈련 집합^{training set}을 가장 크게 만든다. 검증 집합과 테스트 집합은 거의 비슷한 크기로 만들고 훈련 집합보다는 훨씬 작게 구성한다. 이 두 집합은 학습 알고리즘이

---

2 최신 라이브러리에 구현된 kNN과 앙상블의 예측 속도는 상당히 빠른 편이다. 따라서 실전에서 이런 알고리즘을 얼마든지 사용해도 된다.

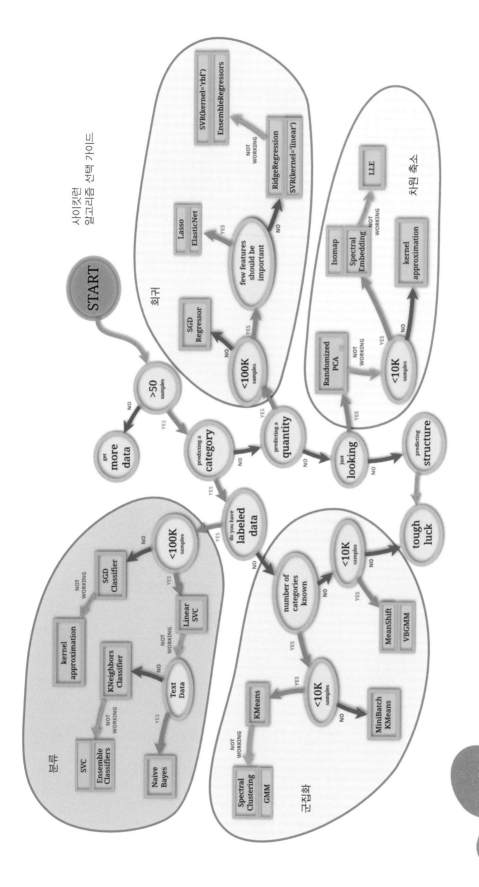

사이킷런
알고리즘 선택 가이드

START

회귀

SVR(kernel='rbf')
EnsembleRegressors

RidgeRegression
SVR(kernel='linear')

Lasso
ElasticNet

NOT WORKING

few features
should be
important

YES

NO

SGD
Regressor

NO

<100K
samples

YES

>50
samples

NO

get
more
data

YES

predicting a
category

NO

predicting a
quantity

YES

분류

SGD
Classifier

NOT WORKING

kernel
approximation

NO

<100K
samples

YES

Linear
SVC

NOT WORKING

KNeighbors
Classifier

NO

Text
Data

YES

Naive
Bayes

SVC
Ensemble
Classifiers

WORKING

NOT WORKING

YES

do you have
labeled
data

NO

군집화

number of
categories
known

NO

<10K
samples

YES

MeanShift
VBGMM

NO

tough
luck

YES

<10K
samples

YES

KMeans

NO

MiniBatch
KMeans

Spectral Clustering
GMM

NOT WORKING

just
looking

NO

predicting
structure

NO

차원 축소

Isomap
Spectral
Embedding

LLE

NOT WORKING

kernel
approximation

Randomized
PCA

예

NOT WORKING

<10K
samples

YES

NO

그림 5.1 사이킷런에서 제공하는 머신 러닝 알고리즘 선택 다이어그램
© 2007 – 2019, scikit-learn developers (BSD License)

scikit learn

모델을 만드는 데 사용하지 않는다. 그래서 이 두 집합을 흔히 **홀드아웃 집합**holdout set이라 부른다.

데이터셋을 세 가지 집합으로 나누기 위한 최적의 비율은 따로 정해져 있지 않다. 예전에는 70%를 훈련 집합으로 만들고, 15%를 검증 집합으로 만들고, 나머지 15%를 테스트 집합으로 만든다는 경험칙을 따랐다. 하지만 빅데이터 시대에는 데이터셋의 예제 수가 수백만 개를 훌쩍 뛰어넘는 경우가 흔하다. 이럴 때는 95%를 훈련 집합으로 사용하고, 검증 집합과 테스트 집합으로 2.5%씩 사용해도 된다.

데이터셋 하나를 통째로 사용하지 않고 이렇게 세 가지 집합으로 나눠서 적용하는 이유는 간단하다. 모델을 구축하는 과정에서 학습 알고리즘이 본 적 있는 예제의 레이블만 잘 맞추지 않게 하기 위해서다. 극단적인 예로, 훈련 예제를 모조리 기억했다가 주어진 입력에 대해 해당 레이블을 그대로 출력하게 만들면 훈련 예제에 대한 레이블을 완벽히 맞출 수 있지만 실전에서는 전혀 쓸모없다. 이상적인 모델은 학습 알고리즘이 한 번도 본 적 없는 예제도 잘 예측하는 것이다. 다시 말해 홀드아웃 집합에 대한 성능이 뛰어나야 한다.

그렇다면 홀드아웃 집합을 하나가 아닌 두 개로 구성하는 이유는 무엇일까? 검증 집합을 사용하는 이유는 1) 학습 알고리즘을 선정하고 2) 최적의 하이퍼파라미터를 찾기 위해서다. 테스트 집합을 사용하는 이유는 구축한 모델을 클라이언트에게 전달하거나 실전에 배치하기 전에 모델을 평가하기 위해서다.

5.4 언더피팅과 오버피팅

앞에서 **편향**bias이란 개념을 소개한 적이 있다. 모델이 훈련 데이터의 레이블을 잘 예측하면 그 모델의 편향이 낮다고 표현했다. 반면 모델이 훈련 데이터에 대한 예측을 잘 못하면 그 모델은 '**편향이 높다**high bias(고편향)' 또는 '**언더피팅**underfitting(과소적합)'이라고 표현한다. 언더피팅이란 모델이 훈련 예제의 레이블에 대한 예측을 잘 못한다는 뜻이다. 언더피팅이 발생하는 이유는 다양한데, 그중에서도 대표적인 경우는 다음과 같다.

- 주어진 데이터를 표현하기에 모델이 너무 단순한 경우(선형 모델에서 언더피팅
  이 발생하기 쉽다.)
- 의미 있는 정보가 충분히 담기도록 특징을 구성하지 못한 경우

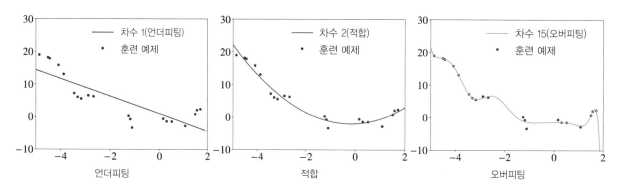

그림 5.2 언더피팅(선형 모델), 적합(이차 모델), 오버피팅(15차 다항식)

첫 번째 경우는 1차원 회귀에서 데이터셋은 곡선으로 표현되지만 모델은 직선일 때
흔히 발생한다. 두 번째 경우는 예를 들어 환자가 암에 걸렸는지 예측하는데 특징을
환자의 키, 혈압, 심장 박동수로 구성할 때 발생한다. 이러한 세 가지 특징은 암에 대
한 예측변수로 적합하지 않다. 따라서 모델이 학습한 특징과 레이블의 상관관계는 실
제로 암을 예측하는 데 도움이 되지 않는다.

언더피팅 문제를 해결하려면 좀 더 복잡한 모델을 적용하거나, 예측력이 높은 특징으
로 데이터를 재구성한다.

이와 반대로 모델이 훈련 예제에 대한 예측은 아주 잘하지만 홀드아웃 집합에 속한
예제에 대해서는 예측을 아주 못하는 **오버피팅**overfitting(과적합) 문제가 발생할 수도 있다.
오버피팅에 대한 예는 이미 3장에서 살펴봤다. 오버피팅이 발생하는 원인은 다양한데
그중에서도 대표적인 경우는 다음과 같다.

- 데이터에 비해 모델이 너무 복잡한 경우(가령 결정 트리가 아주 깊거나 신경망이

아주 깊거나 넓을 때 오버피팅이 발생하기 쉽다.)

- 훈련 예제의 개수에 비해 특징이 많은 경우

오버피팅을 통계학 용어인 **고분산**high variance으로 표현하기도 한다. **분산**variance이란 모델이 훈련 집합의 조그만 변동fluctuation에 민감해서 발생하는 오차error를 말한다. 다시 말해 훈련 데이터 구성이 변할 때마다 학습 결과로 나온 모델이 달라지는 정도를 의미한다. 오버피팅이 발생하는 모델이 훈련 데이터와 달리 테스트 데이터에 대해서는 성능이 형편없게 나오는 이유가 바로 여기에 있다. 테스트 데이터와 훈련 데이터가 서로 다르게 구성됐기 때문이다.

선형 모델처럼 아주 단순한 모델에서도 오버피팅이 발생할 수 있다. 주로 데이터의 차원(특징 수)에 비해 훈련 예제의 수가 상대적으로 적을 때 발생하기 쉽다. 특징 벡터의 차원이 굉장히 클 때 선형 학습 알고리즘은 훈련 예제를 완벽히 예측하는 모델을 만들기 위해, 각 특징 사이의 매우 복잡한 관계를 최대한 반영해서 파라미터 벡터 **w**를 구성하는 $w^{(j)}$는 대부분 0이 아닌 값을 갖는 모델을 만든다.

이렇게 복잡한 모델은 홀드아웃 예제에 대해 레이블을 제대로 예측하지 못할 가능성이 높다. 그 이유는 모든 훈련 예제의 레이블을 완벽하게 예측하는 과정에서 훈련 집합의 예외적인 경우idiosyncracy까지 학습해버리기 때문이다. 여기서 예외적인 경우란 훈련 예제의 특징 값의 노이즈(오류)나, 데이터셋의 크기가 작아서 샘플링이 불완전한 경우, 결정 문제와 관계없는 요인이 훈련 집합에 담긴 경우 등을 말한다.

그림 5.2는 1차원 데이터셋에 대해 회귀 모델에서 언더피팅과 오버피팅이 발생하는 경우를 보여주고 있다.

오버피팅 문제를 해결하는 방법은 여러 가지가 있다.

1. 모델을 좀 더 간단히 만든다(다항 회귀 대신 선형 모델로 바꾸거나, RBF 대신 선형 커널을 적용한 SVM을 사용하거나, 신경망의 계층이나 유닛을 줄인다).
2. 데이터셋에 있는 예제의 차원을 줄인다(가령 9장에서 소개하는 차원 축소 기법을 적용한다).

3. 가능하다면 훈련 데이터를 더 추가한다.

4. 모델을 규제화한다.

규제화는 오버피팅 문제를 방지하기 위해 가장 널리 사용하는 기법이다.

5.5 규제화

규제화regularization[†]는 학습 알고리즘이 모델을 강제로 덜 복잡하게 만드는 기법을 통칭하는 용어다. 실제로 이 기법을 적용하면 편향은 약간 높아지고 분산은 크게 줄어든다. 이러한 문제를 **편향-분산 트레이드오프**bias-variance tradeoff라 부른다.

규제화 방식 중에서도 **L1 규제화**와 **L2 규제화**를 가장 널리 사용한다. 개념은 간단하다. 모델이 복잡해질수록 페널티를 크게 주도록 목적 함수에 항을 하나 더 추가하는 것이다.

쉽게 이해하도록 선형 회귀를 규제화하는 예를 살펴보자. 기본 원리는 다른 모델도 마찬가지다.

앞에서 설명했듯이 선형 회귀의 목적 함수는 다음과 같다.

$$\min_{\mathbf{w},b} \frac{1}{N} \sum_{i=1}^{N} (f_{\mathbf{w},b}(\mathbf{x}_i) - y_i)^2 \tag{5.2}$$

L1 규제화 목적 함수는 다음과 같다.

$$\min_{\mathbf{w},b} \left[C|\mathbf{w}| + \frac{1}{N} \sum_{i=1}^{N} (f_{\mathbf{w},b}(\mathbf{x}_i) - y_i)^2 \right] \tag{5.3}$$

여기서 $|\mathbf{w}| \overset{\text{def}}{=} \sum_{j=1}^{D} |w^{(j)}|$고, C는 규제화의 중요도를 조절하는 하이퍼파라미터

다. 여기서 C가 0이면 규제화하지 않은 표준 선형 회귀 모델standard non-regularized linear regression model이 된다. 반면 C를 크게 지정하면 학습 알고리즘은 대부분의 $w^{(j)}$를 굉장히 작은 값이나 0으로 설정해서 목적 함수를 최소화하기 때문에 모델이 굉장히 단순해져서 언더피팅이 발생할 가능성도 있다. 따라서 데이터 분석가는 편향이 너무 커지지 않으면서 분산은 적절한 수준으로 줄일 수 있는 적절한 C의 값을 찾아야 한다. 이를 위한 구체적인 방법은 다음 절에서 소개한다.

L2 규제화 목적 함수는 다음과 같다.

$$\min_{\mathbf{w},b} \left[C\|\mathbf{w}\|^2 + \frac{1}{N}\sum_{i=1}^{N}(f_{\mathbf{w},b}(\mathbf{x}_i) - y_i)^2 \right], \text{ 여기서 } \|\mathbf{w}\|^2 \stackrel{\text{def}}{=} \sum_{j=1}^{D}(w^{(j)})^2 \quad (5.4)$$

실제로 L1 규제화를 적용하면 **희소 모델**sparse model, 즉 하이퍼파라미터 C가 충분히 클 때 파라미터 대부분이(선형 모델이라면 대부분의 $w^{(j)}$가) 0인 모델이 생성된다. 따라서 L1 규제화는 예측에 중요한 특징과 그렇지 않은 특징을 결정하는 **특징 선택**feature selection을 할 수 있게 된다. 이는 모델의 설명력explainability(해석력interpretability)을 높이고 싶을 때 특히 유용하다. 하지만 오로지 홀드아웃 데이터에 대한 모델의 성능을 극대화하고 싶다면, L2 규제화가 더 효과적이다. L2는 미분할 수도 있기 때문에 목적 함수를 경사 감소법으로 최적화할 수 있다.

L1과 L2 규제화를 합친 **일래스틱 넷 규제화**elastic net regularization도 있다. 여기서 L1과 L2는 일래스틱 넷 규제화의 특수한 경우라고 볼 수 있다. 그중에서 L2를 **릿지 규제화**ridge regularization로, L1을 **라소 규제화**lasso regularization라고 부른다.

L1 규제화와 L2 규제화는 선형 모델뿐만 아니라 신경망을 비롯한, 목적 함수를 직접 최소화하는 다른 모델에도 널리 사용하고 있다.

신경망은 L1, L2 규제화 말고도 **드롭아웃**dropout과 **배치 정규화**batch normalization라는 규제화 기법을 적용할 수 있다. 또한 수학적 기법은 아니지만 규제화 효과를 주는 **데이터 보강**data augmentation과 **조기 종료**early stopping 기법도 있다. 자세한 내용은 8장에서 소개한다.

5.6 모델 성능 평가 방법

주어진 훈련 집합에 대해 현재 선택한 학습 알고리즘으로 학습 모델을 만들고 나면, 그 모델이 얼마나 좋은지 가늠해봐야 한다. 이를 위해 테스트 집합으로 모델을 평가한다.

테스트 집합에 있는 예제는 학습 알고리즘이 한 번도 본 적 없는 것이다. 따라서 모델이 테스트 집합에 있는 예제의 레이블을 잘 예측한다면 일반화^{generalization}가 잘됐다고 표현한다. 쉽게 말해 좋은 모델인 것이다.

머신 러닝 전문가는 모델의 성능을 좀 더 엄격하게 평가하기 위해 다양한 기준과 도구를 사용한다. 회귀 모델을 측정하는 방법은 간단하다. 학습이 잘된 회귀 모델은 실제로 관측한 데이터에 가까운 값을 예측한다. 이와 달리 **평균 모델**^{mean model}(평균 모형)은 훈련 데이터에 있는 레이블의 평균만 출력한다. 이런 모델은 의미 있는 특징이 없을 때 사용한다. 따라서 평가하려는 회귀 모델의 예측 성능은 반드시 평균 모델보다 나아야 한다. 훈련 데이터에 대한 예측 성능이 평균 모델보다 낫다면, 다음 단계로 훈련 데이터와 테스트 데이터에 대한 성능을 비교한다.

이를 위해 훈련 데이터와 테스트 데이터에 대한 평균 제곱 오차^{mean squared error}(MSE)[3]를 각각 따로 측정한다. 테스트 데이터에 대한 모델의 MSE가 훈련 데이터에 대한 MSE보다 훨씬 크다면 오버피팅이 발생했다고 볼 수 있다. 이럴 때는 규제화나 하이퍼 파라미터 튜닝으로 오버피팅을 해결한다. 여기서 '훨씬 크다.'라는 표현의 구체적인 의미는 주어진 문제마다 다르다. 따라서 데이터 분석가는 모델 제작을 요청한 의사 결정권자 혹은 제품 소유자와 함께 이 표현의 의미를 정확히 정의해야 한다.

분류 모델을 평가하는 방법은 회귀 모델보다 좀 더 복잡하다. 분류 모델 평가의 기준으로 흔히 사용하는 척도^{metric}는 다음과 같다.

- 혼동 행렬
- 정확도

---

3   또는 적합한 형태의 평균 손실 함수를 사용한다.

- 비용 민감 정확도
- 정밀도/재현율
- ROC 곡선 아래의 면적

각각에 대한 설명을 간결하게 하기 위해 이진 분류 문제binary classification problem를 예로 들어 설명한다. 이 문제를 다중 클래스multiclass 문제로 확장하는 방법은 적절한 지점에서 언급할 것이다.

5.6.1 혼동 행렬

혼동 행렬confusion matrix은 예제가 속한 클래스를 분류 모델이 얼마나 잘 예측하는지를 테이블 형태로 정리한 것이다. 혼동 행렬의 한 축은 모델이 예측한 레이블로 구성하고, 다른 축은 실제 레이블로 구성한다. 이진 분류 문제라면 두 클래스로 구성된다. 예를 들어 모델이 '스팸'과 '스팸_아님'이란 클래스를 예측한다고 생각해보자.

	스팸(예측값)	스팸_아님(예측값)
스팸(실제값)	23(TP)	1(FN)
스팸_아님(실제값)	12(FP)	556(TN)

여기에 나온 혼동 행렬을 보면 실제로 스팸인 예제는 24개인데, 모델이 스팸으로 정확히 분류한 결과는 23개다. 이를 **참 양성**true positive[†]이 23개(TP = 23)라고 표현한다. 이 모델은 실제로는 '스팸'인 24개 중 하나를 '스팸_아님'으로 잘못 분류했다. 이를 **거짓 음성**false negative이 한 개(FN = 1)라고 표현한다. '스팸_아님'인 경우에 대해서도 마찬가지로 실제로 스팸이 아닌 568개 예제 중에서 556개를 정확히 분류했고(**참 음성**true negative이 556개 또는 TN = 556), 나머지 12개는 잘못 분류했다(**거짓 양성**false positive이 12개 또는 FP = 12).

[†] 여기서 모델이 실제 값에 맞게 예측했는지 여부를 참(true)/거짓(false)으로 표현하고, '스팸'/'스팸 아님'처럼 모델이 예측한 분류 결과를 양성(positive)/음성(negative)으로 표현한다. – 옮긴이

다중 클래스 분류multiclass classification 문제에 대한 혼동 행렬은 행과 열의 수가 클래스 수만큼 있다. 이렇게 표현하면 모델이 실수하는 패턴을 볼 수 있다. 예를 들어 동물이 속한 종을 인식하도록 훈련된 모델의 예측 결과를 혼동 행렬로 표현해보면, '팬더'를 '고양이'로, '쥐'를 '생쥐'로 분류하는 것처럼 잘못 예측하는 패턴을 쉽게 발견할 수 있다. 이럴 때는 예측 실수가 많은 종에 대한 레이블 예제를 더 추가하면, 학습 알고리즘이 실수한 종의 차이점을 좀 더 파악할 수 있다. 아니면 특징을 더 추가해서 학습 알고리즘이 종의 차이를 좀 더 잘 구분하는 모델을 생성하게 만들 수도 있다.

혼동 행렬은 또 다른 성능 척도인 정밀도와 재현율을 계산하는 데 사용된다.

5.6.2 정밀도와 재현율

모델을 평가하는 데 가장 널리 사용되는 척도로 **정밀도**와 **재현율**이 있다. 정밀도precision란 모델이 양성이라고 예측한 결과(참 양성 + 거짓 양성) 중에서 실제로 양성인 예제의 비율을 말한다.

$$정밀도 \stackrel{\text{def}}{=} \frac{TP}{TP + FP}$$

재현율recall은 데이터셋에 있는 실제 양성 예제(참 양성 + 거짓 음성) 중에서 모델이 양성이라고 정확히 예측한 예제의 비율이다.

$$재현율 \stackrel{\text{def}}{=} \frac{TP}{TP + FN}$$

데이터베이스에서 문서를 검색하는 문제를 생각해보면, 모델을 평가하는 데 정밀도와 재현율이 왜 좋은지 쉽게 이해할 수 있다. 데이터베이스 문제에서 정밀도는 검색 결과로 나온 문서 중에서 원하는 문서를 얼마나 제대로 찾았는지를 나타낸다. 재현율은 데이터베이스에 존재하는 검색 대상 관련 문서 중에서 검색 엔진(모델)이 얼마나 찾아냈는지를 의미한다.

스팸 필터의 경우, 정밀도는 높을수록 좋고(스팸이 아닌 메시지를 스팸으로 잘못 분류하지 않고) 재현율은 좀 낮아도(받은 편지함에 스팸 메시지가 어느 정도 들어가도) 괜찮다.

실전에서는 거의 대부분 높은 정밀도와 높은 재현율 중 하나를 선택해야 한다. 둘 다 높이는 것은 현실적으로 불가능할 때가 많다. 둘 중 하나를 높이기 위한 방법은 다음과 같다.

- 특정한 클래스의 예제에 대한 가중치를 높인다(SVM 알고리즘은 클래스에 대한 가중치를 반영할 수 있다).
- 검증 집합에 대한 정밀도나 재현율을 극대화하도록 하이퍼파라미터를 튜닝한다.
- 각 클래스에 대한 확률을 리턴하는 알고리즘이라면, 결정의 기준(문턱값 threshold)을 다양하게 설정한다. 예를 들어 로지스틱 회귀나 결정 트리를 사용할 때는 (재현율은 좀 낮아지더라도) 정밀도를 높여서 모델이 리턴한 확률이 0.9 이상일 때만 양성으로 판단하게 만든다.

여기서 정밀도와 재현율을 이진 분류 문제에 대해 정의했지만, 다중 클래스 분류 모델을 평가하는 데도 얼마든지 적용할 수 있다. 그러기 위해서는 먼저 정밀도와 재현율을 측정할 클래스 하나를 지정한다. 그리고 나서 지정된 클래스에 속한 예제를 모두 양성으로 취급하고, 나머지 다른 클래스에 속한 예제를 모두 음성으로 취급한다.

5.6.3 정확도

정확도accuracy는 정확히 분류한 예제의 개수를 분류 결과로 나온 모든 예제 개수로 나눈 값이다. 혼동 행렬로 표현하면 다음과 같다.

$$\text{정확도} \stackrel{\text{def}}{=} \frac{TP + TN}{TP + TN + FP + FN} \tag{5.5}$$

앞에서 본 스팸 필터 문제에서는 정밀도가 중요했지만, 모든 클래스에 대해 예측 오차error가 똑같이 중요할 때는 정확도가 유용하다. 가령 스팸 필터에서는 거짓 음성이

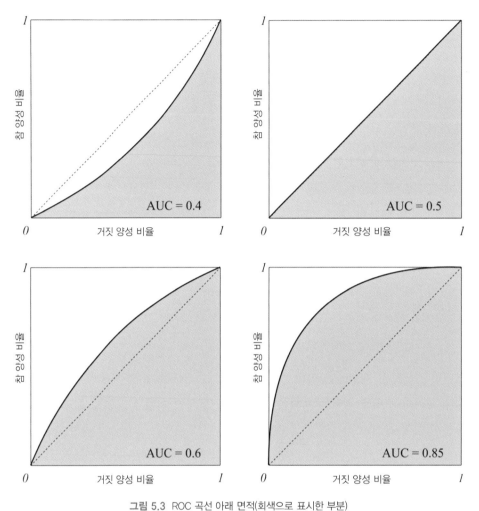

그림 5.3 ROC 곡선 아래 면적(회색으로 표시한 부분)

나와도 참을 수 있지만, 거짓 양성이 발생하면 안 된다. 스팸 필터에 거짓 양성이 있다는 말은, 친구가 보낸 이메일을 스팸으로 분류해서 볼 수 없게 된다는 뜻이다. 이에 비해 거짓 음성은 거짓 양성보다는 피해가 적다. 몇몇 스팸 메시지가 걸러지지 않고 편지함에 들어와도 스팸 필터가 없을 때보다는 낫기 때문이다.

5.6.4 비용 민감 정확도

클래스마다 중요도가 다르다면 **비용 민감 정확도**cost-sensitive accuracy로 측정하는 것이 좋다. 비용 민감 정확도를 계산하기 위해서는 먼저 잘못 분류한 두 가지 경우인 FP와 FN에 대한 비용을 (양의 숫자로) 지정해야 한다. 그러고 나서 기존 방식대로 TP, TN, FP, FN을 계산하며, 정확도를 구하기 위해 식 5.5에 대입할 때 FP와 FN은 앞서 지정한 비용을 곱한 결과를 넣고 나머지는 원래 계산 결과를 넣으면 된다.

5.6.5 AUC

분류 모델의 성능을 평가하는 데 흔히 사용하는 기법 중에 ROC 곡선ROC curve이란 것도 있다(참고로 ROC는 레이다 공학에서 사용하는 용어인 '수신자 조작 특성receiver operating characteristic'에서 나온 말이다). ROC 곡선은 (**재현율**과 동일한) 참 양성 비율true positive rate(TPR)과 (잘못 예측한 음성 예제의 수에 비례하는) 거짓 양성 비율false positive rate(FPR)을 조합해서 분류 성능의 결과를 그래프로 표현한다.

TPR과 FPR의 정의는 다음과 같다.

$$\text{TPR} \stackrel{\text{def}}{=} \frac{\text{TP}}{\text{TP} + \text{FN}}, \qquad \text{FPR} \stackrel{\text{def}}{=} \frac{\text{FP}}{\text{FP} + \text{TN}}$$

ROC 곡선은 특정한 신뢰도(또는 확률)를 출력하는 분류기classifier를 평가하는 데만 적용할 수 있다. 예를 들어 로지스틱 회귀, 신경망, 결정 트리(결정 트리 기반 앙상블 모델 포함) 등은 ROC 곡선으로 평가할 수 있다.

ROC 곡선을 그리기 위해서는 먼저 신뢰구간을 **이산화**discretization한다. 가령 모델의 신뢰구간이 [0, 1]이라면 [0, 0.1, 0.2, 0.3, 0.4, 0.5, 0.6, 0.7, 0.8, 0.9, 1]로 이산화한다. 이렇게 만든 이산형 값 중 하나를 예측 문턱값prediction threshold(예측 임곗값)으로 정해서 주어진 모델로 데이터셋에 있는 예제의 레이블을 예측한다. 가령 문턱값 0.7에 대해 TPR과 FPR을 계산하고 싶다면 각 예제마다 모델을 적용해서 신뢰도를 구하고, 그 값이 0.7보다 같거나 크면 양성 클래스로 예측하고, 그렇지 않으면 음성 클래스로 예측한다.

그림 5.3을 보면 문턱값이 0이면 예측 결과가 모두 양성이 돼서 TPR과 FPR이 모두 1이라는 것을 쉽게 알 수 있다(우측 상단 모서리). 반면 문턱값이 1이면 양성 예측 결과가 하나도 없어서 TPR과 FPR이 모두 0이다(좌측 하단 모서리).

AUC(ROC 곡선 아래 면적area under the ROC curve)가 클수록 분류기 성능이 좋다. 분류기의 AUC가 0.5보다 크면 무작위 분류기보다 좋은 것이다. AUC가 0.5보다 작으면 모델에 문제가 있다. 완벽한 분류기는 AUC가 1이다. 모델이 좋다면, FPR은 0에 가까우면서 TPR이 1에 가까운 문턱값을 선택하면 성능 좋은 분류기를 만들 수 있다.

ROC 곡선은 이해하기 쉽고 (거짓 양성과 거짓 음성을 모두 고려해) 분류의 여러 측면을 반영할 뿐만 아니라, 다른 모델과 성능을 비교하기 쉽고 이를 시각적으로 표현할 수 있기 때문에 상당히 많이 사용된다.

5.7 하이퍼파라미터 튜닝

이전 장에서 학습 알고리즘을 소개할 때, 데이터 분석가는 각 알고리즘의 하이퍼파라미터(예: ID3의 ϵ, d, SVM의 C, 경사 감소법의 α)를 잘 지정해야 한다고 설명했다. 이 장에서는 이 말이 구체적으로 어떤 뜻인지 살펴보고 어떤 하이퍼파라미터 값이 가장 좋은지와 그런 값을 어떻게 찾는지를 알아보자.

앞에서 설명했듯이 하이퍼파라미터는 학습 알고리즘만으로는 최적화할 수 없다. 데이터 분석가가 하이퍼파라미터에 대한 값을 다양하게 지정해보고 결과를 비교하는 방식으로 최적의 하이퍼파라미터 값을 튜닝해야 한다.

(각 클래스를 표현하는 예제가 수십 개 이상일 정도의) 좋은 검증 집합을 구성할 수 있을 만큼 데이터가 충분하면서 하이퍼파라미터의 수와 범위가 너무 크지 않을 때는 흔히 **그리드 탐색**grid search을 사용한다.

그리드 탐색은 하이퍼파라미터 튜닝 기법 중에서도 가장 간단한 것이다. 예를 들어

SVM 모델을 훈련시킬 때는 두 가지 하이퍼파라미터인 (양의 실숫값을 가지며) 페널티를 표현하는 C와 커널(선형 커널 또는 rbf 커널)을 튜닝해야 한다.

주어진 데이터셋을 처음 사용할 때는 C 값의 구간을 어떻게 지정해야 할지 알 수 없다. 이럴 때 흔히 쓰는 기법은 구간을 로그 단위$^{logarithmic\ scale}$로 나누는 것이다. 가령 C가 일곱 가지 값을 가질 수 있도록 구간을 [0.001, 0.01, 0.1, 1, 10, 100, 1000]으로 나눈다. 그러면 다음과 같이 14가지(구간값 7 × 커널 종류 2)의 하이퍼파라미터 조합을 실험해볼 수 있다.

[(0.001, "선형"), (0.01, "선형"), (0.1, "선형"), (1, "선형"), (10, "선형"), (100, "선형"), (1000, "선형"), (0.001, "rbf"), (0.01, "rbf"), (0.1, "rbf"), (1, "rbf"), (10, "rbf"), (100, "rbf"), (1000, "rbf")]

각 하이퍼파라미터 조합에 대해 주어진 훈련 집합으로 14가지 모델을 훈련시킨다. 그런 다음, 앞 절에서 소개한 여러 가지 척도(혹은 이 책에서 소개하지 않았지만 주어진 문제에 적합한 다른 척도)를 기준으로 검증 집합으로 각 모델의 성능을 측정한다. 그리고 나서 평가 결과가 가장 좋은 모델을 선정한다.

최적의 하이퍼파라미터 조합을 찾았다면 이와 비슷한 값에 대해서도 실험해본다. 간혹 이 과정에서 더 좋은 모델을 발견하기도 한다.

마지막으로 이렇게 선정한 모델을 테스트 집합으로 평가한다.

여기서 예상할 수 있듯이 모든 하이퍼파라미터 조합을 실험해보려면 시간이 많이 든다. 특히 하이퍼파라미터의 수가 세 개 이상이고 데이터셋도 방대하면 엄청난 시간이 필요하다. 참고로 그리드 탐색보다 효율적인 무작위 탐색, 베이지언 하이퍼파라미터 최적화 기법도 있다.

무작위 탐색$^{random\ search}$은 그리드 탐색과 달리 각 하이퍼파라미터 값을 불연속 구간으로 나눠서 모든 조합에 대해 탐색하지 않고, 하이퍼파라미터마다 주어진 통계 분포에서 표본(샘플)값을 무작위로 선정해서 실험해볼 총 조합 수를 설정한다.

베이지언 하이퍼파라미터 최적화$^{Bayesian\ hyperparameter\ optimization}$는 무작위 탐색이나 그리드

탐색과 달리, 평가할 값을 선정할 때 예전에 평가한 결과를 활용한다. 이렇게 하는 이유는 과거에 좋은 결과를 낸 값을 토대로 다음 번에 실험해볼 하이퍼파라미터 값을 선정하면 목적 함수를 최적화하는 데 드는 부담을 줄일 수 있기 때문이다.

그 밖에도 **기울기 기반 최적화**gradient-based technique, **진화형 최적화**evolutionary optimization technique와 같은 기법도 있고, 알고리즘으로 하이퍼파라미터를 튜닝하는 기법도 있다. 최신 머신 러닝 라이브러리는 대부분 이러한 기법을 하나 이상 구현하고 있다. 또한 하이퍼파라미터 튜닝 전용 라이브러리도 있다. 이런 라이브러리를 사용하면, 자신이 직접 만든 알고리즘을 비롯한 거의 모든 학습 알고리즘에 대해 하이퍼파라미터를 튜닝할 수 있다.

5.7.1 교차 검증

하이퍼파라미터 튜닝에 적합한 검증 집합을 확보할 수 없을 때 흔히 적용하는 기법으로 **교차 검증**cross-validation이 있다. 훈련 예제가 적을 때는 검증 집합과 테스트 집합을 제대로 구성하는 데 한계가 있다. 그나마 확보한 예제를 모델 훈련에 최대한 투입하는 것이 낫기 때문이다. 이럴 때는 데이터를 훈련 집합과 테스트 집합으로 나눈다. 그러고 나서 훈련 집합에 대한 교차 검증으로 검증 집합의 효과를 낸다.

교차 검증을 하는 방법은 다음과 같다. 먼저 평가하려는 하이퍼파라미터의 값을 고정시킨다. 그러고 나서 훈련 집합을 크기가 같은 부분집합으로 나눈다. 이렇게 나눈 부분집합을 폴드fold(겹)라 부른다. 일반적으로 5-폴드 교차 검증을 많이 사용한다. 5-폴드 교차 검증은 훈련 데이터를 무작위로 다섯 폴드($\{F_1, F_2, \cdots, F_5\}$)로 나눈다. 각 $F_k(k = 1, \cdots, 5)$마다 전체 훈련 데이터의 20%씩 들어있다. 그러고 나서 다음 절차에 따라 다섯 가지 모델을 학습시킨다. 첫 번째 모델 f_1을 학습시킬 때는 F_2, F_3, F_4, F_5에 있는 예제를 훈련 집합으로 사용하고, F_1에 있는 예제를 검증 집합으로 사용한다. 두 번째 모델 f_2를 학습시킬 때는 F_1, F_3, F_4, F_5에 있는 예제를 훈련 집합으로 사용하고, F_2에 있는 예제를 검증 집합으로 사용한다. 이런 식으로 다섯 가지 모델을 생성한

다음, 각 모델에 대한 검증 집합(F_1부터 F_5)으로 다양한 척도를 계산한다. 그러고 나서 다섯 가지 평가 결과의 평균을 구해서 최종 평가 결과를 도출한다.

그리드 탐색으로 모델의 하이퍼파라미터에 대한 최적값을 구할 때도 교차 검증을 적용할 수 있다. 이렇게 해서 찾아낸 최적의 하이퍼파라미터 값을 적용하고 훈련 집합 전체를 이용해 모델을 만든다. 그러고 나서 테스트 집합으로 모델을 평가한다.

06

신경망과 딥러닝

신경망의 기본 개념과 신경망 모델을 만드는 방법에 대해서는 이미 배웠다. 3장에서 살펴본 로지스틱 회귀 모델이 일종의 신경망 모델이기 때문이다. 좀 더 정확히 말하면, 로지스틱 회귀 모델을 다중 클래스 분류에 대해 일반화한 모델인 **소프트맥스 회귀 모델**softmax regression model이 신경망의 기본 단위다.

6.1 신경망

선형 회귀, 로지스틱 회귀, 경사 감소법을 제대로 알고 있다면, 신경망을 쉽게 이해할 수 있다.

신경망(NN$^{\text{Neural Network}}$, 뉴럴 네트워크)도 회귀나 SVM 모델처럼 수학 함수로 정의한다.

$$y = f_{NN}(\mathbf{x})$$

함수 f_{NN}은 중첩 함수$^{\text{nested function}\dagger}$로 정의한다. 신경망에서 **계층**^{layer}이란 표현은 한 번쯤

---

† 프로그래밍에서 말하는 함수 호출로 구성된 함수. 수학의 함수 합성(composition) 개념이다. − 옮긴이

들어봤을 것이다. 가령 스칼라 값을 리턴하는 3계층 신경망의 f_{NN}은 다음과 같이 정의한다.

$$y = f_{NN}(\mathbf{x}) = f_3(\boldsymbol{f}_2(\boldsymbol{f}_1(\mathbf{x})))$$

여기서 $\boldsymbol{f}_1$과 $\boldsymbol{f}_2$는 다음과 같이 구성된 벡터 함수다.

$$\boldsymbol{f}_l(\mathbf{z}) \stackrel{\text{def}}{=} \boldsymbol{g}_l(\mathbf{W}_l\mathbf{z} + \mathbf{b}_l) \tag{6.1}$$

여기서 l은 계층 인덱스^{layer index}로서 1부터 계층의 개수까지의 숫자를 가진다. 함수 **g_l은 활성화 함수**^{activation function}다. 이 함수는 학습을 시작하기 전에 데이터 분석가가 지정하며, 일반적으로 비선형^{nonlinear} 함수를 사용한다. 각 계층마다 파라미터 행렬 $\mathbf{W}_l$과 파라미터 벡터 $\mathbf{b}_l$의 값은 학습을 통해 결정되는데, 주어진 작업에 맞게 정해진 비용 함수(예: MSE)를 앞에서 배운 경사 감소법으로 최적화하는 방식으로 계산한다. 로지스틱 회귀식에서 시그모이드 함수 대신 $\boldsymbol{g}_l$로 바꾸면 식 6.1이 된다. 함수 f_3은 회귀 결과를 표현하는 스칼라 함수인데, 주어진 문제에 따라 벡터 함수로 정의할 수 있다.

이 식에서 벡터 $\mathbf{w}_l$이 아닌 행렬 $\mathbf{W}_l$을 사용하는 이유는 $\boldsymbol{g}_l$이 벡터 함수이기 때문이다. 행렬 $\mathbf{W}_l$의 각 행에 있는 $\mathbf{w}_{l,u}$(u는 유닛^{unit}) 벡터의 차원은 $\mathbf{z}$와 같다. 가령 $a_{l,u} = \mathbf{w}_{l,u}\mathbf{z} + b_{l,u}$일 때, $\boldsymbol{f}_l(\mathbf{z})$는 벡터 $[g_l(a_{l,1}), g_l(a_{l,2}), \ldots, g_l(a_{l,size_l})]$를 출력한다. 여기서 g_l은 스칼라 함수고,[1] $size_l$은 l 계층에 있는 유닛의 개수다. 좀 더 구체적으로 표현하기 위해 신경망 구조 중 하나인 **다계층 퍼셉트론**을 살펴보자. 참고로 다계층 퍼셉트론을 **바닐라**(기본, 표준) **신경망**^{vanilla neural network}이라고도 부른다.

6.1.1 다계층 퍼셉트론의 예

피드포워드 신경망^{feed-forward neural network}(FFNN)의 한 종류인 **다계층 퍼셉트론**^{multilayer perceptron}(MLP) 구조의 예로 3계층 신경망을 살펴보자. 이 신경망은 2차원 특징 벡터를 입력받아서 숫자 하나를 출력한다. 이렇게 구성한 FFNN은 세 번째 계층인 출력 계층

---

1   스칼라 함수(scalar function)는 스칼라 값, 다시 말해 벡터가 아닌 (실수와 같은) 숫자를 출력한다.

에서 어떤 활성화 함수를 정의하느냐에 따라 회귀 모델이 될 수도 있고 분류 모델이 될 수도 있다.

그림 6.1은 이렇게 구성한 MLP를 보여준다. 이 신경망을 여러 계층에 속한 유닛이 서로 연결된 그래프로 표현했다. 여기서 계층은 여러 **유닛**unit을 논리적으로 묶은 것이다. 그림 6.1에서 원 또는 사각형으로 표현한 것이 유닛이다. 들어오는 화살표는 누가 어떤 입력을 유닛에 전달하는지를 표시하고, 나가는 화살표는 유닛의 출력을 의미한다.

각 유닛은 사각형 안에 나온 수학 연산의 결과를 출력한다. 원으로 표시한 유닛은 입력된 값을 건드리지 않고 그대로 출력한다.

사각형으로 표현한 유닛은 다음과 같이 작동한다. 먼저 유닛에 전달된 입력을 모두 합친 후 입력 벡터로 만들어서 선형 변환한다. 이 과정은 선형 회귀 모델에서 입력 특징 벡터를 처리할 때와 같다. 그리고 나서 앞에서 선형 변환한 결과를 활성화 함수 g 에 입력해서 실숫값을 출력한다. 바닐라 FFNN에서는 각 계층에 속한 유닛마다 출력한 값이 다음 계층의 모든 유닛에 입력된다.

그림 6.1에서 보듯이, 활성화 함수 g_l에 유닛이 속한 계층을 나타내는 인덱스($l = 1\cdots$)가 붙는다. 일반적으로 같은 계층에 있는 유닛의 활성화 함수를 모두 똑같이 지정하지만, 반드시 그래야 하는 법은 없다. 유닛의 개수는 계층마다 다를 수 있다. 유닛마다 파라미터 $\mathbf{w}_{l,u}$와 $b_{l,u}$를 가진다. 여기서 u는 유닛 인덱스고, l은 계층 인덱스다. 각 유닛의 벡터 $\mathbf{y}_l$은 $[y_l^{(1)}, y_l^{(2)}, y_l^{(3)}, y_l^{(4)}]$와 같이 정의한다. 첫 번째로 나오는 입력 계층은 인덱스를 따로 붙이지 않고 벡터 $\mathbf{x} = [x^{(1)}, \cdots, x^{(D)}]$로 정의한다.†

그림 6.1에 나온 다계층 퍼셉트론은 각 계층에서 나오는 출력이 모두 다음 계층의 입력으로 연결된다. 이렇게 구성하는 것을 **완전 연결**fully-connected, densely-connected이라고 부른다. 신경망을 이렇게 **완전 연결 계층**으로 구성하면, 각 계층의 유닛은 이전 계층의 유닛에서 출력한 값을 모두 입력받는다.

---

† n계층 신경망에서 인덱스를 붙이는 방식은 문헌마다 다를 수 있다. 이 책에서는 파라미터와 활성화 함수가 있는 함수 f에 대응되는 계층(은닉층과 출력층)에 대해 1부터 시작하는 인덱스를 붙여서 '계층 x'라 부르고 총 계층 수에 포함시킨다. 입력층은 암묵적으로 인덱스가 0인 것으로 볼 수 있다. – 옮긴이

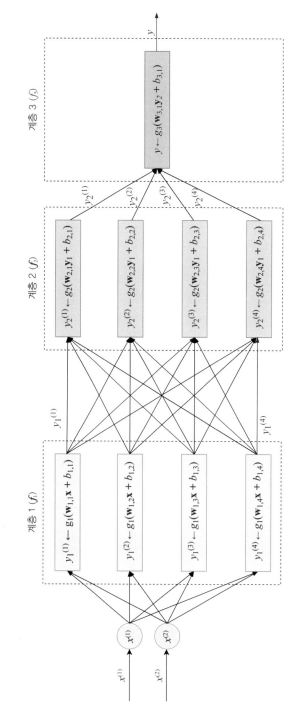

그림 6.1 2차원 입력을 받고, 네 개의 유닛으로 구성된 계층 두 개와 유닛이 하나인 출력 계층으로 구성된 다계층 퍼셉트론

6.1.2 피드포워드 신경망 구조

앞 장에서 설명한 회귀나 분류 문제를 처리할 때는 신경망의 최종(가장 오른쪽) 계층에 유닛이 단 하나만 있도록 구성한다. 마지막 유닛의 활성화 함수 g_{last}가 선형이면 회귀 모델이 되고, 로지스틱 함수면 이진 분류 모델이 된다.

미분 가능한differentiable 함수라면 어떤 것도 활성화 함수 g_{last}로 지정할 수 있다.[2] 특히 모든 l과 u에 대한 파라미터 $\mathbf{w}_{l,u}$와 $b_{l,u}$의 값을 경사 감소법으로 찾으려면 반드시 활성화 함수를 미분 가능 함수로 지정해야 한다. 함수 f_{NN}에 비선형 성분을 넣는 가장 큰 이유는 신경망을 근사적으로 비선형 함수로 표현하기 위해서다. 활성화 함수가 선형이면 계층이 아무리 많아도 f_{NN}은 여전히 선형 함수다. $\mathbf{W}_l\mathbf{z} + \mathbf{b}_l$이 선형 함수이고 선형 함수끼리 합성한 결과도 선형 함수이기 때문이다.

흔히 사용하는 활성화 함수로 앞에서 본 로지스틱 함수와 TanH, ReLU가 있다. TanHhyperbolic tangent function(텐에이치)는 쌍곡탄젠트 함수로서 치역range이 $(-1, 1)$인 로지스틱 함수라고 볼 수 있다. ReLUrectified linear unit function(렐루, 정류된/수정된 선형 유닛)는 입력 z가 음수면 0이고 나머지 경우는 그대로 z인 함수다.

$$tanh(z) = \frac{e^z - e^{-z}}{e^z + e^{-z}},$$

$$relu(z) = \begin{cases} 0 & (z < 0\text{이변}) \\ z & (\text{나머지 경우}) \end{cases}$$

앞에서 설명했듯이 $\mathbf{W}_l\mathbf{z} + \mathbf{b}_l$에서 $\mathbf{W}_l$은 행렬이고 $\mathbf{b}_l$은 벡터다. 그래서 선형 회귀식 $\mathbf{w}\mathbf{z} + b$와 좀 다르다. 행렬 $\mathbf{W}_l$에서 각 행 u는 파라미터 벡터 $\mathbf{w}_{l,u}$로 구성된다. $\mathbf{w}_{l,u}$ 벡터의 차원은 $l-1$ 계층에 있는 유닛의 개수와 같다. 그래서 $\mathbf{W}_l\mathbf{z}$ 연산의 결과로 벡터 $[\mathbf{w}_{l,1}\mathbf{z}, \mathbf{w}_{l,2}\mathbf{z}, \ldots, \mathbf{w}_{l,size_l}\mathbf{z}]$가 나온다. 이 벡터를 $\mathbf{a}_l$이라 할 때, 벡터 $\mathbf{b}_l$과 더하면$(\mathbf{a}_l + \mathbf{b}_l)$ $size_l$ 차원 벡터 $\mathbf{c}_l$이 나온다. 마지막으로 이 값을 함수 g_l에 대입하면$(g_l(\mathbf{c}_l))$ 벡터 $\mathbf{y}_l \stackrel{\text{def}}{=} [y_l^{(1)}, y_l^{(2)}, \ldots, y_l^{(size_l)}]$이 생성된다.

---

2   정의역 전체 또는 대부분의 지점에서 함수가 미분 가능해야 한다. 예를 들어 ReLU는 0에서 미분 가능하지 않다.

6.2 딥러닝

딥러닝$^{deep\ learning}$(심층 학습)은 출력을 제외한 계층이 두 개 이상인 신경망에 대한 학습 기법을 다루는 분야다. 예전에는 계층이 많은 신경망을 학습시키기가 힘들었다. 그 이유는 경사 감소법을 적용할 때 **기울기 폭증**$^{exploding\ gradient}$과 **기울기 소실**$^{vanishing\ gradient}$ 문제가 발생했기 때문이다.

기울기 폭증 문제는 **기울기 다듬기**$^{gradient\ clipping}$나 L1 및 L2 규칙화와 같은 기법으로 그럭저럭 해결했지만, 기울기 소실 문제는 수십 년 동안 완전히 해결하지 못한 채 남아 있었다.

그렇다면 기울기 소실 문제란 무엇이고 이런 현상이 발생하는 이유는 무엇일까? 신경망의 파라미터 값을 업데이트할 때 흔히 **역전파**^{backpropagation}(백프로퍼게이션) 알고리즘을 사용한다. 역전파 알고리즘은 연쇄 법칙을 이용해서 신경망의 기울기를 효율적으로 계산하는 알고리즘이다. 복잡한 함수의 편도함수를 구하는 데 연쇄 법칙을 적용하는 방법은 4장에서 이미 살펴봤다. 경사 감소법으로 반복 학습할 때마다 신경망의 파라미터를 비용 함수의 편도함수에 비례하는 값으로 업데이트한다. 그런데 간혹 기울기가 0에 가까울 정도로 작아서 파라미터 값을 변경할 수 없는 경우가 발생한다. 최악의 경우에는 신경망 학습을 더 이상 진행하지 못하고 멈추게 된다.

앞에서 소개한 쌍곡 탄젠트 함수를 비롯한 전통적인 활성화 함수를 사용할 때는 치역 (0, 1) 안에서 기울기를 구하는데, 이때 역전파 알고리즘은 연쇄 법칙을 적용해서 기울기를 계산한다. 따라서 n계층 신경망에서 작은 수를 n번 곱하면서 (입력 계층의 바로 다음에 나오는) 계층 1의 기울기를 계산하는 효과가 발생한다. 다시 말해 기울기가 n제곱 배로 감소한다. 그래서 입력에 가까운 계층에 대한 학습 속도가 확 떨어진다.

하지만 최근에 나온 신경망 학습 알고리즘은 (수백 계층으로 구성된) 심층 신경망도 효과적으로 학습시킬 수 있다. ReLU와 LSTM(그리고 뒤에서 소개할 게이트 유닛$^{gated\ unit}$ 기법)이나, **레스넷**($_{ResNet}$$^{residual\ neural\ network}$)에서 사용하는 **스킵 커넥션**$^{skip\ connection}$ 같은 기법이나, 경사 감소법의 개선 버전을 이용하면 규모가 큰 신경망도 효과적으로 학습시킬 수 있다.

따라서 현재는 기울기 폭증과 기울기 소실 문제가 어느 정도 해결됐기 때문에(또는 그로 인한 효과를 줄일 수 있기 때문에), 신경망의 계층 수에 관계없이 최신 알고리즘과 수학 기법을 이용한 모든 신경망 학습 기법을 '딥러닝'이라고 부른다. 실전에서 마주치는 비즈니스 문제들은 대부분 입력과 출력 사이의 계층 수가 두세 개 정도인 신경망으로 충분히 해결할 수 있다. 입력과 출력을 제외한 중간 계층을 흔히 **은닉 계층**hidden layer이라 부른다.

6.2.1 CNN

지금까지의 설명을 들어보면, MLP 신경망이 클수록 파라미터 수가 급격히 증가한다는 것을 알 수 있다. 좀 더 구체적으로 표현하면, 계층 하나를 추가할 때마다 (앞에서 본 행렬 $\mathbf{W}_l$과 벡터 $\mathbf{b}_l$을 더한 결과에 담기는) 파라미터 수가 $(size_{l-1} + 1) \cdot size_l$개씩 늘어난다. 가령 한 계층이 1,000개 유닛으로 구성된 신경망에 계층 하나를 추가하면 모델의 파라미터가 100만 개 더 늘어난다. 이처럼 거대한 모델을 최적화하려면 상당한 연산량이 필요하다.

이미지로 구성된 학습 예제는 대부분 입력 차원이 굉장히 크다.[3] 이미지 분류 학습 모델을 MLP로 만들면 최적화하기가 상당히 힘들어진다.

이럴 때는 특수한 형태의 FFNN인 CNNConvolutional Neural Network(컨볼루션/합성곱 신경망)을 이용하면, 유닛 수가 많은 심층 신경망이라도 품질을 크게 떨어뜨리지 않으면서 파라미터 수를 크게 줄일 수 있다. CNN은 이미지와 텍스트 처리 분야에서 기존 기법을 훌쩍 뛰어넘는 성능을 발휘한다.

CNN은 원래 이미지 처리 용도로 나온 것이므로 이 장에서도 이미지 분류 예제를 통해 살펴본다.

이미지에서 인접한 픽셀은 서로 동일한 대상(예: 하늘, 물, 낙엽, 깃털, 벽돌 등)을 표현할 가능성이 높다. 물론 서로 다른 대상이 맞닿은 모서리(경계edge) 부분은 그렇지 않다.

---

3 이미지를 구성하는 픽셀 하나가 특징이다. 100×100픽셀 이미지라면, 특징은 10,000개나 된다.

이처럼 서로 동일한 대상을 가리키는 부분과 함께 서로 다른 대상이 맞닿은 모서리 부분도 인식할 수 있도록 신경망을 학습시키면, 이미지에 담긴 대상을 찾아내는 모델을 만들 수 있다. 예를 들어 신경망이 감지한 영역과 경계가 타원형이면서 내부는 피부색이고 바깥은 하늘색이라면, 그 대상은 하늘 배경에 있는 사람 얼굴일 가능성이 높다. 이런 식으로 신경망을 학습시키면 사진에서 사람을 제대로 찾을 가능성이 높다.

따라서 사진에서 로컬(인접한 부분에 대한) 정보가 가장 중요하다. 이 점을 착안해서 무빙 윈도우moving window란 기법이 나왔다. 이 기법은 먼저 이미지를 사각형 모양의 조각(패치patch) 단위로 나눈다.[4] 그러고 나서 이렇게 나눈 패치들로 조그만 회귀 모델들을 학습시킨다. 각 모델은 입력된 패치에서 특정한 패턴을 감지하도록 학습한다. 예를 들어 어떤 모델은 하늘을, 어떤 모델은 풀을, 또 다른 모델은 건물의 경계를 감지하도록 학습한다.

CNN에서는 이러한 회귀 모델을, 그림 6.1에서 중간에 2, 3계층은 없고 1계층만 있는 형태로 구성한다. 각 회귀 모델마다 특정한 패턴을 감지하게 만들기 위해, 모델마다 $p \times p(p = $ 패치 크기$)$ 행렬 $\mathbf{F}$의 파라미터 값을 학습한다. 이러한 행렬 $\mathbf{F}$를 필터filter(커널kernel)라고 부른다. 예제를 간략히 구성하기 위해 입력 이미지가 흑백이고 검은색 픽셀을 1로, 흰색 픽셀을 0으로 표현한다고 가정한다. 패치 크기는 3×3 픽셀$(p = 3)$로 정한다. 예를 들어 다음에 나온 행렬 $\mathbf{P}$처럼 생긴 패치가 있을 수 있다.

$$\mathbf{P} = \begin{bmatrix} 0 & 1 & 0 \\ 1 & 1 & 1 \\ 0 & 1 & 0 \end{bmatrix}$$

이 패치는 십자형 패턴을 담고 있다. 이 패턴을 감지할 회귀 모델은 3×3 행렬 $\mathbf{F}$의 파라미터 값을 학습하는데, 행렬 $\mathbf{F}$에서 입력 패치의 1에 해당하는 지점에 있는 파라미터 값은 양수로, 입력 패치의 0에 해당하는 지점의 파라미터 값은 0에 가깝게 만든다. 필터(행렬 F)와 패치(행렬 P)가 비슷할수록 $\mathbf{P}$와 $\mathbf{F}$의 컨볼루션convolution(합성곱)을 구한 값

---

4 지폐를 현미경으로 들여다보는 것에 비유하면 이해하기 쉽다. 현미경으로 지폐의 왼쪽 상단에서 출발한 후 오른쪽 하단 방향으로 서서히 이동하면서 본다고 하자. 그러면 한 번에 현미경 화면으로 보이는 이미지(패치)는 전체 화폐의 일부분이다. 이런 식으로 이미지 전체를 훑어나가는 기법을 무빙 윈도우라 부른다.

이 커진다. **F**가 다음과 같을 때, **P**와 **F**의 컨볼루션 연산을 수행하는 과정을 구체적으로 살펴보자.

$$\mathbf{F} = \begin{bmatrix} 0 & 2 & 3 \\ 2 & 4 & 1 \\ 0 & 3 & 0 \end{bmatrix}$$

컨볼루션 연산은 행의 수와 열의 수가 같은 행렬끼리만 할 수 있다. 앞에 나온 행렬 **P**와 **F**에 대해 컨볼루션 연산을 수행하는 과정은 다음과 같다.

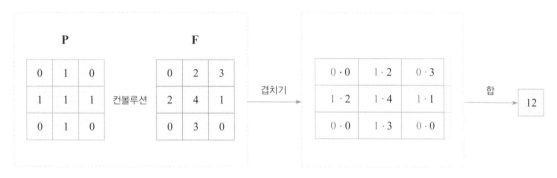

그림 6.2 두 행렬의 컨볼루션 연산 과정

만약 입력 패치 **P**가 앞의 것과 달리 L자형 패턴을 담고 있다면,

$$\mathbf{P} = \begin{bmatrix} 1 & 0 & 0 \\ 1 & 0 & 0 \\ 1 & 1 & 1 \end{bmatrix}$$

P와 **F**의 컨볼루션 결과는 5가 돼 그림 6.2(12)보다 작게 나온다. 이처럼 패치와 필터가 서로 비슷할수록 컨볼루션 결괏값이 커진다. 필요하다면, 각 필터 **F**마다 편향^{bias} 파라미터 b도 지정할 수 있다. 비선형 활성화 함수를 적용할 때 컨볼루션 결과와 편향값을 더한 값을 입력으로 전달한다.

바닐라 FFNN에서 한 계층에 여러 유닛을 가질 수 있듯이, CNN도 한 계층에 컨볼루션 필터를 여러 개 가질 수 있다. 마찬가지로 CNN에서도 각 필터마다 편향 파라미터를 지정할 수 있다. 계층 1에서는 컨볼루션 연산을 입력 이미지에 대해 수행한다. 각 필터마다 입력 이미지 위로 좌측 상단에서 우측 하단 방향으로 한 번씩 이동시키면서 컨볼루션 연산을 반복적으로 수행한다.

그림 6.3은 필터 하나에 대한 전체 컨볼루션 연산 과정 중에서 여섯 단계까지 수행한 과정을 보여주고 있다.

(각 계층의 필터마다 하나씩 정의된) 필터 행렬과 편향은 학습 대상인 파라미터로서, 역전파를 적용한 경사 감소법으로 최적화한다.

컨볼루션과 편향을 더한 결과는 비선형 활성화 함수로 입력된다. 은닉 계층의 활성화 함수로 흔히 ReLU를 많이 사용한다. 출력 계층의 활성화 함수는 주어진 작업의 성격 (예: 분류 또는 예측)에 따라 결정한다.

각 계층 l마다 필터가 $size_l$개 있고 필터마다 행렬이 하나씩 있으므로, 컨볼루션 계층 l에서 출력하는 행렬(특징(피처) 맵feature map)은 모두 $size_l$개다.

CNN의 컨볼루션 계층에서 l 계층 뒤에 나오는 $l + 1$ 계층은 이전 계층 l에서 출력한 (총 $size_l$개의) 이미지 행렬 집합에 대해 연산을 수행한다. 이렇게 이전 계층에서 출력한 (특징 맵) 집합을 볼륨volume이라 부르고, 볼륨의 크기를 깊이depth라 부른다. $l + 1$ 계층에 있는 각 필터는 볼륨 전체에 대해 컨볼루션 연산을 수행한다. 볼륨을 한 패치에 대해 컨볼루션 연산을 수행한 결과는, 볼륨을 구성하는 각 행렬마다 이에 대응되는 패치로 컨볼루션한 값을 모두 더하는 방식으로 계산한다.

그림 6.4는 깊이가 3인 볼륨에 대한 컨볼루션 연산을 한 패치에 대해 수행하는 과정을 보여주고 있다. 이 연산의 결과는 $(-2 \cdot 3 + 3 \cdot 1 + 5 \cdot 4 + -1 \cdot 1) + (-2 \cdot 2 + 3 \cdot (-1) + 5 \cdot (-3) + -1 \cdot 1) + (-2 \cdot 1 + 3 \cdot (-1) + 5 \cdot 2 + -1 \cdot (-1)) + (-2)$를 계산한 -3이다.

CNN을 컴퓨터 비전에 활용할 때는 흔히 입력을 볼륨으로 받는다. 이미지를 주로 R,

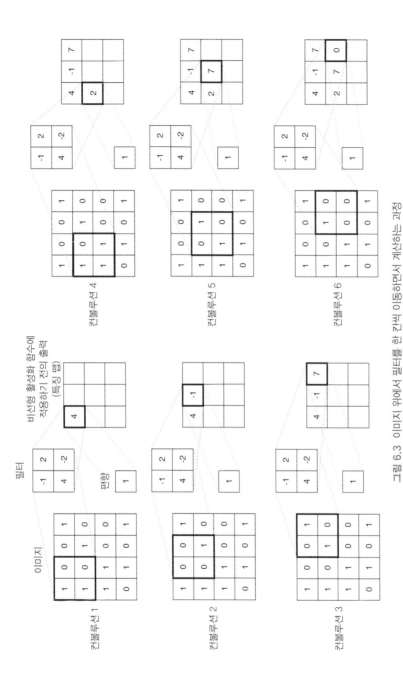

그림 6.3 이미지 위에서 필터를 한 칸씩 이동하면서 계산하는 과정

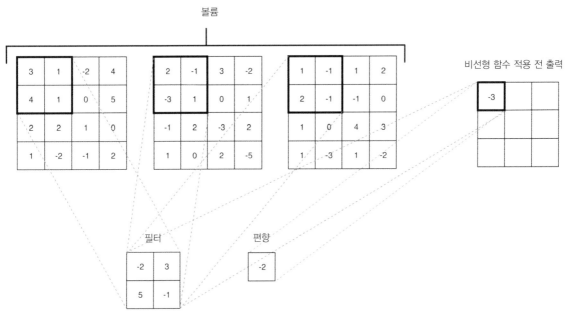

그림 6.4 행렬 세 개로 구성된 볼륨에 대한 합성곱

G, B라는 세 개의 채널로 표현하기 때문이다. 각 채널마다 단색 이미지를 표현한다.

컨볼루션 연산에서 중요한 두 가지 속성으로 **스트라이드**stride 와 **패딩**padding이 있다. 스트라이드란 윈도우를 한 번 이동하 는 칸 수, 즉 보폭을 의미한다. 그림 6.3에서는 스트라이드 가 1이다. 다시 말해 필터는 오른쪽과 아래쪽을 향해 한 번 에 한 칸씩 이동한다. 그림 6.5는 스트라이드가 2인 경우를 보여주고 있다. 이 그림을 보면 알겠지만, 스트라이드가 클 수록 출력 행렬의 크기가 작다.

패딩을 추가하면 출력 행렬을 크게 만들 수 있다. 패딩은 필터로 컨볼루션 연산을 수 행할 입력 이미지(또는 볼륨) 주위를 둘러싸도록 추가한 셀의 폭이다. 패딩으로 추가한 셀 안의 값은 주로 0으로 지정한다. 그림 6.3, 6.4, 6.5에서는 패딩이 0이다. 그래서 이미지에 추가된 셀이 없다. 반면 그림 6.6은 스트라이드가 2고 패딩이 1이다. 그래

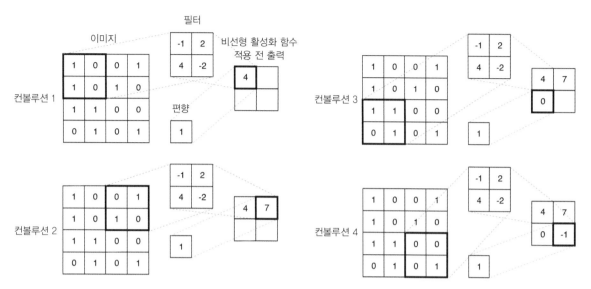

그림 6.5 스트라이드가 2일 때의 컨볼루션 연산 예

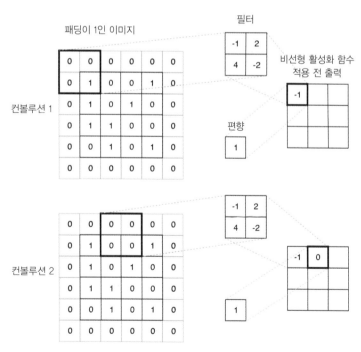

그림 6.6 스트라이드가 2고 패딩이 1일 때의 컨볼루션 연산 예

서 폭이 1인 정사각형 테두리 모양으로 셀이 추가됐다. 이 그림을 보면 패딩에 비례해서 출력 행렬이 커지는 이유를 알 수 있다.[5]

그림 6.7은 패딩을 2로 지정한 경우를 보여준다. 필터가 클 때 패딩을 적용하면 좋다. 이미지 가장자리의 특징을 더 잘 반영(스캔)할 수 있기 때문이다.

0	0	0	0	0	0	0	0
0	0	0	0	0	0	0	0
0	0	1	0	0	1	0	0
0	0	1	0	1	0	0	0
0	0	1	1	0	0	0	0
0	0	0	1	0	1	0	0
0	0	0	0	0	0	0	0
0	0	0	0	0	0	0	0

그림 6.7 패딩이 2인 이미지

CNN에서 **풀링**pooling에 대한 설명을 빼놓을 수 없다. 풀링 계층도 컨볼루션 계층처럼 윈도우를 무빙 윈도우 방식으로 처리한다. 하지만 컨볼루션과 달리 입력 행렬이나 볼륨에 대해 필터를 학습시키지 않고, 입력 행렬이나 볼륨을 고정 연산자(흔히 max나 average)에 적용하는 방식으로 처리한다. 필터와 스트라이드에 대한 하이퍼파라미터를 지정하는 것은 컨볼루션 계층과 같다. 그림 6.8은 필터 크기가 2고 스트라이드가 2인 max 연산을 적용한 풀링의 예를 보여주고 있다.

일반적으로 풀링 계층은 컨볼루션 계층 뒤에 나온다. 그래서 컨볼루션 계층의 출력

5　지면 공간을 아끼기 위해 그림 6.6은 아홉 번의 합성곱 연산 중에서 첫 번째와 두 번째만 보여준다.

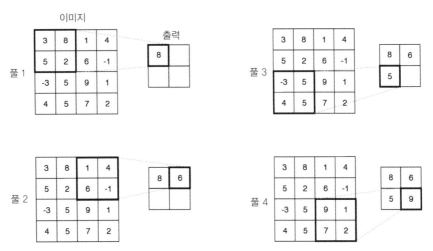

그림 6.8 필터 크기가 2고 스트라이드가 2인 풀링

을 입력으로 사용한다. 풀링의 입력이 볼륨으로 주어졌다면 볼륨을 구성하는 각 행렬마다 따로 계산한다. 따라서 볼륨을 입력받는 풀링에서 출력되는 볼륨의 깊이는 입력 볼륨과 같다.

풀링 계층에는 하이퍼파라미터만 있고 학습할 파라미터는 없다. 실전에서는 흔히 필터 크기를 2나 3으로 지정하고 스트라이드는 2로 지정한다. 또한 average보다는 max 연산을 많이 사용하는데 max 연산을 적용하면 결과가 더 좋을 때가 많기 때문이다.

풀링 계층을 추가하면 모델의 정확도를 높이는 데 도움이 된다. 또한 (특징 맵의 크기가 줄어들기 때문에) 신경망의 파라미터 개수를 줄이고 학습 속도를 높이는 데도 도움이 된다(그림 6.8에서 볼 수 있듯이 풀링 필터 크기가 2고 스트라이드가 2면 특징 개수가 16개에서 네 개로 25%만큼 줄어든다).

6.2.2 RNN

RNN^{Recurrent Neural Network}(**순환 신경망**)은 시퀀스^{sequence}에 대한 레이블을 출력하거나, 시퀀스를 분류하거나, 다른 시퀀스를 생성한다. 시퀀스는 일종의 행렬로서 각 행은 특징 벡터로 구성되며 행의 순서가 중요하다. 시퀀스에 대한 레이블을 출력할 때는 시퀀스를 구성하는 각 특징 벡터가 속한 클래스들을 예측한다. 시퀀스를 분류할 때는 시퀀스 전체가 속한 클래스를 예측한다. 다른 시퀀스를 생성할 때는 입력 시퀀스와 어떠한 관련이 있는 시퀀스를 출력한다(출력 시퀀스의 길이는 입력과 다를 수 있다).

RNN은 텍스트 처리에 많이 사용한다. 문장이나 텍스트는 기본적으로 단어와 구두점의 조합 또는 문자열에 대한 시퀀스 형태로 구성되기 때문이다. 같은 이유로 음성 처리에서도 RNN을 사용한다.

RNN은 피드포워드 방식이 아니다. 루프가 있기 때문이다. 기본 작동 과정은 다음과 같다. 순환 계층 l에 있는 각 유닛 u마다 실숫값으로 된 **상태**^{state} $h_{l,u}$가 있다. 상태는 유닛에 대한 메모리와 같다. RNN에서 계층 l을 구성하는 모든 유닛은 두 가지 입력을 받는다. 하나는 이전 $l - 1$ 계층에서 출력한 상태 벡터고, 다른 하나는 같은 l 계층의 이전 타임 스텝$^{time\ step}$(단계)에서 나온 상태 벡터다.

작동 과정을 구체적으로 설명하기 위해 RNN의 계층 1과 계층 2를 살펴보자. 계층 1은 특징 벡터 하나를 입력받는다. 계층 2는 계층 1의 출력을 입력받는다.

이 과정을 그림으로 표현하면 그림 6.9와 같다. 앞에서 설명했듯이 각각의 학습 예제는 각 행이 특징 벡터인 행렬로 구성된다. 여기서는 이 행렬을 간단히 벡터 시퀀스 $\mathbf{X}$ = [$\mathbf{x}^1$, $\mathbf{x}^2$, ..., $\mathbf{x}^{t-1}$, $\mathbf{x}^t$, $\mathbf{x}^{t+1}$, ..., $\mathbf{x}^{length\mathbf{x}}$]로 표기한다(*length*$\mathbf{x}$는 입력 시퀀스의 길이). 입력 예제 $\mathbf{X}$가 텍스트 문장 하나를 표현한 것이라면, $\mathbf{X}$를 구성하는 각각의 특징 벡터 $\mathbf{x}^t$(t = 1, ..., *length*$\mathbf{x}$)는 문장의 t 지점에 있는 단어 하나를 표현한다.

그림 6.9에서 볼 수 있듯이 RNN은 입력 예제에 있는 특징 벡터들을 타임 스텝 순서에 따라 차례대로 '읽는다.' 여기서 인덱스 t는 특정 타임 스텝을 가리킨다. l 계층에 있는 각 유닛 u마다 타임 스텝 t에 대한 상태 $h_{l,u}^t$를 업데이트하려면, 가장 먼저 같은 계층에 대한 이전 타임 스텝의 상태 벡터 $\mathbf{h}_{l,u}^{t-1}$과 입력 예제에 있는 모든 특징 벡터를 선형 결합$^{linear\ combination}$한다. 두 벡터의 선형 결합은 파라미터 벡터 $\mathbf{w}_{l,u}$와 $\mathbf{u}_{l,u}$, 파라미터 $b_{l,u}$로 계산한다. 그러고 나서 이 선형 결합의 결과를 활성화 함수 g_1에 입력해서 $h_{l,u}^t$의 값을 구한다. 흔히 g_1을 쌍곡탄젠트 함수(*tanh*)로 지정한다. 출력 $\mathbf{y}_l^t$은 일

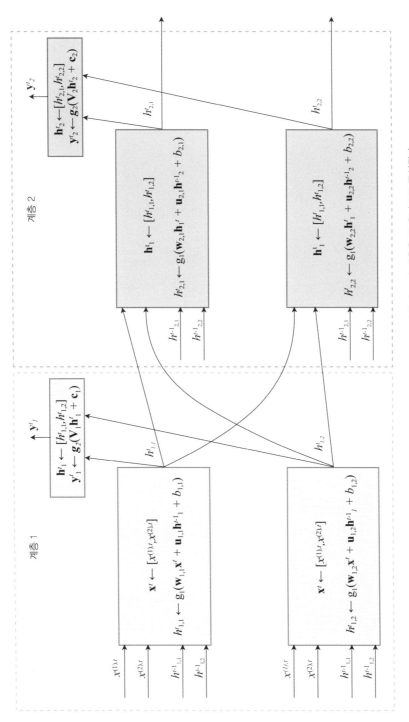

계층 2

$$\mathbf{h'}_2 \leftarrow [h'_{2,1}, h'_{2,2}]$$
$$\mathbf{y'}_2 \leftarrow \mathbf{g}_2(\mathbf{V}_2 \mathbf{h'}_2 + \mathbf{c}_2)$$

$\mathbf{y'}_2$

$$\mathbf{h'}_1 \leftarrow [h'_{1,1}, h'_{1,2}]$$
$$h'_{2,1} \leftarrow \mathbf{g}_1(\mathbf{w}_{2,1}\mathbf{h'}_1 + \mathbf{u}_{2,1}\mathbf{h'^{-1}}_2 + b_{2,1})$$

$h'_{2,1}$

$h'^{-1}_{2,1}$
$h'^{-1}_{2,2}$

$$\mathbf{h'}_1 \leftarrow [h'_{1,1}, h'_{1,2}]$$
$$h'_{2,2} \leftarrow \mathbf{g}_1(\mathbf{w}_{2,2}\mathbf{h'}_1 + \mathbf{u}_{2,2}\mathbf{h'^{-1}}_2 + b_{2,2})$$

$h'_{2,2}$

$h'^{-1}_{2,1}$
$h'^{-1}_{2,2}$

계층 1

$$\mathbf{h'}_1 \leftarrow [h'_{1,1}, h'_{1,2}]$$
$$\mathbf{y'}_1 \leftarrow \mathbf{g}_2(\mathbf{V}_1 \mathbf{h'}_1 + \mathbf{c}_1)$$

$\mathbf{y'}_1$

$h'_{1,1}$
$h'_{1,2}$

$$\mathbf{x'} \leftarrow [x^{(1),t}, x^{(2),t}]$$
$$h'_{1,1} \leftarrow \mathbf{g}_1(\mathbf{w}_{1,1}\mathbf{x'} + \mathbf{u}_{1,1}\mathbf{h'^{-1}}_1 + b_{1,1})$$

$$\mathbf{x'} \leftarrow [x^{(1),t}, x^{(2),t}]$$
$$h'_{1,2} \leftarrow \mathbf{g}_1(\mathbf{w}_{1,2}\mathbf{x'} + \mathbf{u}_{1,2}\mathbf{h'^{-1}}_1 + b_{1,2})$$

$x^{(1),t}$
$x^{(2),t}$
$h'^{-1}_{1,1}$
$h'^{-1}_{1,2}$

$x^{(1),t}$
$x^{(2),t}$
$h'^{-1}_{1,1}$
$h'^{-1}_{1,2}$

그림 6.9 RNN의 첫 번째와 두 번째 계층. 입력 특징 벡터는 2차원이고, 각 계층은 두 유닛으로 구성된다.

반적으로 전체 계층 l에 대해 한 번에 계산한 벡터다. $\mathbf{y}_l^t$ 값은 활성화 함수 $\boldsymbol{g}_2$로 구한다. 이 함수는 벡터 하나를 입력받아서 차원이 같은 다른 벡터를 리턴한다. 파라미터 행렬 $\mathbf{V}_l$과 파라미터 벡터 $\mathbf{c}_{l,u}$를 이용해 계산한 상태 벡터 $\mathbf{h}_{l,u}^t$의 선형 결합을 함수 $\boldsymbol{g}_2$에 입력한다. 분류 문제를 다룰 때는 흔히 $\boldsymbol{g}_2$를 **소프트맥스 함수**^{softmax function}로 정의한다.

$$\boldsymbol{\sigma}(\mathbf{z}) \overset{\text{def}}{=} [\sigma^{(1)}, \ldots, \sigma^{(D)}], \ \text{여기서} \ \ \sigma^{(j)} \overset{\text{def}}{=} \frac{\exp\left(z^{(j)}\right)}{\sum_{k=1}^{D} \exp\left(z^{(k)}\right)}$$

소프트맥스 함수는 시그모이드 함수를 다차원 출력 버전으로 일반화한 것이다. 이 함수는 모든 j에 대해 $\sum_{j=1}^{D} \sigma^{(j)} = 1$과 $\sigma^{(j)} > 0$을 만족한다.

$\mathbf{V}_l$을 몇 차원으로 구성할지는 데이터 분석가가 결정한다. 이때 행렬 $\mathbf{V}_l$과 벡터 $\mathbf{h}_l^t$을 곱한 결과의 차원이 벡터 $\mathbf{c}_l$의 차원과 같아야 한다. $\mathbf{V}_l$의 차원은 학습 데이터에 있는 출력 레이블 $\mathbf{y}$의 차원에 따라 결정한다(지금까지는 1차원 레이블만 봤지만, 뒷 장으로 가면 다차원 레이블도 사용한다).

$\mathbf{w}_{l,u}$, $\mathbf{u}_{l,u}$, $b_{l,u}$, $\mathbf{V}_{l,u}$, $\mathbf{c}_{l,u}$의 값은 학습 데이터에 대해 역전파를 적용한 경사 감소법으로 계산한다. RNN 모델을 학습시킬 때는 역전파의 특수 버전인 **BPTT**(시간 펼침 역전파 backpropagation through time)를 사용한다.

*tanh*와 *softmax* 모두 기울기 소실 문제를 발생시킨다. RNN에 순환 계층이 하나 혹은 두 개만 있더라도 입력이 근본적으로 순차적이기 때문에 역전파를 진행하면서 시간을 기준으로 신경망을 펼쳐야 한다. 기울기 계산 관점에서 보면 입력 시퀀스가 길수록 신경망이 더 깊게 펼쳐진다.

RNN의 또 다른 문제는 장기 의존성^{long-term dependency} 문제가 발생한다는 것이다. 입력 시퀀스가 길수록 시퀀스의 시작 부분에 있는 특징 벡터들이 '잊혀지기' 쉽다. 그 이유는 신경망에서 메모리 역할을 하는 각 유닛의 상태가 최근 읽은 특징 벡터에 크게 영향을 받기 때문이다. 따라서 텍스트나 음성 처리를 할 때 입력된 문장이 길면 멀리 떨어진 단어 사이의 인과 관계^{cause-effect link}가 사라질 수 있다.

실전에서 널리 사용하는 RNN 모델 중에서 가장 효과적인 것은 **게이트가 추가된 RNN**gated RNN이다. 좀 더 구체적으로는 **LSTM**Long Short-Term Memory 신경망과 **GRU**Gated Recurrent Unit 기반 신경망이 있다.

게이트가 추가된 RNN의 가장 큰 장점은 마치 컴퓨터 메모리를 사용하듯이, 신경망의 유닛에 정보를 저장했다가 나중에 활용할 수 있다는 것이다. 여기서 컴퓨터 메모리와 다른 점은 각 유닛에 저장된 정보를 읽고 쓰고 지울지의 여부를 치역이 (0, 1)인 활성화 함수로 제어한다는 것이다. 학습 결과로 생성된 신경망은 입력 시퀀스에 있는 특징 벡터들을 '읽어서' 그 특징 벡터에 대한 정보를 보관할지 여부를 이전 타임 스텝 t에 결정한다. 이렇게 저장된 이전 시점의 특징 벡터 정보는 나중에 들어온 입력 시퀀스의 특징 벡터를 처리할 때 활용된다. 예를 들어 언어를 처리하는 RNN 모델이 입력 텍스트의 앞부분에서 she라는 단어를 보고 성별 정보를 저장했다가, 나중에 문장 뒤에서 their란 단어가 나오는 부분을 처리할 때 앞서 저장했던 정보를 토대로 구체적인 성별을 판단할 수 있다.

어떤 정보를 저장하고, 이를 언제 읽거나 쓰거나 지울 수 있는지는 유닛이 결정한다. 이러한 결정 기준은 데이터로 학습한 결과로 정해지며 게이트 유닛gated unit 방식으로 구현한다. 게이트 유닛에 대한 아키텍처는 다양하게 나와 있다. 그중에서 간단하면서도 효과적인 것으로는 메모리 셀 하나와 포켓 게이트forget gate 하나로 구성된 **최소 게이트 GRU**minimal gated GRU가 있다.

RNN에서, (특징 벡터를 입력받는) 계층 1에서 예제 하나에 대해 GRU 유닛이 연산을 수행하는 과정은 다음과 같다. l 계층에 있는 최소 게이트 GRU 유닛 u는 두 가지 입력을 받는다. 하나는 이전 타임 스텝의 같은 계층에 있는 모든 유닛에 있던 메모리 셀 값으로 구성된 벡터 $\mathbf{h}_l^{t-1}$이고, 다른 하나는 특징 벡터 $\mathbf{x}^t$이다. 이렇게 받은 두 벡터로 다음과 같이 계산한다(아래 나온 모든 연산은 한 유닛씩 차례대로 실행된다).

$$\tilde{h}^t_{l,u} \leftarrow g_1(\mathbf{w}_{l,u}\mathbf{x}^t + \mathbf{u}_{l,u}\mathbf{h}^{t-1}_l + b_{l,u}),$$
$$\Gamma^t_{l,u} \leftarrow g_2(\mathbf{m}_{l,u}\mathbf{x}^t + \mathbf{o}_{l,u}\mathbf{h}^{t-1} + a_{l,u}),$$
$$h^t_{l,u} \leftarrow \Gamma^t_{l,u}\tilde{h}^t_l + (1 - \Gamma^t_{l,u})h^{t-1}_l,$$
$$\mathbf{h}^t_l \leftarrow [h^t_{l,1}, \ldots, h^t_{l,size_l}]$$
$$\mathbf{y}^t_l \leftarrow \boldsymbol{g}_3(\mathbf{V}_l\mathbf{h}^t_l + \mathbf{c}_{l,u}),$$

여기서 g_1은 $tanh$로 정의한 활성화 함수고, g_2는 게이트 함수로서 치역이 $(0, 1)$인 시그모이드 함수로 구현한다. 게이트 $\Gamma_{l,u}$가 0에 가까우면 메모리 셀은 이전 타임 스텝의 값 h^{t-1}_l을 그대로 둔다. 반면 게이트 $\Gamma_{l,u}$가 1에 가까우면, 메모리 셀의 값을 새로운 값 $\tilde{h}^t_{l,u}$로 덮어 쓴다(위에서 세 번째 대입문). 표준 RNN과 마찬가지로 여기서도 흔히 $\boldsymbol{g}_3$을 소프트맥스로 구현한다.

게이트 유닛은 받은 입력을 일정 기간 동안 저장한다. 이 동작은 입력에 대한 항등 함수identity function($f(x) = x$)로 표현한다. 항등 함수의 도함수는 상수이므로, 게이트 유닛을 사용하는 신경망은 BPTT로 학습할 때 기울기 소실이 발생하지 않는다.

RNN을 확장한 모델 중에서 중요한 것으로는 **양방향 RNN**bi-directional RNN, **어텐션**attention **기반 RNN**, **시퀀스-투-시퀀스**sequence-to-sequence, seq2seq **RNN**이 있다. 이렇게 확장한 모델은 기계 번역과 텍스트 변환 모델에서 많이 사용한다. RNN을 일반화한 **재귀 신경망**recursive neural network도 있다.

07

문제와 해결 방법

7.1 커널 회귀

앞에서 설명한 선형 회귀 문제로 잠시 돌아가보자. 만약 데이터가 선형적이지 않다면 어떻게 처리해야 할까? 다항 회귀로 어느 정도 해결할 수 있다. 예를 들어 데이터가 1차원일 때($\{(x_i, y_i)\}_{i=1}^{N}$), 이차식 $y = w_1 x_i + w_2 x_i^2 + b$를 학습시키도록 변형하면 된다. 비용 함수를 MSE(평균 제곱 오차)로 정의해서 경사 감소법을 적용해 이 비용 함수를 최소화하는 파라미터 w_1, w_2, b를 찾는다. 1차원 또는 2차원 공간이라면 이 함수가 데이터를 제대로 학습했는지 쉽게 알 수 있다. 하지만 입력 특징 벡터의 차원이 높다면 ($D > 3$인 D차원 벡터라면) 적합한 다항식을 찾기 힘들다. 이럴 때는 커널 회귀를 활용할 수 있다.

커널 회귀kernel regression는 학습 파라미터를 사용하지 않고[†] (kNN처럼) 데이터 자체를 모델로 사용한다. 간단한 예로 다음과 같은 모델을 찾는 경우를 들 수 있다.

---

† 비모수 방식을 의미한다. – 옮긴이

$$f(x) = \frac{1}{N}\sum_{i=1}^{N} w_i y_i, \quad \text{여기서} \ \ w_i = \frac{N k\left(\frac{x_i - x}{b}\right)}{\sum_{l=1}^{N} k\left(\frac{x_l - x}{b}\right)} \tag{7.1}$$

이 식에 나온 함수 $k(\,\cdot\,)$가 **커널**kernel이다. 여기서 커널은 유사도 함수similarity function 역할을 한다. 즉 x가 x_i와 비슷할수록 계수 w_i의 값이 커지고, 서로 차이가 클수록 값이 작아진다. 지금까지 다양한 커널이 나왔는데, 그중에서 특히 가우시안 커널Gaussian kernel을 많이 사용한다.

$$k(z) = \frac{1}{\sqrt{2\pi}} \exp\left(\frac{-z^2}{2}\right)$$

식 7.1에서 b는 검증 집합으로 튜닝하는 하이퍼파라미터다(b를 특정한 값으로 지정한 모델에 대해 검증 집합으로 실행해서 MSE를 계산해보는 방식으로 튜닝한다). 그림 7.1은 b 값에 따라 회귀선이 어떻게 달라지는지 보여주고 있다.

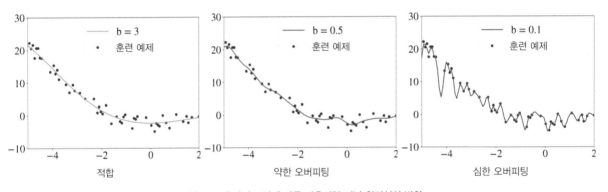

그림 7.1 세 가지 b 값에 따른 가우시안 커널 회귀선의 변화

입력 특징 벡터가 다차원일 때는 식 7.1에서 $x_i - x$ 항과 $x_l - x$ 항 대신 벡터에 대한 유클리드 거리 $\|\mathbf{x}_i - \mathbf{x}\|$와 $\|\mathbf{x}_l - \mathbf{x}\|$로 바꾼다.

7.2 다중 클래스 분류

분류 문제는 클래스 두 개로 정의하는 이진 분류 문제가 대부분이지만, 간혹 그보다 많은 클래스를 분류하도록 학습 알고리즘을 변경해야 할 때가 있다.

다중 클래스 분류^{multiclass classification} 문제로 만들려면 C개 클래스 중 하나에 대한 레이블을 출력하도록($y \in \{1, \dots, C\}$) 정의해야 한다. 그런데 기존에 나온 분류 학습 알고리즘은 대부분 이진 분류에 대한 것이다. 대표적인 예로 SVM이 있다. 이진 분류 알고리즘 중에서 다중 클래스 문제로 쉽게 확장할 수 있는 것도 있다. ID3를 비롯한 결정 트리 학습 알고리즘은 다음과 같이 변경하는 방식으로 간단히 다중 클래스 문제로 만들 수 있다.

$$f_{ID3}^{S} \overset{\text{def}}{=} \Pr(y_i = c | \mathbf{x}) = \frac{1}{|\mathcal{S}|} \sum_{\{y \,|\, (\mathbf{x},y) \in \mathcal{S},\, y=c\}} y$$

이 식은 모든 $c \in \{1, \dots, C\}$에 대해 성립하고, S는 말단 노드로서 예측 결과를 계산한다.

로지스틱 회귀도 다중 클래스 학습 버전으로 확장하기 쉽다. 6장에서 설명했듯이 시그모이드 함수 대신 **소프트맥스 함수**로 바꾸면 된다.

kNN 알고리즘 역시 다중 클래스 버전으로 만들기 쉽다. 입력 x에 대해 근접한 예제 k개를 찾아서 검사한 뒤, 그중 가장 많이 나타난 클래스를 리턴하면 된다.

SVM은 다중 클래스 문제로 확장하기가 쉽지 않다. 다른 알고리즘도 이진 분류 문제를 더 효율적으로 처리한다. 그럼 이런 이진 분류 학습 알고리즘으로 다중 클래스 문제를 처리하려면 어떻게 해야 할까? 가장 흔히 사용하는 방법으로 **OvR**^{One versus Rest,} ^{one-versus-all} 기법이 있다. 기본 개념은 다중 클래스 문제를 이진 분류 문제 C개로 변환해서, 이진 분류기를 C개 만드는 것이다. 예를 들어 클래스가 세 개($y \in \{1, 2, 3\}$) 있다면, 원본 데이터셋에 대한 복제본을 세 개 만들어서 다음과 같이 수정한다. 첫 번째 복제본에서는 1이 아닌 레이블을 모두 0으로 바꾼다. 두 번째 복제본에서는 2가 아닌 레이블을 모두 0으로 바꾼다. 세 번째 복제본에서는 3이 아닌 레이블을 모두 0

으로 바꾼다. 그러면 이진 분류 문제 세 개로 만들 수 있다. 각각에 대해 레이블 1과 0, 2와 0, 3과 0으로 분류하도록 학습시키면 된다.

이렇게 세 가지 모델을 구축하고 나서 새로운 입력 특징 벡터 **x**를 분류할 때는 세 모델을 모두 이용해서 예측값을 세 개 구한다. 그러고 나서 0이 아닌 클래스에 대한 예측값 중에서 가장 큰(확실한) 값을 선택한다. 앞에서 설명했듯이 로지스틱 회귀 모델이 출력하는 값은 레이블이 아니라 (0과 1 사이의) 점수로서, 레이블이 양일 확률을 의미한다. 이 점수를 예측의 확실한 정도(확실성certainty)로 해석할 수도 있다. SVM에서는 이 값을 다음 식처럼 입력 **x**와 결정 경계 사이의 거리 d로 표현할 수 있다.

$$d \stackrel{\text{def}}{=} \frac{\mathbf{w}^*\mathbf{x} + b^*}{\|w\|}$$

거리(d)가 멀수록 예측이 확실하다. 학습 알고리즘은 대부분 다중 클래스 버전으로 변경하기 쉽거나, OvR 기법을 적용해서 점수를 리턴하게 만들 수 있다.

7.3 단일 클래스 분류

때로는 예제가 클래스 하나에 대해서만 구성된 상태에서 이 클래스에 속한 예제와 그렇지 않은 나머지 경우를 구분하도록 모델을 학습시켜야 할 때가 있다.

단일 클래스 분류one-class/unary classification 문제는 다양한 입력 중에서 특정한 클래스에 속한 것만 찾도록, 그 클래스에 속한 대상으로만 구성된 훈련 집합으로 모델을 학습시킨다. 이 문제는 모든 객체의 소속 클래스가 명확히 정해진 훈련 집합을 사용해 클래스를 구분하는 기존 분류 문제와 다를 뿐만 아니라 그보다 훨씬 풀기 어렵다. 단일 클래스 분류 문제의 대표적인 예로 보안 네트워크에서 정상 트래픽을 구분하는 문제가 있다. 공격을 받거나 침입이 발생할 때의 트래픽 예제는 적거나 아예 없는 반면, 정상 트래픽에 대한 예제는 풍부할 때가 많다. 단일 클래스 분류 학습 알고리즘은 아웃라이어 탐지outlier detection, 이상 탐지anomaly detection, novelty detection에서 주로 사용한다.

단일 클래스 학습 알고리즘은 다양하게 나와 있다. 실전에서 널리 사용되는 것으로 **단일 클래스 가우시안**one-class Gaussian, **단일 클래스 k-평균**one-class k-means, **단일 클래스 kNN**, **단일 클래스 SVM** 등이 있다.

단일 클래스 가우시안의 기본 개념은 데이터가 가우시안 분포(정확히 말하면 MND Multivariate Normal Distribution(다변량/다변수 정규분포))를 따른다고 가정하고 모델을 만드는 것이다. MND에 대한 확률 밀도 함수(pdf)는 다음과 같다.

$$f_{\boldsymbol{\mu}, \boldsymbol{\Sigma}}(\mathbf{x}) = \frac{\exp\left(-\frac{1}{2}(\mathbf{x} - \boldsymbol{\mu})^\top \boldsymbol{\Sigma}^{-1}(\mathbf{x} - \boldsymbol{\mu})\right)}{\sqrt{(2\pi)^D |\boldsymbol{\Sigma}|}}$$

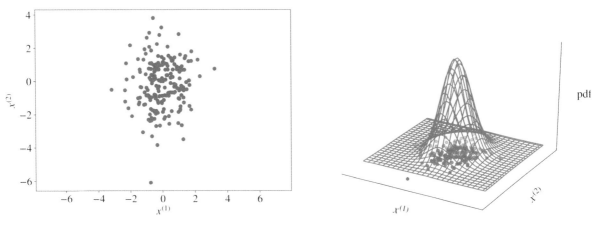

그림 7.2 단일 클래스 가우시안 기법으로 단일 클래스 분류 문제를 푸는 예. 왼쪽은 2차원 특징 벡터고, 오른쪽은 왼쪽 예제에 대해 가능도를 최대화하는 MND 곡선이다.

이 식에서 $f_{\boldsymbol{\mu}, \boldsymbol{\Sigma}}(\mathbf{x})$는 주어진 입력 특징 벡터 $\mathbf{x}$에 대한 확률 밀도를 리턴한다. 확률 밀도는 MND로 모델링한 확률분포에서 예제 $\mathbf{x}$가 나올 가능도라고 해석할 수 있다. 여기서 벡터 $\boldsymbol{\mu}$와 행렬 $\boldsymbol{\Sigma}$는 학습할 파라미터다. (로지스틱 회귀 학습 문제와 마찬가지로) 두 파라미터에 대한 최적화 기준은 **최대 가능도**maximum likelihood다. $|\boldsymbol{\Sigma}| \overset{\text{def}}{=} \det \boldsymbol{\Sigma}$는 행렬 $\boldsymbol{\Sigma}$에 대한 행렬식determinant을, $\boldsymbol{\Sigma}^{-1}$은 행렬 $\boldsymbol{\Sigma}$의 역행렬inverse을 의미한다.

행렬식이나 역행렬과 같은 용어를 처음 보더라도 걱정할 필요는 없다. 수학의 한 분야인 행렬 이론^{matrix theory}에서 벡터와 행렬을 다루는 기본 연산이다. 이러한 연산에 대해서는 위키피디아에 잘 나와 있으니 궁금하다면 한 번 찾아보길 바란다.

응용 관점에서 보면 벡터 $\boldsymbol{\mu}$ 안에 담긴 값에 따라 가우시안 분포 곡선의 중심 위치가 결정된다. 반면 행렬 $\boldsymbol{\Sigma}$에 담긴 값은 곡선의 형태를 결정한다. 그림 7.2는 2차원 특징 벡터로 구성된 훈련 집합으로 만든 단일 클래스 가우시안 모델의 예를 보여준다.

주어진 데이터로 $\boldsymbol{\mu}$와 $\boldsymbol{\Sigma}$ 파라미터를 학습한 모델을 만들었다면, $f_{\boldsymbol{\mu},\boldsymbol{\Sigma}}(\mathbf{x})$를 이용해 모든 입력 $\mathbf{x}$에 대해 가능도를 예측할 수 있다. 가능도가 일정한 문턱값^{threshold}을 넘어설 때만 해당 예제가 클래스에 속한다고 예측하고, 그렇지 않으면 아웃라이어로 분류한다. 문턱값은 실험을 통해 구하거나 경험과 지식을 토대로 추측한다.

데이터가 복잡하게 구성됐다면 여러 가지 가우시안을 조합하는 가우시안 혼합^{mixture of Gaussians} 알고리즘을 적용한다. 이 알고리즘의 경우, 데이터로부터 학습할 파라미터가 더 많다. 각 가우시안마다 $\boldsymbol{\mu}$와 $\boldsymbol{\Sigma}$가 하나씩 있고, 여러 가우시안을 pdf 하나로 조합하기 위한 파라미터들도 있다. 가우시안 혼합 모델에 대해서는 9장에서 군집화에 대해 설명할 때 자세히 소개한다.

단일 클래스 k-평균과 단일 클래스 kNN은 단일 클래스 가우시안과 비슷한 원칙을 따른다. 데이터에 대해 모델을 구축한 뒤 별도로 정의한 문턱값에 따라 새로운 특징 벡터가 다른 예제와 비슷한지 결정한다. 단일 클래스 k-평균은 **k-평균** ^{k-means} 군집화 알고리즘을 이용해 훈련 예제 전체를 군집화한다. 그래서 새로운 예제 $\mathbf{x}$를 발견하면 $\mathbf{x}$와 각 군집(클러스터) 중심 사이의 최소 거리 $d(\mathbf{x})$를 계산한다. $d(\mathbf{x})$가 문턱값보다 작으면 해당 클래스에 속한다고 본다.

단일 클래스 SVM은 구성 방식에 따라 1) 모든 훈련 예제를 (특징 공간의) 원점으로부터 분리해서 초평면과 원점 사이의 거리를 최대화하거나, 2) 초구^{hypersphere}의 부피를 최소화해서 데이터 주변의 구형 경계를 구한다. 단일 클래스 kNN 알고리즘과 단일 클래스 k-평균, 단일 클래스 SVM에 대해서는 이 책에서 자세히 소개하지 않는다. 관련 내용이 궁금하다면, 참고 문헌을 읽어보길 바란다.

7.4 다중 레이블 분류

때로는 데이터셋에 있는 예제를 두 개 이상의 레이블로 표현해야 할 때가 있다. 이런 문제를 **다중 레이블 분류**multi-label classification라 부른다.

예를 들어 이미지 하나에 대해 '침엽수', '산', '도로' 등과 같이 여러 레이블을 동시에 달아야 할 때가 있다(그림 7.3).

그림 7.3 '침엽수', '산', '도로'라는 레이블이 달린 그림 (사진 제공: 케이트 라가디아Cate Lagadia)

레이블이 가질 수 있는 값이 다양한데 서로 속성이 비슷하다면(예: 모두 태그라면), 여러 레이블이 달린 예제 하나를 레이블이 하나만 달린 예제들로 변환한다. 그러면 특징 벡터는 모두 같고 레이블만 서로 다른 예제들로 구성할 수 있다. 이렇게 하면 다중 클래스 분류 문제가 된다. 즉, OvR 기법을 적용해서 문제를 풀 수 있다. 기존 다중 클래스 문제와 다른 점은 문턱값에 대한 하이퍼파라미터가 추가된다는 것이다. 어떤 레이블에 대한 예측 점수가 문턱값을 넘었다면 그 레이블을 입력 특징 벡터에 대한 예측 결과로 판단한다. 이런 식으로 특징 벡터 하나에 대해 여러 레이블을 예측할 수 있다. 이때 문턱값은 검증 집합을 이용해 튜닝한다.

마찬가지로 다중 클래스 버전으로 만들기 쉬운 알고리즘(그중에서도 특히 결정 트리, 로지스틱 회귀, 신경망)은 다중 레이블 분류 문제에도 적용할 수 있다. 이러한 알고리즘은 각 클래스에 대한 점수를 리턴하기 때문에 현재 정의된 문턱값보다 점수가 큰 레이블들을 모두 특징 벡터 하나에 할당한다.

신경망 알고리즘에 **이진 교차 엔트로피**(이진 크로스 엔트로피^{binary cross-entropy}) 비용 함수를 적용하면, 다중 레이블 분류 모델을 쉽게 학습시킬 수 있다. 이때 신경망의 출력 계층을 구성하는 유닛은 각각 레이블에 하나씩 대응된다. 출력 계층 유닛마다 시그모이드 활성화 함수가 있기 때문에 레이블(l)을 이진수로 표현할 수 있다($y_{i,l} \in \{0,1\}$, $l = 1, \ldots, L$, $i = 1, \ldots, N$). 예제 $\mathbf{x}_i$의 레이블이 l일 확률($\hat{y}_{i,l}$)을 예측하는 이진 교차 엔트로피를 다음과 같이 정의한다.

$$-(y_{i,l} \ln(\hat{y}_{i,l}) + (1 - y_{i,l}) \ln(1 - \hat{y}_{i,l})).$$

여기서 적용한 최소화 기준^{minimization criterion}은 훈련 예제 전체와 그 레이블에 대한 이진 교차 엔트로피 항의 평균이다.

레이블마다 가질 수 있는 값의 범위가 크지 않다면, 다른 방식으로 다중 레이블을 다중 클래스 문제로 변환할 수 있다. 예를 들어 다음과 같은 문제를 살펴보자. 이미지에 달 수 있는 레이블의 타입은 두 가지가 있다. 첫 번째 타입은 {사진, 그림}이라는 두 값 중 하나를 가지고, 두 번째 타입은 {초상화, 풍경화, 기타}라는 세 값 중 하나를 가진다. 그러면 다음과 같이 두 가지 원본 클래스에서 나올 수 있는 모든 값을 조합한 가상 클래스를 새로 만들 수 있다.

가상 클래스	실제 클래스 1	실제 클래스 2
1	사진	초상화
2	사진	풍경화
3	사진	기타
4	그림	초상화
5	그림	풍경화
6	그림	기타

이렇게 하면 원본 다중 레이블을 1부터 6까지 가질 수 있는 가상 레이블 하나로 바꿀 수 있다. 실전에서 클래스를 조합한 경우의 수가 많지 않을 경우, 이런 식으로 처리하면 효과적이다. 하지만 조합 수가 많다면 클래스 집합이 늘어난 만큼 훈련 데이터 집합도 훨씬 커져야 한다.

이 방법의 가장 큰 장점은 레이블의 상관관계를 반영할 수 있다는 것이다. 앞에서 본 기법들은 각각의 레이블을 서로 독립적으로 예측했다. 하지만 레이블 사이의 상관관계를 반드시 고려해야 하는 경우가 상당히 많다. 예를 들어, 이메일이 스팸인지 아닌지 예측하는 동시에 일반 메일인지 아니면 중요한 메일인지도 예측해야 하는 경우가 있다. 이때 [스팸, 중요]와 같은 예측 결과가 나오지 않게 만들어야 한다.

7.5 앙상블 학습

3장에서 소개한 기본 알고리즘은 저마다 한계가 있다. 또한 알고리즘이 간단해서 주어진 문제에 대한 정확한 모델을 생성하지 못할 때가 있다. 물론 심층 신경망으로 보완할 수도 있다. 하지만 실전에서 심층 신경망을 사용하려면 레이블이 달린 데이터가 엄청나게 많아야 하는데, 그만큼 확보하지 못할 수도 있다. 이럴 때는 **앙상블 학습** ensemble learning을 적용해서 학습 알고리즘의 성능을 증폭시키는 방법으로 해결할 수 있다.

앙상블 학습은 특정한 학습 알고리즘이라기보다는 기존 알고리즘을 잘 학습하게 만드는 기법이며, 굉장히 정확한 모델 하나를 만드는 대신에 정확도가 낮은 모델 여러 개를 훈련시킨 후 각각의 예측 결과를 조합해서 정확도를 높이는 메타 모델^{meta-model}을 만드는 기법이다.

정확도가 낮은 모델을 학습시킬 때는 일반적으로 **약한 학습기**^{weak learner}를 이용한다. 약한 학습기란 복잡한 모델을 학습할 수 없는 알고리즘이다. 그래서 훈련과 예측 속도가 빠른 편이다. 가장 흔히 사용하는 약한 학습기는 결정 트리 학습 알고리즘이다. 이 알고리즘은 몇 차례의 반복 작업으로 훈련 집합을 분할한다. 그 결과로 나온 트리는 깊이가 얇고 정확도는 떨어지지만, 트리가 서로 다르고 각 트리의 성능이 무작위 추측보다 조금이라도 낫다면 이런 트리 여러 개를 조합해서 정확도를 높일 수 있다.

입력 **x**에 대한 예측값을 구할 때는 약한 학습기로 만든 약한 모델의 예측값마다 가중치를 반영해서 투표한 결과를 취합한다. 이때 가중치를 적용하는 구체적인 방식은 사용한 알고리즘마다 다르지만 기본 개념은 같다. 가령 입력 메시지에 대한 약한 모델들의 예측 결과에서 다수결로 스팸이 나온다면, 입력 **x**에 '스팸'이란 레이블을 할당한다.

앙상블 학습 기법 중에서도 대표적인 것으로 **부스팅**과 **배깅**이 있다.

7.5.1 부스팅과 배깅

부스팅^{boosting}은 원본 훈련 데이터에 대해 약한 학습기를 반복 실행해서 모델을 여러 개 만드는 기법이다. 매번 생성된 모델은 이전 단계에 만든 모델의 오차를 좀 더 보완하기 때문에 서로 차이가 있다. 최종 **앙상블 모델**^{ensemble model}은 이렇게 반복적으로 생성된 약한 모델 여러 개를 특정한 방식으로 조합해서 만든다.

배깅^{bagging}은 훈련 데이터의 복제본을 여러 개 만드는데, 각각을 조금씩 다르게 구성한다. 이렇게 만든 훈련 데이터의 복제본마다 약한 학습기로 약한 모델을 만들어서 각각을 하나로 합친다. 배깅 기반 학습 알고리즘 중에서도 가장 효과적이면서 널리 사용되는 것으로 **랜덤 포레스트**^{random forest}가 있다.

7.5.2 랜덤 포레스트

기본^{vanilla} 배깅 알고리즘의 작동 과정은 다음과 같다. 주어진 훈련 집합에 대해 무작위 샘플 $S_b(b = 1, ..., B)$를 B개 만들고, 각각의 샘플 S_b를 훈련 집합으로 사용해서 결정 트리 모델 f_b를 만든다. 어떤 b에 대한 샘플 S_b는 복원 추출$^{sampling\ with\ replacement}$로 구한다. 다시 말해 처음에는 공집합에서 시작하다가, 훈련 집합에서 예제를 하나씩 무작위로 추출해서 그 예제에 대한 복사본을 S_b에 넣는다. 따라서 원본 예제는 훈련 집합에 원본 상태로 유지한다. $|S_b| = N$이 될 때까지 예제를 무작위로 추출하는 작업을 진행한다.

훈련이 끝나면 결정 트리가 B개 생성된다. 회귀 문제에서는 새로운 예제 $\mathbf{x}$에 대해 예측한 결과를 B개의 예측 결과에 대한 평균으로 정한다.

$$y \leftarrow \hat{f}(\mathbf{x}) \stackrel{\text{def}}{=} \frac{1}{B} \sum_{b=1}^{B} f_b(\mathbf{x})$$

분류 문제에서는 다수결로 결정한다.

랜덤 포레스트와 기본 배깅의 차이점은 단 한 가지다. 랜덤 포레스트는 수정된 트리 학습 알고리즘을 사용해서 각 분할 단계마다 특징에 대한 부분집합을 무작위로 선정한 후 검사한다. 이렇게 하는 이유는 트리의 상관관계를 제거하기 위해서다. 몇 가지 특징이 목표^{target}에 결정적인 영향을 미친다면(목표에 대한 강력한 예측 인자$^{strong\ predictor}$라면), 이런 특징을 기준으로 예제를 여러 트리로 분할한다. 그러면 서로 상관관계가 높은 트리들이 '숲(포레스트^{forest})'을 형성하게 된다. 상관관계가 높은 예측 인자^{predictor}는 예측의 정확도를 높이는 데 도움이 되지 않는다. 앙상블 모델이 성능이 너 좋게 나오는 주된 이유는 좋은 모델의 예측 결과는 서로 비슷한 경향이 뚜렷하고 나쁜 모델의 예측 결과는 서로 다른 경향이 뚜렷하기 때문이다. 상관관계가 높으면 나쁜 모델의 예측값이 서로 비슷해져서 다수결이나 평균의 결과가 나빠진다.

튜닝할 하이퍼파라미터 중에서 가장 중요한 것은 트리의 개수와 B와 특징을 분할할 때 적용할 무작위 부분집합의 크기다.

랜덤 포레스트는 앙상블 학습 알고리즘 중에서도 가장 널리 사용되는 것이다. 그렇다면 랜덤 포레스트가 효과적인 이유는 무엇일까? 바로 원본 데이터셋에 대한 샘플을 여러 개 사용해서 최종 모델의 **분산**variance을 줄이기 때문이다. 분산이 낮다는 말은 **오버피팅**이 적다는 뜻이다. 데이터셋에 담긴 예제는 현실에서 볼 수 있는 모든 현상의 일부분만 반영한 것이기 때문에 모델이 데이터셋의 사소한 편차에 민감하게 반응할 때 오버피팅이 발생한다. 그래서 훈련 집합을 제대로 구성하지 못하면 노이즈, 아웃라이어, 과대/과소포장된 예제와 같은 바람직하지 않은 현상이 반영된다. 훈련 집합에 대해 무작위 복원 추출로 샘플(표본)을 여러 개 만들면 이러한 현상을 줄일 수 있다.

7.5.3 그래디언트 부스팅

부스팅 기법을 적용한 앙상블 학습 알고리즘 중에서 효과적인 것으로 **그래디언트 부스팅**gradient boosting이 있다. 먼저 회귀에 대한 그래디언트 부스팅을 살펴보자. 강한 회귀 모델strong regressor을 만들기 위해 (ID3에서 했던 것처럼) 먼저 상수 모델 $f = f_0$부터 시작한다.

$$f = f_0(\mathbf{x}) \stackrel{\text{def}}{=} \frac{1}{N} \sum_{i=1}^{N} y_i$$

그러고 나서 훈련 집합에 있는 $i = 1, \ldots, N$까지의 각 예제에 대한 레이블을 다음과 같이 수정한다.

$$\hat{y}_i \leftarrow y_i - f(\mathbf{x}_i) \tag{7.2}$$

여기서 $\hat{y}_i$은 예제 $\mathbf{x}_i$에 대한 새로운 레이블로서 **잔차**(잔여residual)라 부른다.

이렇게 원본 레이블 대신 잔차로 레이블을 수정한 훈련 집합을 이용해 결정 트리 모델 f_1을 새로 만든다. 이때 부스팅 모델을 $f \stackrel{\text{def}}{=} f_0 + \alpha f_1$로 정의한다. 여기서 α는 학습률learning rate을 가리키는 하이퍼파라미터다.

그러고 나서 식 7.2로 잔차를 다시 계산하고 훈련 데이터에 있는 레이블을 다시 교체한 다음, 결정 트리 모델 f_2를 새로 훈련시키고 부스팅 모델을 $f \stackrel{def}{=} f_0 + \alpha f_1 + \alpha f_2$로 다시 정의한다. 트리를 미리 정의한 최댓값 M개만큼 조합할 때까지 이 과정을 반복한다.

이 과정을 직관적으로 표현하면 다음과 같다. 잔차를 통해 현재 모델 f로 각 훈련 예제의 목푯값을 얼마나 잘 예측했는지 알 수 있다. 그래서 현재 모델에서 발생한 오차를 보완하도록 다른 트리를 다시 훈련시킨다(실제 레이블 대신 잔차를 사용하는 이유가 바로 여기에 있다). 그래서 나온 새 트리에 일정한 가중치 α를 적용해서 기존 모델에 추가한다. 이렇게 매번 새 트리가 추가되면서 이전 트리에서 발생한 오차를 부분적으로 수정하게 된다. 이 과정은 트리가 최대 M개 결합될 때까지 진행된다(M도 하이퍼파라미터다).

그렇다면 이 알고리즘을 그래디언트(기울기) 부스팅이라고 부르는 이유는 무엇일까? 4장에서 본 선형 회귀와 달리 그래디언트 부스팅 과정에서는 기울기를 계산하는 부분이 없다. 선형 회귀에서 기울기를 계산한 이유를 생각해보면, 그래디언트 부스팅과 경사 감소법의 비슷한 점을 찾을 수 있다. 선형 회귀에서 기울기를 계산한 이유는 MSE 비용 함수가 최소에 도달하기 위한 파라미터 값의 이동 방향에 대한 힌트를 얻기 위해서다. 다시 말해 기울기가 바로 파라미터의 이동 방향을 보여주는 것이다. 하지만 그 방향으로 얼마나 진행해야 할지는 알 수 없었다. 그래서 α라는 작은 단위만큼 반복하면서 방향에 대해 재평가했다. 그래디언트 부스팅에서도 마찬가지다. 기울기를 직접 구하지 않고 이를 반영하는 잔차를 사용했을 뿐이다. 다시 말해, 잔차는 오차를 줄이기 위해 모델을 조절하는 방법을 나타낸다.

그래디언트 부스딩에서 튜닝해야 할 대표적인 하이퍼파라미터는 트리 개수, 학습률, 트리 깊이다. 세 개 모두 모델의 정확도에 영향을 미친다. 트리 깊이는 학습률과 예측 속도에도 영향을 미친다. 깊이가 얕을수록 속도가 빨라진다.

잔차를 기준으로 학습시키면 평균 제곱 오차 기준에 따라 전체 모델 f를 최적화할 수 있다. 이 점이 배깅과 다르다. 부스팅은 분산^{variance}이 아닌 편향^{bias}(또는 언더피팅

underfitting)을 줄인다. 따라서 부스팅에서는 오버피팅이 발생할 수 있다. 하지만 트리 개수와 깊이를 조절하면 오버피팅을 크게 줄일 수 있다.

그래디언트 부스팅을 분류 문제에 적용할 때도 비슷하다. 단, 구체적인 과정이 조금 다르다. 이진 분류 문제를 한번 생각해보자. 회귀 결정 트리가 M개 있다고 하자. 로지스틱 회귀와 마찬가지로 앙상블 결정 트리의 예측 모델도 시그모이드 함수로 표현한다.

$$\Pr(y = 1|\mathbf{x}, f) \stackrel{\text{def}}{=} \frac{1}{1 + e^{-f(\mathbf{x})}}$$

여기서 $f(\mathbf{x}) \stackrel{\text{def}}{=} \sum_{m=1}^{M} f_m(\mathbf{x})$고, f_m은 회귀 트리다.

이번에도 로지스틱 회귀와 마찬가지로 최대 가능도 원칙을 적용해서 $L_f = \sum_{i=1}^{N} \ln[\Pr(y_i = 1|\mathbf{x}_i, f)]$를 최대로 하는 f를 찾는다. 여기서도 수치 오버플로가 발생하지 않도록 최댓값을 구할 때 가능도의 곱 대신 로그 가능도의 합을 사용한다.

이 알고리즘은 먼저 초기 상수 모델 $f = f_0 = \frac{p}{1-p} (p = \frac{1}{N} \sum_{i=1}^{N} y_i)$에서 시작한다(이렇게 초기화하는 것이 시그모이드 함수에 최적이다). 그러고 나서 m번째 반복할 때마다 새로운 트리 f_m을 모델에 추가한다. 최적의 트리 f_m을 찾기 위해 각각의 $i = 1, ..., N$에 대해 현재 모델에 대한 편도함수 g_i부터 계산한다.

$$g_i = \frac{dL_f}{df}$$

여기서 f는 이전 $m-1$번째 반복 단계에서 만든 앙상블 분류기 모델이다. g_i를 계산하려면 모든 i에 대해 $\ln[\Pr(y_i = 1|\mathbf{x}_i, f)]$를 f에 대해 미분해야 한다. 여기서 $\ln[\Pr(y_i = 1|\mathbf{x}_i, f)] \stackrel{\text{def}}{=} \ln\left[\frac{1}{1+e^{-f(\mathbf{x}_i)}}\right]$이다. 이전 식에서 우변의 f에 대한 도함수는 $\frac{1}{e^{f(\mathbf{x}_i)}+1}$이다.

그러고 나서 훈련 집합의 원본 레이블 y_i를 각각에 대한 도함수 g_i로 바꾼다. 이렇게 변환한 훈련 집합에 대해 새로운 트리 f_m을 만든다. 그런 다음, 최적의 업데이트 단계

ρ_m을 다음과 같이 구한다.

$$\rho_m \leftarrow \arg\max_{\rho} L_{f+\rho f_m}$$

m번째 반복이 끝날 때마다 새로 생성된 트리 f_m을 추가해서 앙상블 모델 f를 업데이트한다.

$$f \leftarrow f + \alpha \rho_m f_m$$

이 과정을 반복하다가 $m = M$이 되면 멈추고 최종 앙상블 모델 f를 리턴한다.

그래디언트 부스팅은 학습 알고리즘 중에서도 가장 강력한 것으로 손꼽힌다. 생성되는 모델의 정확도가 굉장히 높을 뿐만 아니라 수백만 개의 예제와 특징으로 구성된 방대한 데이터셋을 다룰 수 있기 때문이다. 일반적으로 랜덤 포레스트보다 정확도가 훨씬 높지만, 순차 처리 특성으로 인해 훈련 속도는 크게 떨어지는 편이다.

7.6 레이블 시퀀스 학습

시퀀스^{sequence}는 가장 흔히 볼 수 있는 데이터 구조 중 하나다. 단어나 문장도 시퀀스 형태로 주고받고, 실행할 태스크나 유전자, 음악, 동영상도 시퀀스로 표현하고, 이동 중인 자동차나 주식 가격처럼 연속적으로 관측한 결과도 시퀀스로 처리한다.

시퀀스 레이블링^{sequence labeling}이란 시퀀스를 구성하는 원소의 레이블을 자동으로 할당하는 문제다. 시퀀스 레이블링에서는 레이블이 달린 순차 훈련 예제를 리스트의 쌍 $(\mathbf{X}, \mathbf{Y})$로 표현한다. 여기서 $\mathbf{X}$는 특징 벡터 리스트로서 단계(타임 스텝)마다 하나씩 구성한다. $\mathbf{Y}$는 서로 길이가 같은 레이블에 대한 리스트다. 예를 들어 $\mathbf{X}$는 한 문장에 담긴 단어를 표현할 수 있다(예: ['크고', '아름다운', '자동차']). $\mathbf{Y}$는 각 단어에 대한 정보를 담는다(예: ['형용사', '형용사', '명사']). 이를 수식으로 표현하면 예제 i에 대해 $\mathbf{X}_i = [\mathbf{x}_i^1, \mathbf{x}_i^2, ..., \mathbf{x}_i^{size_i}]$이다. 여기서 $size_i$는 예제 i에 대한 시퀀스의 길이다. 또한 $\mathbf{Y}_i = [y_i^1, y_i^2, ..., y_i^{size_i}]$으로서 $y_i \in \{1, 2, ..., C\}$다.

앞에서 설명했듯이 시퀀스의 레이블을 RNN으로 달 수 있다. 타임 스텝 t마다 입력 특징 벡터 $\mathbf{x}_i^{(t)}$를 읽고, 마지막 순환 계층에서 (이진 레이블링일 때는 스칼라 값인) $y_{last}^{(t)}$ 또는 (다중 레이블이나 다중 클래스일 때는 벡터인) $\mathbf{y}_{last}^{(t)}$를 레이블로 출력한다.

물론 RNN이 아닌 다른 모델로도 시퀀스에 레이블을 달 수 있다. 그중에서 **CRF**Conditional Random Field 모델은 정보가 많이 담긴 특징 벡터에 대해 성능이 상당히 뛰어나다. 예를 들어 **개체명 추출**named entity extraction 작업을 처리하기 위해 문장에 담긴 각 단어마다 레이블을 다는 모델을 만든다고 생각해보자. 예를 들어 "I go to San Francisco"란 문장을 구성하는 각 단어에 대한 레이블을 {location, name, company_name, other}이라는 클래스의 원소로 정한다고 해보자. (단어를 표현하는) 특징 벡터는 "단어가 대문자로 시작하는가?"나 "단어가 위치 목록에 있는가?"와 같이 이진 특징으로 구성할 수 있다. 이런 특징은 유용한 정보를 담고 있어서 San과 Francisco란 두 단어를 location으로 분류하는 데 도움이 된다.

특징을 손으로 일일이 구성하려면 해당 분야에 대한 지식이 풍부한 전문가가 상당한 시간과 노동력을 투입해야 한다.

CRF는 상당히 흥미로운 모델로서 로지스틱 회귀를 시퀀스에 대해 일반화한 버전으로 볼 수 있다. 하지만 실전에서 시퀀스 레이블링 작업을 할 때는 양방향 심층 게이트 RNNbidirectional deep gated RNN의 성능이 훨씬 좋다. 또한 CRF는 훈련 속도가 매우 느려서 훈련 집합이 (수백에서 수천 개의 예제에 달할 정도로) 클 때는 적용하기 힘들다. 참고로 훈련 집합이 클 때는 주로 심층 신경망을 사용한다.

7.7 시퀀스–투–시퀀스 학습

시퀀스–투–시퀀스 학습sequence to-sequence learning(흔히 줄여서 **seq2seq** 학습이라고 한다.)은 시퀀스 레이블링 문제를 일반화한 것이다. seq2seq에서 X_i와 Y_i는 서로 길이가 다를 수 있다. seq2seq 모델은 기계 번역machine translation(예: 입력은 영어 문장이고 출력은 같은 뜻을 가진 불어 문장), 대화형 인터페이스conversational interface(입력은 사용자의 질문이고 출력은 이에 대한 기계의 대답), 문서 요약, 철자 교정 등에서 주로 활용되고 있다.

seq2seq 학습 문제는 대부분 신경망으로 처리하는 것이 좋다. seq2seq에서 사용하는 신경망은 **인코더**encoder와 **디코더**decoder라는 두 부분으로 구성된다.

seq2seq 신경망 학습에서 인코더는 순차적인sequential 입력을 받는 신경망이며 RNN, CNN을 비롯한 다양한 구조로 만들 수 있다. 인코더의 역할은 입력을 읽어서 특정한 (RNN에서 말하는 상태와 비슷한) 상태를 생성하는 것이다. 이때 상태state는 입력값의 의미를 기계가 다룰 수 있도록 숫자로 표현한 것과 같다. 대상이 이미지든 텍스트든 동영상이든 관계없이 그 의미를 주로 실수로 구성된 벡터나 행렬로 표현한다. 머신 러닝에서 이런 벡터나 행렬을 입력에 대한 **임베딩**embedding이라 부른다.

디코더 역시 신경망으로서 임베딩을 입력받아서 출력 시퀀스를 생성한다. 이미 눈치챘겠지만 여기서 받는 임베딩은 인코더에서 나온 것이다. 디코더가 출력 시퀀스를 생성하는 과정은 다음과 같다. 먼저 시퀀스의 시작점인 입력 특징 벡터 $\mathbf{x}^{(0)}$(일반적으로 모두 0으로 구성)을 받아서 첫 번째 출력 $\mathbf{y}^{(1)}$을 생성하고, 임베딩과 입력 $\mathbf{x}^{(0)}$을 결합해서 상태를 업데이트하고, 앞에서 구한 출력 $\mathbf{y}^{(1)}$을 다음 번 입력 $\mathbf{x}^{(1)}$로 사용한다. 간단히 구성하기 위해 $\mathbf{y}^{(t)}$의 차원과 $\mathbf{x}^{(t)}$의 차원을 같게 만들 수 있지만, 반드시 그럴 필요는 없다. 6장에서 본 것처럼 RNN을 구성하는 각 계층은 여러 출력을 동시에 생성할 수 있다. 어떤 것은 레이블 $\mathbf{y}^{(t)}$를 생성하는 데 사용될 수 있는 반면, 차원이 다른 어떤 것은 $\mathbf{x}^{(t)}$로 사용할 수도 있다.

인코더와 디코더는 훈련 데이터를 동시에 학습한다. 디코더 출력에서 발생한 에러는 역전파를 통해 인코더로 전달된다.

그림 7.4는 기존에 흔히 사용하는 seq2seq 구조를 보여준다. **어텐션**attention을 적용하면 정확도를 좀 더 높일 수 있다. 어텐션 메커니즘은 인코더의 일부 정보(RNN의 경우, 이 정보는 모든 인코더 타임 스텝에 대한 마지막 순환 계층의 상태 벡터 리스트다.)와 디코더의 현재 상태를

조합한 파라미터 집합을 추가해서 레이블을 생성하는 방식으로 구현한다. 이렇게 하면 게이트 유닛과 양방향 RNN보다 장기 의존성/기억력을 높일 수 있다.

그림 7.5는 어텐션을 적용한 seq2seq 구조를 보여주고 있다.

seq2seq 학습은 다소 최근에 등장한 연구 분야다. 현재도 꾸준히 새로운 신경망 구조가 발표되고 있다. 이런 구조는 튜닝할 하이퍼파라미터와 구조에 관련된 결정 사항이 상당히 많아서 훈련시키기가 쉽지 않다.

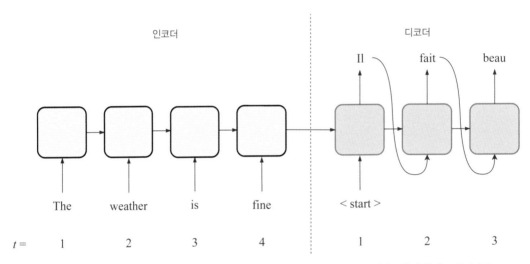

그림 7.4 기존에 흔히 사용하던 seq2seq 구조. 일반적으로 임베딩은 인코더의 마지막 계층의 상태로 주어진다. 그림에서 임베딩은 파란색 부분 신경망에서 자주색 부분 신경망으로 전달된다.

7.8 액티브 러닝

지도 학습 기법 중에는 **액티브 러닝**active learning이라는 흥미로운 기법도 있다. 이 기법은 주로 레이블이 달린 예제를 구하기가 상당히 힘들 때 사용한다. 의료나 금융 분야에서 이런 경우가 많은데, 환자 데이터나 고객 데이터에 레이블을 달려면 전문가의 도움이 필요하기 때문이다. 기본 개념은 레이블이 없는 예제는 많고 레이블이 달린 예제는 상대적으로 적을 때, 모델의 품질 향상에 가장 도움이 되는 예제만 레이블을 다는 것이다.

액티브 러닝은 다양한 방식으로 할 수 있는데, 그중 두 가지만 소개하면 다음과 같다.

1. 데이터의 밀도와 불확실성을 이용한 기법
2. 서포트 벡터를 이용한 기법

첫 번째 기법은 현재 확보한 레이블이 달린 예제로 훈련시킨 현재 모델 f를 레이블이 없는 나머지 예제에 하나씩 적용한다(또는 컴퓨팅 시간을 절약하기 위해 그중에서 무작위로 추출한 샘플만 적용한다). 레이블이 없는 예제 $\mathbf{x}$마다 $density(\mathbf{x}) \cdot uncertainty_f(\mathbf{x})$로 중요도 점수importance score를 계산한다. 여기서 $density(\mathbf{x})$는 인접한 이웃 중에서 $\mathbf{x}$ 주변에 예제가 얼마나 많이 몰려 있는지(밀도density)를 나타내고, $uncertainty_f(\mathbf{x})$는 모델 f가 $\mathbf{x}$에 대해 한 예측이 얼마나 불확실한지(불확실성uncertainty)를 나타낸다. 시그모이드를 이용한 이진 분류에서는 예측 점수가 0.5에 가까울수록 예측의 불확실성이 커진다. SVM에서는 예제가 결정 경계에 가까울수록 예측의 불확실성이 커진다.

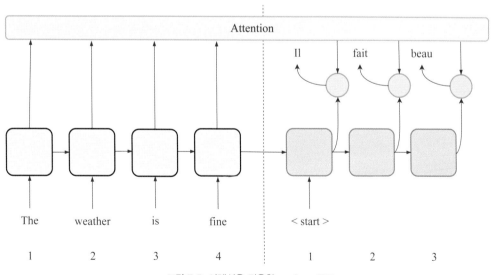

그림 7.5 어텐션을 적용한 seq2seq 구조

다중 클래스 분류에서는 불확실성의 척도로 엔트로피를 사용한다.

$$H_f(\mathbf{x}) = -\sum_{c=1}^{C} \Pr(y^{(c)}; f(\mathbf{x})) \ln\left[\Pr(y^{(c)}; f(\mathbf{x}))\right]$$

여기서 $\Pr(y^{(c)}; f(\mathbf{x}))$는 모델 f가 $\mathbf{x}$를 $y^{(c)}$ 클래스로 분류할 확률 점수probability score다. 각 $y^{(c)}$마다 $f(y^{(c)}) = \dfrac{1}{C}$이면, 모델은 가장 불확실하고 엔트로피는 최댓값인 1이 된다. 반면 어떤 $y^{(c)}$에 대해 $f(y^{(c)}) = 1$이면 모델은 $y^{(c)}$ 클래스를 확실히 분류할 수 있고 엔트로피는 최솟값인 0이다.

예제 $\mathbf{x}$의 밀도는 $\mathbf{x}$와 최근접 이웃 k개 사이의 거리에 대한 평균으로 구할 수 있다(여기서 k는 하이퍼파라미터다).

레이블이 없는 예제에 대한 중요도 점수를 구했다면, 점수가 가장 높은 것만 골라서 전문가에게 레이블 작업을 요청한다. 이렇게 새로 확보한 레이블이 달린 예제를 훈련 집합에 추가하고, 모델을 다시 빌드해 앞에서 설명한 과정을 계속 진행하다가 일정한 중단 조건stopping criterion을 만족하면 멈춘다. 중단 조건은 현재 주어진 예산으로 전문가에게 요청할 수 있는 최대 개수와 같이 사전에 정할 수도 있고, 원하는 모델 성능에 따라 정할 수도 있다.

액티브 러닝을 서포트 벡터로 할 때는 먼저 레이블이 달린 데이터로 SVM 모델을 만든다. 그러고 나서 레이블이 없는 예제 중에서 두 클래스를 구분하는 초평면에 가까운 예제만 골라서 전문가에게 레이블 작업을 요청한다. 예제가 초평면에 가까이 있다면 확실성이 가장 낮아서 학습으로 찾으려는 초평면이 놓일 후보 지점을 줄이는 데 큰 영향을 미치기 때문이다.

전문가의 레이블 작업 비용까지 반영하는 액티브 러닝 기법도 있다. 또한 전문가의 의견을 물어보도록 학습하는 기법도 있다. QBCQuery By Committee라는 기법은 다양한 기법으로 모델을 여러 개 훈련시켜서 각 모델 사이에서 가장 일치하지 않는 예제에 대해서만 전문가에게 레이블 작업을 요청한다. 또 어떤 기법은 모델의 분산이나 편향을 최대한 줄일 수 있는 예제만 레이블 작업을 맡기도록 선정한다.

7.9 준지도 학습

준지도 학습(SSL^Semi-Supervised Learning)은 데이터셋의 일부분만 레이블이 달려 있고, 대다수를 차지하는 나머지는 레이블이 없는 상태에서 학습을 진행하는 방식이다. 이때 목표는 레이블이 달린 예제를 더 추가하지 않고도 레이블이 없는 예제를 최대한 활용해 모델의 성능을 높이는 것이다.

지금까지 이 문제를 풀기 위한 다양한 시도가 있었다. 하지만 그중에서 널리 인정받거나 실전에서 널리 적용되는 것은 없다. SSL을 **자가 학습**^self-learning이라고도 부른다. 자가 학습은 먼저 레이블이 달린 예제에 대해 학습 알고리즘을 적용해 초기 모델을 만든다. 이렇게 만든 모델을 레이블이 없는 예제에 적용해서 레이블을 단다. 레이블이 없는 예제 $\mathbf{x}$에 대한 예측의 신뢰도 점수^confidence score가 (실험으로 구한) 문턱값보다 높으면, 그 레이블이 달린 예제를 훈련 집합에 추가해서 모델을 다시 훈련시킨다. 이 과정은 중단 조건을 만족할 때까지 반복된다. 중단 조건은 모델의 정확도가 더 이상 나아지지 않은 상태로 m번 반복하면 멈추는 식으로 지정한다.

이렇게 하면 원래 주어진 레이블이 달린 데이터셋으로만 훈련시킬 때보다 모델 성능을 좀 더 높일 수 있다. 하지만 성능 향상 폭은 그리 크지 않다. 게다가 실전에서 모델의 품질이 오히려 떨어질 수 있다. 품질은 데이터에 대한 통계 분포의 속성에 크게 영향을 받는데, 분포를 알 수 없을 때가 많기 때문이다.

하지만 최근 발표된 신경망 학습 기술 중에 놀라운 결과를 보여주는 것이 있다. 가령 MNIST를 비롯한 몇몇 데이터셋에 대해 준지도 학습 방식으로 훈련된 모델은 클래스마다 레이블이 달린 예제가 열 개뿐이어도(전체 예제는 100개) 거의 완벽한 성능을 보여줬다. 참고로 MNIST는 컴퓨터 비전에서 흔히 사용하는 테스트벤치며, 0부터 9까지의 숫자를 손으로 쓴, 레이블이 달린 이미지 70,000개로 구성돼 있다. 그중 60,000개는 훈련용이고 10,000개는 테스트용이다. 이처럼 놀라운 성능을 낸 신경망 구조가 바로 **래더 네트워크**^{ladder network}다. 래더 네트워크를 이해하려면 **오토인코더**^{autoencoder}부터 알아야 한다.

오토인코더는 인코더-디코더 구조로 된 피드포워드 신경망이며, 입력을 재구성하도록 훈련시킨다. 따라서 훈련 예제는 $(\mathbf{x}, \mathbf{x})$의 쌍으로 구성하고 모델 $f(\mathbf{x})$의 출력 $\hat{\mathbf{x}}$이 입력 $\mathbf{x}$와 최대한 비슷해지게 만든다.

좀 더 구체적으로 설명하면, 오토인코더의 신경망은 모래시계 형태를 띤다. 이 신경망의 중간에 있는 **병목 계층**^{bottleneck layer}은 D차원 입력 벡터에 대한 임베딩을 갖고 있는데, 임베딩 계층에 있는 유닛의 수는 대체로 D보다 적기 때문이다. 디코더의 목적은 이러한 임베딩으로부터 입력 특징 벡터를 재구성하는 것이다. 이론적으로 병목 계층에 유닛이 열 개면 충분히 MNIST 이미지를 인코딩할 수 있다. 그림 7.6은 전형적인 오토인코더의 구조를 보여주고 있다. 여기서 비용 함수는 (특징의 개수에 제한이 없을 때는) 평균 제곱 오차를, (특징이 두 가지고 디코더의 마지막 계층의 유닛에 있는 활성화 함수가 시그모이드라면) 이진 교차 엔트로피를 사용한다. 평균 제곱 오차로 비용을 구할 때는 다음과 같이 계산한다.

$$\frac{1}{N} \sum_{i=1}^{N} \|\mathbf{x}_i - f(\mathbf{x}_i)\|^2$$

여기서 $\|\mathbf{x}_i - f(\mathbf{x}_i)\|$는 두 벡터 사이의 유클리드 거리다.

디노이징 오토인코더^{denoising autoencoder}(노이즈 제거 오토인코더)는 훈련 예제 $(\mathbf{x}, \mathbf{x})$에서 왼쪽 $\mathbf{x}$를 손상시키도록 특징에 무작위 변화^{random perturbation}를 추가한다. 예제가 픽셀마다 0과 1 사이 값으로 표현하는 흑백 이미지일 때는 주로 **가우시안 노이즈**^{Gaussian noise}를 각각의 특징에 추가한다. 입력 특징 벡터 $\mathbf{x}$의 특징 j마다 노이즈 $n^{(j)}$는 **가우시안 분포**에 따라 샘플을 추출한다.

$$n^{(j)} \sim \mathcal{N}(\mu, \sigma^2)$$

여기서 ~는 '샘플을 추출한다.'는 뜻이고, $\mathcal{N}(\mu, \sigma^2)$은 pdf가 다음과 같을 때 표준편차

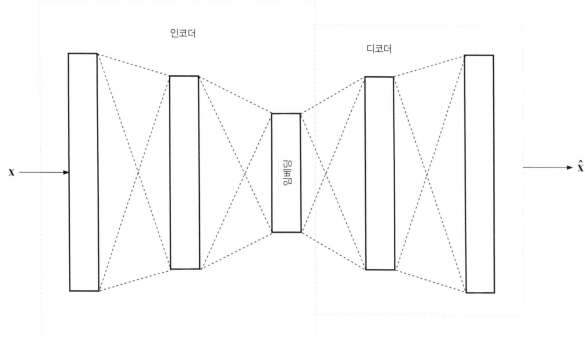

그림 7.6 오토인코더

가 μ고 평균이 σ인 가우시안 분포다.

$$f_{\boldsymbol{\theta}}(z) = \frac{1}{\sigma\sqrt{2\pi}} \exp\left(-\frac{(z-\mu)^2}{2\sigma^2}\right)$$

이 식에서 π는 상수 $3.14159\ldots$이고, θ는 하이퍼파라미터다($\theta \stackrel{\text{def}}{=} [\mu, \sigma]$). 특징 $x^{(j)}$를 손상시켜서 새로 구한 값은 $x^{(j)} + n^{(j)}$로 구한다.

래더 네트워크는 디노이징 오토인코더를 개선한 것이다. 인코더와 디코더의 계층 수는 기존과 같다. 병목 계층은 소프트맥스 활성화 함수를 이용해 레이블을 예측한다. 래더 네트워크는 비용 함수가 여러 개 있다. 인코더의 각 계층 l과 이에 대응되는 디코더의 계층 l마다 비용 C_d^l은 (유클리드 거리의 제곱으로 구한) 두 계층의 출력 사이의 차이에 대해 페널티를 부과한다. 레이블이 달린 예제로 훈련할 때는 다른 비용 함수 C_c

를 이용해 레이블 예측 오차에 대한 페널티를 부과한다(이때 음의 로그 가능도 비용 함수를 사용한다). 두 가지를 결합한 (배치에 있는 모든 예제에 대한 평균을 구하는) 비용 함수인 $C_c + \sum_{l=1}^{L} \lambda_l C_d^l$은 역전파를 적용한 미니배치 확률 경사 감소법$^{minibatch\ stochastic}$ $^{gradient\ descent\ with\ backpropagation}$으로 최적화한다. 각 계층 l에 대한 하이퍼파라미터 λ_l은 분류 비용과 인코딩-디코딩 비용 사이의 균형점^{tradeoff}을 결정한다.

래더 네트워크에서는 입력뿐만 아니라 (훈련시키는 동안) 각 인코더 계층의 출력도 노이즈로 손상시킨다. 훈련시킨 모델을 새로운 입력 **x**에 적용해서 레이블을 예측할 때는 입력을 손상시키지 않는다.

신경망을 훈련시키는 방식이 아닌 준지도 학습 기법도 있다. 가령 어떤 기법은 레이블이 달린 데이터로 모델을 구축하고 나서 (9장에서 설명할) 군집화 기법을 이용해 레이블이 없는 예제와 레이블이 있는 예제를 한데 묶고, 이렇게 만든 새로운 예제마다 군집에서 가장 많이 나온 레이블을 예측값으로 출력한다.

SVM에 기반을 둔 S3VM이란 기법도 있다. 레이블이 없는 예제에 대해 달 수 있는 레이블마다 SVM 모델을 하나씩 만든다. 그리고 나서 마진^{margin}이 가장 큰 모델을 선택한다. S3VM 관련 논문을 보면 주어진 레이블을 모두 일일이 나열하지 않고도 문제를 푸는 방식을 사용하고 있다.

7.10 원샷 러닝

지도 학습 기법 중에서 빠뜨릴 수 없는 두 가지 기법이 있다. 그중 하나는 얼굴 인식$^{face\ recognition}$에 주로 적용하는 **원샷 러닝**$^{one-shot\ learning}$이다. 이 기법은 동일한 인물에 대한 사진 두 장을 통해 같은 사람으로 인식할 수 있는 모델을 구축한다. 이때 서로 다른 두 사람에 대한 사진 두 장을 입력하면 서로 다른 사람이라고 인식하도록 만든다.

이 문제를 기존 방식을 이용해 이미지 두 개를 입력받아서 (두 사진에 담긴 인물이 같은 사람이면) 참 또는 (두 사진에 담긴 인물이 서로 다른 사람이면) 거짓이라고 예측하는 이진 분류기를 만드는 방식으로도 풀 수 있다. 하지만 신경망이 두 배나 커진다. 두 사진에 대해 각각 임베딩 서브네트워크(부분 신경망)를 만들어야 하기 때문이다. 이런 신경망은 훈련시키는 것이 매우 힘들다. 크기가 클 뿐만 아니라 음의 예제보다 양의 예제를 구하기가 훨씬 힘들기 때문이다. 따라서 문제가 한쪽으로 쏠리기 쉽다.

이 문제를 효과적으로 해결하기 위한 한 가지 방법은 **SNN**^{Siamese Neural Network}(샴 네트워크. 샴 신경망)을 훈련시키는 것이다. SNN은 CNN, RNN, MLP를 비롯한 어떠한 신경망으로도 구현할 수 있다. 이 신경망은 한 번에 이미지 한 개만 입력받는다. 그래서 신경망의 크기가 두 배로 커지지 않는다. 입력 사진 한 개만으로 '같은 사람'과 '다른 사람'이란 레이블을 예측하는 이진 분류기를 만들려면 SNN을 특별한 방식으로 훈련시켜야 한다.

SNN을 훈련시키려면 **삼중항 손실 함수**^{triplet loss function}를 사용한다. 예를 들어 얼굴 하나에 대해 (기준^{anchor}이 되는) 이미지 A와 (양에 대한) 이미지 P와 (음에 대한) 이미지 N이라는 세 가지 이미지가 있다고 하자. 여기서 A와 P는 같은 사람을 담고 있으며, N은 다른 사람을 담고 있다. 각 훈련 예제 i마다 (A_i, P_i, N_i)와 같이 삼중항을 만들 수 있다.

여기서 얼굴 사진을 입력받아 그 사진의 임베딩을 출력하는 신경망 모델 f가 있다고 하자. 예제 i에 대한 삼중항 손실값은 다음과 같이 정의한다.

$$\max(\|f(A_i) - f(P_i)\|^2 - \|f(A_i) - f(N_i)\|^2 + \alpha, 0) \tag{7.3}$$

비용 함수는 다음과 같이 평균 삼중항 손실로 정의한다.

$$\frac{1}{N} \sum_{i=1}^{N} \max(\|f(A_i) - f(P_i)\|^2 - \|f(A_i) - f(N_i)\|^2 + \alpha, 0)$$

여기서 α는 양의 값을 갖는 하이퍼파라미터다. 직관적으로 설명해서, 신경망 출력이 A와 P에 대한 임베딩 벡터와 비슷하면 $\|f(A) - f(P)\|^2$ 값이 작다. 반면 서로 다른 두 사람에 대한 그림의 임베딩이 서로 다르면 $\|f(A_i) - f(N_i)\|^2$ 값이 크다. 모델이

정상적으로 작동한다면 $m = \|f(A_i) - f(P_i)\|^2 - \|f(A_i) - f(N_i)\|^2$ 항은 항상 음수다. 작은 값에서 큰 값을 빼기 때문이다. α 값을 크게 설정하면 m 항을 더 작아지도록 학습해서, 서로 같은 두 얼굴과 서로 다른 두 얼굴을 큰 마진으로 인식하는 모델을 만들 수 있다. m이 충분히 작지 않으면 α 때문에 비용이 양이 되기 때문에 모델 파라미터가 역전파 단계에서 조정된다.

훈련용 삼중항을 만들 때 N에 대한 이미지를 무작위로 고르지 말고 여러 에포크를 거친 현재 모델을 이용해 A, P와 비슷한 것 중에서 N에 대한 후보를 구하는 것이 낫다. 무작위 예제를 N으로 사용하면 훈련 속도가 상당히 느려진다. 신경망이 무작위로 고른 두 사람의 사진 사이에서 차이점을 쉽게 찾기 때문이다. 따라서 평균 삼중항 손실이 대부분 낮게 나와서 파라미터 업데이트 속도가 떨어진다.

SNN을 구축하려면 먼저 신경망 구조부터 결정해야 한다. 입력이 이미지일 때는 흔히 CNN을 사용한다. 주어진 예제에 대해 평균 삼중항 손실을 구하기 위해서는 모델을 A와 P와 N에 순차적으로 적용한다. 그리고 나서 식 7.3으로 주어진 예제에 대한 손실을 계산한다. 배치에 있는 모든 삼중항에 대해 이 과정을 반복해서 비용을 계산한다. 역전파를 적용한 경사 감소법은 이렇게 구한 비용을 신경망에 전파해서 파라미터를 업데이트한다.

흔히 원샷 러닝의 훈련 단계에서 각 개체마다 예제 하나만 있으면 된다고 오해하는 사람이 많다. 실제로는 각 사람마다 예제가 한 개 이상 있어야 인식 모델을 정확하게 만들 수 있다. 원샷이란 이름이 붙은 이유는 주로 얼굴 기반 인증 분야에서 활용하기 때문이다. 예를 들어 스마트폰의 화면 잠금을 해제할 때 이런 모델을 활용한다. 모델이 좋으면 사람에 대한 이미지가 하나만 있어도 충분히 인식할 수 있다. 확보한 모델로 두 사진 A와 $\hat{A}$에 담긴 사람이 동일 인물인지 판단하려면 $\|f(A) - f(\hat{A})\|^2$이 하이퍼파라미터인 τ보다 작은지 검사하면 된다.

7.11 제로샷 러닝

이 장에서 마지막으로 소개할 기법은 **제로샷 러닝**zero-shot learning(ZSL)이다. 이 기법은 새롭게 등장한 분야로서 실용성이 뛰어나다고 증명된 알고리즘이 아직 없다. 따라서 여기서는 기본 개념만 소개하므로 자세히 알고 싶은 독자는 참고 문헌을 읽어보길 바란다. ZSL에서는 객체에 레이블을 할당하는 모델을 훈련시킨다. 주로 이미지에 레이블을 달도록 학습시킬 때 많이 사용한다.

하지만 기존 분류 기법과 달리 훈련 데이터에 없는 레이블을 예측할 수 있게 모델을 만든다. 어떻게 이렇게 할 수 있을까?

그 비결은 임베딩이 입력 $\mathbf{x}$뿐만 아니라 출력 y도 표현하기 때문이다. 가령 모든 영어 단어마다 다음과 같은 속성을 갖는 임베딩 벡터를 생성하는 모델이 있다고 해보자. 단어 y_i가 단어 y_k와 뜻이 비슷하다면 두 단어에 대한 임베딩 벡터도 비슷해진다. 예를 들어 y_i가 *Paris*고 y_k가 *Rome*이라면 각각의 임베딩도 서로 비슷하다. 반면 y_k가 *potato*면 y_i와 y_k의 임베딩은 서로 달라진다. 이러한 임베딩 벡터를 **단어 임베딩**word embedding이라 부른다. 단어 임베딩을 비교할 때는 주로 코사인 유사도를 사용한다.[1]

단어 임베딩은 임베딩의 각 차원마다 단어의 의미에 대한 구체적인 특징을 표현한다. 예를 들어 4차원 단어 임베딩의 각 차원은 동물, 추상, 신맛, 노란색과 같은 의미에 대한 특징을 표현할 수 있다(일반적으로 50에서 300차원을 사용한다). 따라서 bee란 단어에 대한 임베딩은 [1, 0, 0, 1]로, yellow란 단어에 대한 임베딩은 [0, 1, 0, 1]로, unicorn이란 단어에 대한 임베딩은 [1, 1, 0, 0]으로 표현할 수 있다. 각 임베딩의 값은 방대한 텍스트 코퍼스text corpus용 특수 훈련 프로시저로 구한다.

그렇다면 분류 문제에서 훈련 집합에 있는 각 예제 i에 대한 레이블 y_i를 단어 임베딩으로 바꿔서, 단어 임베딩을 예측하는 다중 레이블 모델을 훈련시킬 수 있다. 새로운 에세 $\mathbf{x}$에 대한 레이블을 구하려면 모델 f를 $\mathbf{x}$에 적용한 후 임베딩 $\hat{y}$을 구해서 모든 영어 단어 중에서 코사인 유사도를 기준으로 $\hat{y}$과 임베딩이 가장 비슷한 단어를 검색하

---

1 데이터에서 단어 임베딩을 학습하는 방법은 10장에서 소개한다.

면 된다.

이 방식이 효과적인 이유는 무엇일까? 예를 들어 얼룩말이란 예를 생각해보자. 얼룩말은 흰색이고, 포유류고, 줄무늬가 있다. 또 흰동가리를 보면, 주황색이고, 포유류가 아니고, 줄무늬가 있다. 이번에는 호랑이를 생각해보자. 주황색이고, 줄무늬가 있고, 포유류다. 이러한 세 가지 특징을 단어 임베딩으로 표현해 사진에서 이와 같은 특징을 감지하도록 CNN을 학습시킬 수 있다. 훈련 데이터에 '호랑이'란 레이블은 없지만 '얼룩말'과 '흰동가리' 등은 있다면, CNN은 '포유류', '주황색', '줄무늬'란 개념을 학습해서 각 객체에 대한 레이블을 충분히 예측할 수 있다. 호랑이가 있는 사진을 모델에 입력하면, 사진에서 세 가지 특징을 정확히 인식해 영어 사전에 나온 단어 중에서 단어 임베딩이 입력과 가장 가까운 단어를 찾아 '호랑이'라고 예측할 확률이 높다.

08

고급 기법

이 장에서는 실전에서 유용하게 써먹을 만한 기법을 소개한다. 여기서 소개할 기법을 '고급 기법'이라고 부르는 이유는 기법 자체가 복잡해서가 아니라, 굉장히 특수한 경우에 적용되기 때문이다. 실전에서 이러한 기법을 사용할 일이 그리 많지 않지만, 간혹 굉장히 유용할 때가 있다.

8.1 불균형 데이터셋 처리하기

실전에서 훈련 데이터에 특정한 클래스의 예제가 제대로 표현되지 않을 때가 종종 있다. 가령 전자상거래의 진짜 트랜잭션과 가짜 트랜잭션을 구분할 때 진짜 트랜잭션에 대한 예제가 훨씬 많을 때가 이런 경우에 해당한다. 소프트 마진 SVM에서는 잘못 분류된 예제에 대한 비용을 정의할 수 있다. 훈련 데이터에는 항상 노이즈가 존재하는데, 앞서 정의한 비용이 이러한 노이즈에 영향을 받아 진짜 트랜잭션에 대한 예제 중 상당수가 결정 경계의 반대편에 놓이게 될 가능성이 높다.

SVM 알고리즘은 예제가 잘못 분류되는 경우를 최대한 피하는 방향으로 초평면을 이

동시킨다. 다수를 차지하는 클래스를 정확히 분류하려는 과정에서 훈련 데이터에서 비중이 낮은 가짜 트랜잭션 예제를 잘못 분류할 위험이 발생한다. 그림 8.1(a)는 이런 상황을 보여주고 있다. 불균형imbalanced 데이터셋을 학습하는 알고리즘에서 이런 현상이 많이 발생한다.

소수에 해당하는 클래스 예제를 잘못 분류할 때의 비용을 높게 설정하면, 여기에 속한 예제들을 잘못 분류하지 않는 데 좀 더 신경 쓰게 된다. 그러다 보면 그림 8.1(b)에 나온 것처럼 다수를 차지하는 예제 중 일부가 잘못 분류되는 경우가 발생한다.

일부 SVM 구현에서는 클래스마다 가중치를 지정할 수 있다. 이러한 학습 알고리즘은 주어진 가중치 정보를 고려해 최적의 초평면을 구한다.

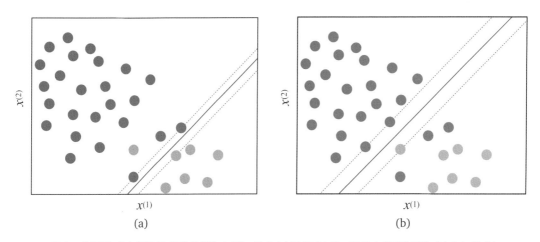

그림 8.1 불균형 데이터셋으로 인해 발생할 수 있는 문제: (a) 두 클래스의 가중치가 똑같은 경우, (b) 소수 클래스 예제에 가중치를 높게 설정한 경우

가중치를 설정할 수 없는 학습 알고리즘에서는 **오버샘플링**oversampling 기법을 적용하면 된다. 이 기법은 특정 클래스에 속한 예제의 복제본을 여러 개 만들어서 그 클래스 예제의 중요도를 높인다.

이와 반대로 다수를 차지하는 클래스의 예제를 무작위로 제거하는 **언더샘플링**undersampling

이란 기법도 있다.

또한 소수에 해당하는 클래스 예제의 특징 값들을 무작위로 샘플링해서 예제를 합성하는 방법도 있다. 이렇게 합성 예제synthetic example를 생성해서 소수 클래스를 오버샘플링하는 알고리즘 중에서도 **SMOTE**Synthetic Minority Oversampling Technique와 **ADASYN**Adaptive Synthetic Sampling Method이 특히 유명하다.

SMOTE와 ADASYN은 여러 측면에서 볼 때 작동 방식이 서로 비슷하다. 소수 클래스 예제 $\mathbf{x}_i$ 중에서 최근접 이웃 k개를 골라서 집합 S_k를 구성한 다음, 합성 예제 $\mathbf{x}_{new}$를 $\mathbf{x}_i + \lambda(\mathbf{x}_{zi} - \mathbf{x}_i)$로 생성한다. 여기서 $\mathbf{x}_{zi}$는 S_k에서 무작위로 고른 소수 클래스 예제의 하나다. 여기서 λ는 보간에 대한 하이퍼파라미터로서 [0, 1] 구간에 있는 무작위 숫자다.

SMOTE와 ADASYN은 데이터셋에서 나올 수 있는 모든 $\mathbf{x}_i$를 무작위로 뽑는다. ADASYN에서는 각 $\mathbf{x}_i$에 대해 생성된 합성 예제의 개수가 S_k에서 소수 클래스에 속하지 않는 예제의 개수에 비례한다. 따라서 합성 예제가 많을수록 소수 클래스 예제가 드문 영역에 합성 예제가 더 많이 생성된다.

데이터셋의 불균형에 크게 영향을 받지 않는 알고리즘도 있다. 결정 트리나 랜덤 포레스트, 그래디언트 부스팅 등은 불균형 데이터셋에 대해서도 성능이 잘 나올 때가 많다.

8.2 모델 조합하기

랜덤 포레스트와 같은 앙상블 알고리즘은 속성이 같은 모델끼리 합칠 때가 많다. 이런 알고리즘은 약한 모델 수백 개를 합쳐서 성능을 높인다. 실전에서는 성격이 다른 알고리즘으로 만든 강한 모델을 조합해서 성능을 더욱 높일 때가 종종 있다. 이럴 때는 대체로 두세 개 모델만 사용한다.

모델을 조합하는 방식은 크게 세 가지로, 1) 평균 내기, 2) 다수결 투표, 3) 모델 쌓기 등이 있다.

평균 내기^{averaging} 방식은 회귀뿐만 아니라 분류 점수를 리턴하는 분류 모델에 적합하다. 단순히 모든 모델(베이스 모델^{base model})에 입력 $\mathbf{x}$를 적용한 뒤, 각 예측 결과의 평균을 구한다. 각 알고리즘을 하나씩 사용할 때보다 평균 내기 방식으로 조합한 모델이 얼마나 좋은지 확인하려면, 검증 집합에 대해 실행해보고 원하는 척도로 평가해보면된다.

다수결 투표^{majority vote} 방식은 분류 모델에 적합하다. 모든 베이스 모델에 입력 $\mathbf{x}$를 적용한 뒤, 전체 예측 결과에서 다수를 차지하는 클래스를 리턴한다. 투표 결과가 비슷하다면 여러 클래스 중 아무거나 하나를 고르거나, (잘못 분류함으로써 발생할 수 있는 피해가 상당히 크다면) 에러 메시지를 리턴하도록 처리한다.

모델 쌓기^{stacking} 방식은 베이스 모델의 출력을 입력받는 메타 모델을 구축한다. 가령 서로 동일한 클래스 집합을 예측하는 분류기 f_1과 f_2를 조합한다고 생각해보자. 두 분류기를 쌓아서 만든 모델을 위한 훈련 예제 $(\hat{\mathbf{x}}_i, \hat{y}_i)$을 생성하도록 $\hat{\mathbf{x}}_i$은 $[f_1(\mathbf{x}), f_2(\mathbf{x})]$로, $\hat{y}_i$은 y_i로 설정한다.

베이스 모델 중 일부가 클래스 레이블이 아닌, 각 클래스에 대한 점수를 리턴한다면, 이 값을 특징값으로 사용할 수 있다.

모델 쌓기 방식으로 만든 모델을 학습시키려면 훈련 집합에 있는 예제를 사용하고, 교차 검증을 이용해 모델 쌓기로 만든 모델의 하이퍼파라미터를 튜닝한다.

여러 모델을 조합하면 성능이 좋아지는 이유는 서로 상관관계가 없는 강한 모델의 결과가 일치하면 정확한 결과일 가능성이 높기 때문이다. 이때 서로 상관관계가 없어야하는 점이 중요하다. 이상적으로는 베이스 모델을 서로 다른 특징이나 성격이 다른 알고리즘으로 만든 것을 사용하는 것이 좋다. 가령 SVM과 랜덤 포레스트를 조합한다. 결정 트리 학습 알고리즘의 다양한 변종을 조합하거나 하이퍼파라미터만 다르게 지정한 SVM 모델들을 조합하면 성능 향상 폭이 크지 않을 수 있다.

8.3 신경망 학습시키기

신경망을 학습시킬 때 힘든 점 중 하나는 데이터를 신경망이 처리할 수 있는 입력 형태로 변환하는 것이다. 입력이 이미지라면 가장 먼저 모든 이미지를 동일한 크기로 조정해야 한다. 그리고 나서 대체로 픽셀을 표준화해서 구간 [0, 1]로 정규화한다.

텍스트 데이터는 토큰화해야 한다. 다시 말해 단어나 구두점을 비롯한 일정한 기준에 따라 텍스트를 여러 조각으로 나눠야 한다. CNN과 RNN에서는 원핫 인코딩으로 각 토큰을 벡터로 변환한다. 그래서 텍스트를 원핫 벡터들의 리스트로 만든다. 이보다 좋은 방법으로 **단어 임베딩**word embedding이 있다. 다층 퍼셉트론에서는 텍스트를 벡터로 변환할 때 BoW 기법으로 처리하면 된다. 특히 텍스트가 (SMS 메시지나 트위터 메시지보다) 클 때 적합하다.

신경망 구조를 선정하는 것도 고민거리다. 가령 seq2seq 학습이란 한 가지 문제에 대해서만 다양한 신경망 구조가 나와 있으며, 거의 매년 새로운 구조가 제안되고 있다. 구글 스콜라Google Scholar나 마이크로소프트 아카데믹Microsoft Academic 검색 엔진에서 키워드와 기간을 지정하고 주어진 문제에 가장 적합한 최신 솔루션을 반드시 찾아보길 바란다. 나온 지 좀 된 구조로 처리해도 문제없다면, 이를 구현한 코드가 깃허브에 있는지 찾아보고 주어진 데이터에서 변경할 사항이 가장 적은 것을 골라서 적용하면 좋다.

실전에서는 최신 구조와 나온 지 좀 된 구조의 성능 차이가 그리 크지 않을 때가 많다. 구조의 최신 여부에 신경 쓰기보다는 데이터 전처리를 잘하고, 데이터를 잘 정리하거나 정규화해서 규모가 큰 훈련 집합을 구성하는 것이 효과적이다. 최신 신경망 구조는 수많은 연구소와 회사의 과학자들이 협업해서 나온 결과물이다. 이런 모델은 대체로 상당히 복잡해서 직접 구현하기 힘들고, 학습에 필요한 연산량도 상당한 편이다. 최신 논문에 나온 결과를 그대로 재현하는 작업에 시간을 투자할 가치가 크지는 않다. 그 시간에 예전 모델이더라도 훨씬 안정적인 것을 사용하고 훈련 데이터를 좀 더 수집하는 것이 더 좋을 수 있다.

구현할 신경망 구조를 선정했다면 계층 수와 각 계층의 타입 및 크기를 결정해야 한다. 내가 권장하는 방법은 먼저 계층 한 개 혹은 두 개부터 시작해서 모델을 학습시커보고 훈련 데이터를 제대로 학습하는지(편향이 적은지) 살펴보는 것이다. 결과가 좋지 않다면 모델이 훈련 데이터를 가장 잘 학습할 때까지 계층 수와 각 계층의 크기를 점차 늘려본다. 이렇게 만든 모델을 검증 데이터로 돌려봤을 때 결과가 좋지 않게 나온다면(분산이 높다면) 모델에 규제화를 적용한다. 규제화를 적용해도 모델의 학습 결과가 나아지지 않는다면 신경망의 크기를 살짝 키워본다. 훈련 데이터와 검증 데이터 모두에 대한 모델의 결과가 원하는 척도를 만족할 때까지 이 과정을 반복한다.

8.4 고급 규제화

신경망에 적용할 수 있는 규제화 기법으로는 L1과 L2 말고도 **드롭아웃**^{dropout}, **조기 종료** early stopping, **배치 정규화**^{batch normalization} 등이 있다. 이러한 기법은 엄밀히 말해 규제화 기법이 아니지만, 실질적으로 모델에 규제화를 적용한 효과를 줄 때가 많다.

드롭아웃의 원리는 간단하다. 매번 신경망을 훈련 예제로 학습시킬 때마다 일부 유닛을 무작위로 골라서 일시적으로 연산에서 제외시킨다. 연산에 제외된 유닛의 비율이 높을수록 규제화 효과가 커진다. 현재 나온 신경망 라이브러리들은 연속된 두 계층 사이에 드롭아웃 계층을 추가하거나, 해당 계층에 드롭아웃 파라미터를 지정하는 기능을 제공한다. 드롭아웃 파라미터는 구간 [0, 1] 사이의 값으로 지정하며, 검증 데이터로 실험한 결과에 따라 적절히 튜닝해야 한다.

조기 종료 기법은 각 에포크마다 현재까지 학습된 모델을 저장해서 그 모델을 검증 집합에 대해 성능 평가하는 방식으로 신경망을 학습시킨다. 4장에서 경사 감소법에 대해 설명할 때 에포크가 늘어날수록 비용이 줄어든다고 설명한 적이 있다. 비용이 줄어든다는 말은 '훈련 데이터에 대한 모델의 적합도가 높다^{fit well}.'는 뜻이다. 하지만 특정한 에포크가 지난 특정한 시점부터 모델에 오버피팅이 발생할 수 있다. 그러면 비용은 지속적으로 감소하지만 검증 데이터에 대한 모델의 성능이 오히려 나빠지게 된다. 각 에포크를 거칠 때마다 생성된 모델을 파일에 저장해뒀다가, 검증 집합에 대해 성능이 오히려 나빠지는 시점에 학습을 멈춘다. 또 다른 방법으로, 일정한 에포크 수에 도달할 때까지 학습을 계속 진행하고, 마지막에 그동안 나온 모델 중에서 가장 성능이 좋은 것을 선정해도 된다. 이렇게 각 에포크마다 저장해둔 모델을 **체크포인트**checkpoint라고 부른다.

배치 정규화(좀 더 정확한 표현은 **배치 표준화**batch standardization)는 각 계층의 출력을 표준화해서 다음 계층의 유닛에 입력으로 전달하는 기법이다. 실전에서 배치 정규화를 적용하면 좀 더 빠르고 안정적으로 학습시킬 수 있으며 규제화 효과도 줄 수 있다. 따라서 항상 배치 정규화를 적용하는 것이 좋다. 현재 나와 있는 신경망 라이브러리는 두 계층 사이에 배치 정규화 계층을 추가하는 기능을 대부분 제공한다.

또 다른 규제화 기법으로, 신경망뿐만 아니라 거의 모든 학습 알고리즘에 적용할 수 있는 **데이터 보강**data augmentation이란 기법도 있다. 이 기법은 주로 이미지를 다루는 모델을 규제화하는 데 많이 사용된다. 레이블이 달린 원본 훈련 집합이 마련됐다면, 원본 이미지에 다양한 변환(살짝 확대하거나, 회전하거나, 뒤집거나, 어둡게 하는 등)을 적용하는 방식으로 원본 예제로부터 합성 예제를 생성할 수 있다. 이렇게 만든 합성 예제에 원본 레이블은 그대로 유지한다. 실전에서 이 기법을 적용하면 모델의 성능이 높아질 때가 많다.

8.5 다중 입력 처리하기

실전에서는 **멀티모달**multimodal **데이터**를 다룰 때가 많다. 가령 이미지와 텍스트를 입력해서, 주어진 텍스트가 해당 이미지를 표현하는 말인지를 이진 값으로 출력할 수 있다.

표층 학습(얕은 학습) 알고리즘은 멀티모달 데이터를 다룰 수 있게 만들기가 힘들다. 그렇다고 불가능한 것은 아니다. 표층 학습 모델 하나는 이미지에 대해 학습시키고, 다른 모델은 텍스트에 대해 학습시킨 후에 앞에서 소개한 모델 조합 기법을 적용하는 방법도 있다.

주어진 문제를 서로 독립적인 하위 문제로 나눌 수 없다면, (특징 공학feature engineering

기법을 적용해서) 각각의 입력을 벡터화한 후, 두 특징 벡터를 단순히 연결^{concatenate}해서 거대한 특징 벡터 하나로 만든다. 예를 들어 이미지의 특징이 $[i^{(1)}, i^{(2)}, i^{(3)}]$이고 텍스트의 특징이 $[t^{(1)}, t^{(2)}, t^{(3)}, t^{(4)}]$일 때, 둘을 합친 특징 벡터는 $[i^{(1)}, i^{(2)}, i^{(3)}, t^{(1)}, t^{(2)}, t^{(3)}, t^{(4)}]$가 된다.

신경망을 이용한다면 적용해볼 수 있는 방법이 더 있다. 먼저 두 입력 타입마다 부분 신경망 두 개를 만든다. 예를 들어 CNN 신경망은 이미지를 읽게 만들고, RNN 신경망은 텍스트를 읽도록 구성한다. 두 신경망 모두 최종 계층에 임베딩이 정의돼 있다. CNN은 이미지에 대한 임베딩이, RNN은 텍스트에 대한 임베딩이 있다. 두 임베딩을 연결한 다음, 그 위에 소프트맥스나 시그모이드와 같은 분류 계층을 추가하면 된다. 현재 나와 있는 신경망 라이브러리는 여러 부분 신경망끼리 계층을 연결하거나 평균을 구하는 작업을 쉽게 처리할 수 있는 도구/기능을 제공한나.

8.6 다중 출력 처리하기

한 가지 입력에 대해 여러 가지 예측 결과를 출력해야 하는 문제도 있다. 이전 장에서 다중 레이블 분류 문제를 소개한 적이 있는데, 다중 출력 문제 중에서 일부는 다중 레이블 분류 문제로 효과적으로 변환할 수 있다. 특히 레이블이 (태그처럼) 서로 속성이 비슷하거나 원본 레이블을 조합해서 완전히 나열할 수 있는 가상의 레이블을 생성할 수 있다면 이렇게 변환하기 쉽다.

하지만 출력이 멀티모달이고 각각을 조합해서 효과적으로 나열할 수 없는 경우가 있다. 예를 들어 이미지에서 물체를 감지해 좌표를 리턴하는 모델을 만든다고 생각해보자. 이 모델은 좌표뿐만 아니라 그 물체를 표현하는 태그(예: '사람', '고양이', '햄스터'등)도 함께 리턴해야 한다. 현재 주어진 훈련 예제는 이미지를 표현하는 특징 벡터로 구성해야 한다. 레이블은 물체의 좌표로 구성된 벡터와 원핫 인코딩이 적용된 태그로 구성된 벡터로 표현해야 한다.

이러한 문제를 풀기 위해서는 인코더 역할을 할 부분 신경망을 하나 생성한다. 이 신경망은 입력 이미지를 읽는 데 사용하며, 컨볼루션 계층을 한 개 또는 여러 개 구성한다. 인코더의 마지막 계층은 이미지에 대한 임베딩이다. 그리고 나서 임베딩 벡터를 입력받은 후 물체의 좌표를 예측하는 임베딩 계층 위에 두 부분 신경망을 추가한다. 첫 번째 부분 신경망은 마지막 계층을 ReLU로 구성할 수 있다. ReLU는 좌표와 같은 양의 실수를 예측하는 데 적합한 방식이다. 이 부분 신경망은 평균 제곱 오차 비용 C_1 을 활용할 수 있다. 두 번째 부분 신경망은 첫 번째와 동일한 임베딩 벡터를 입력받아서 각 레이블에 대한 확률을 예측한다. 이 부분 신경망의 마지막 계층을, 확률값을 출력하는 데 적합한 소프트맥스로 구성하고, 평균 음의 로그 가능도 비용averaged negative log-likelihood cost(교차 엔트로피 비용cross-entropy cost) C_2를 사용하도록 구성하면 된다.

당연히 좌표와 레이블에 대한 예측 결과가 모두 정확할수록 좋다. 하지만 두 가지 비용 함수를 동시에 최적화하기란 불가능하다. 하나를 최적화하다 보면 다른 하나가 손상될 수 있다. 이럴 때는 구간 (0, 1) 사이의 값을 갖는 하이퍼파라미터 γ를 더 추가해서, 두 비용 함수를 $\gamma C_1 + (1 - \gamma)C_2$로 정의한다. 그리고 나서 다른 하이퍼파라미터와 같은 방식으로 검증 데이터를 이용해 γ 값을 튜닝한다.

8.7 전이 학습

전이 학습transfer learning이야말로 신경망이 표층 모델에 비해 확실히 유리한 영역이다. 전이 학습은 특정한 데이터셋으로 학습시킨 기존 모델을 가져와서 이를 원래 모델을 만들 때 사용한 것과 다른 데이터셋에서 추출한 예제를 예측하게 만든다. 이때 사용하는 두 번째 데이터셋은 검증이나 테스트에 사용하는 홀드아웃 집합과는 다르다. 다른 현상을 표현하거나, 머신 러닝 과학자들의 표현으로 '통계 분포가 다른' 데이터다.

예를 들어 레이블이 달린 거대한 데이터셋으로부터 야생 동물을 인식하고 레이블을 출력하는 모델을 학습시켰다고 하자. 시간이 지나 또 다른 문제를 풀어야 할 상황이 발생했다. 이번에는 가축도 인식하게 만들어야 한다고 하자. 표층 학습 알고리즘으로는 이를 해결할 방법이 많지 않다. 가축에 대한, 레이블이 달린 거대한 데이터셋을 다시 구축하는 수밖에 없다.

신경망은 이런 상황에 상당히 유연하게 대처할 수 있다. 신경망에서 전이 학습을 적용하는 과정은 다음과 같다.

1. (야생 동물에 대한) 거대한 원본 데이터셋에 대한 심층 모델을 만든다.
2. (가축에 대한) 두 번째 모델에 사용할, 원본보다 훨씬 양이 적은, 레이블이 달린 데이터셋을 수집한다.
3. 첫 번째 모델에서 마지막 계층 하나 또는 여러 개를 제거한다. 일반적으로 이러한 계층은 분류나 회귀를 담당한다. 그래서 임베딩 계층도 뒤따라 나올 때가 많다.
4. 제거한 계층 자리에 새로운 문제에 맞춘 계층을 새로 추가한다.
5. 원래 모델에 있던 나머지 계층의 파라미터는 바꾸지 않는다.
6. 추가로 확보한 적은 양의, 레이블이 달린 데이터셋과 경사 감소법을 이용해 새로 추가한 계층에 대한 파라미터만 학습시킨다.

일반적으로 인터넷을 뒤져보면, 영상이나 이미지 인식에 관련된 문제를 푸는 심층 모델이 많이 나와 있다. 그중 주어진 문제에 가장 적합한 모델을 찾아서 다운로드한 뒤, 마지막 계층 몇 개를 제거하고(삭제할 계층의 개수는 하이퍼파라미터에 해당함), 새로운 예측 계층을 추가한 후 모델을 학습시킨다.

기존에 구축된 모델을 확보할 수 없고 주어진 문제에 적합한 레이블 데이터도 구하기 힘든 상황이라도, 레이블이 달린 다른 데이터셋을 구할 수 있다면 전이 학습 기법의 효과를 어느 정도 볼 수 있다. 예를 들어 문서 분류 모델을 구축하는 경우를 생각해보자. 상사로부터 받은 레이블 분류표를 이용해서 문서를 수천 가지 카테고리로 구분하는 분류기를 만든다고 하자. 전이 학습을 적용하지 않는다면 1) 각 카테고리의 차이점을 읽고, 이해하고, 기억할 사람을 고용해서 2) 100만 개가량의 문서를 읽어서 레이블을 달게 해야 한다.

많은 양의 예제에 레이블을 다는 수고를 덜기 위해 전이 학습을 위한 첫 번째 모델을 구축하는 데 사용할 데이터셋으로 위키피디아 페이지를 활용하는 방법이 있다. 위키피디아 페이지에 대한 레이블은 해당 위키피디아 페이지가 속한 카테고리로부터 자동으로 수집할 수 있다. 첫 번째 모델이 위키피디아 카테고리를 예측하도록 학습시켰다면, 그 모델이 상사가 전해준 분류표의 카테고리를 예측하도록 '정교하게 튜닝한다.' 상사가 던져준 문제를 푸는 데 필요한 레이블이 달린 예제 수는, 전이 학습을 사용하지 않고 일일이 레이블을 다는 작업을 할 때보다 훨씬 줄어든다.

8.8 알고리즘 효율

주어진 문제를 풀 수 있는 알고리즘이라고 해서 모두 실전에 쓸 만한 것은 아니다. 어떤 알고리즘은 너무 느리고, 어떤 경우는 문제 자체가 빠른 알고리즘이 존재할 수 있는 종류인 반면, 애초에 빠른 알고리즘이 존재할 수 없는 문제도 있다.

전산학의 한 분야인 알고리즘 분석^{analysis of algorithm}은 알고리즘의 복잡도를 파악하거나 비교하는 주제를 다룬다. 일반적으로 입력의 크기가 증가함에 따라 알고리즘의 실행 시간이나 공간 요구량이 증가하는 속도를 기준으로 알고리즘을 분류하는 **빅오 표기법** ^{big O notation}을 사용한다.

예를 들어 크기가 N인 예제 집합 S에서 가장 거리가 먼 1차원 예제 두 개를 찾는 문제를 생각해보자. 이 문제를 푸는 알고리즘을 다음과 같이 만들 수 있다(여기서 코드는 파이썬으로 표현했다).

```
1  def find_max_distance(S):
2      result = None
3      max_distance = 0
4      for x1 in S:
5          for x2 in S:
6              if abs(x1 - x2) >= max_distance:
7                  max_distance = abs(x1 - x2)
8                  result = (x1, x2)
9      return result
```

이 알고리즘은 S에 담긴 모든 값에 대해 루프를 도는데, 첫 번째 루프를 돌 때마다 S에 담긴 모든 값에 대해 다시 한 번 루프를 돈다. 따라서 이 알고리즘은 숫자를 비교하는 연산을 N^2번 수행한다. 비교^{comparison}, 절댓값^{abs}, 대입^{assignment} 연산에 걸리는 시간을 단위 시간이라 할 때, 이 알고리즘의 시간 복잡도^{time complexity}(또는 그냥 '복잡도')는 최대 $5N^2$이 된다(매번 루프를 돌 때마다 비교 연산 한 번, 절댓값 연산 두 번, 대입 연산 두 번을 수행하기 때문에 5를 곱한다). 빅오 표기법은 알고리즘의 복잡도를 최악의 경우에 대해 측정할 때 사용한다.[†] 앞에 나온 알고리즘을 빅오 표기법으로 표현하면 $O(N^2)$이다. 이때 5와 같은 상수는 무시한다.

이번에는 같은 문제를 다음과 같이 푸는 알고리즘을 살펴보자.

```python
def find_max_distance(S):
    result = None
    min_x = float("inf")
    max_x = float("-inf")
    for x in S:
        if x < min_x:
            min_x = x
        if x > max_x:
            max_x = x
    result = (max_x, min_x)
    return result
```

이 알고리즘은 S의 모든 값에 대한 루프를 단 한 번만 돈다. 그래서 복잡도는 $O(N)$이다. 따라서 이 알고리즘이 앞에서 본 알고리즘보다 더 **효율적**이라고 판단할 수 있다.

복잡도가 입력 크기에 대한 다항식^{polynomial}으로 표현되는 알고리즘을 효율적이라고 분류한다. $O(N)$과 $O(N^2)$은 각각 N에 대한 1차 다항식과 2차 다항식으로 표현되기 때문에 둘 다 효율적이라고 볼 수 있다. 하지만 입력이 굉장히 커지면 $O(N^2)$ 알고리즘은 매우 느려질 수 있다. 빅데이터 시대에 이르러 과학자들은 대체로 $O(\log N)$ 알고리즘을 추구한다.

실전에서 알고리즘을 구현할 때 **루프**(반복문)는 가급적 피해야 한다. 이를테면, 루프 대신 행렬이나 벡터 연산으로 처리한다. 파이썬에서 **wx**를 계산하려면 다음과 같이 작성해야 한다.

[†] 참고로 최악의 경우(상한선)를 표현하는 빅오 외에 최선의 경우(하한선)를 나타내는 빅오메가(Ω)가 있으며, 또한 빅오와 빅오메가 사이(상한과 하한 사이)를 표현하는 빅세타(θ)도 있다. – 옮긴이

```
1  import numpy
2  wx = numpy.dot(w,x)
```

다음과 같이 작성하면 안 된다.

```
1  wx = 0
2  for i in range(N):
3      wx += w[i]*x[i]
```

데이터 구조도 적합한 것을 사용한다. 원소의 순서가 중요하지 않다면, 리스트[list] 대신 집합[set]을 사용한다.† 파이썬에서는 S를 리스트(list)로 선언할 때보다 집합(set)으로 선언했을 때, 특정한 예제 x가 S에 속하는지 검사하는 연산을 효율적으로 처리한다.

파이썬 코드를 좀 더 효율적으로 실행하게 만들 수 있는 또 다른 중요한 데이터 구조로 사전(dict)이 있다. 다른 언어에서는 사전[dictionary] 혹은 해시맵[hashmap]이라고도 부른다. dict를 사용하면 키-값 쌍[key-value pair]으로 구성된 컬렉션을 정의할 수 있다. 이 자료 구조는 키로 검색하는 연산을 굉장히 빠르게 처리한다.

연산의 내부 동작을 정확히 모른다면, 이를 수행하는 코드를 직접 구현하지 말고 유명한 라이브러리를 이용하는 것이 좋다. 과학 연산용 파이썬 패키지인 넘파이[numpy], 사이파이[scipy], 사이킷런[scikit-learn] 등은 경험이 풍부한 과학자와 공학자들이 효율성을 염두에 두고 구현한 라이브러리다. 효율을 극대화하기 위해 C 언어로 구현된 메소드도 많다.

방대한 원소가 담긴 컬렉션에 대해 루프를 돌아야 한다면, 한 번에 모든 원소를 리턴하지 말고 한 번에 한 원소를 리턴하는 함수를 생성하는 **제너레이터**[generator]를 사용한다.

파이썬 코드에서 효율이 떨어지는 부분을 찾을 때는 **cProfile** 패키지를 사용한다.

마지막으로 알고리즘 관점에서 더 이상 코드를 개선할 방법이 없다면, 다음과 같은

---

† 사용하는 언어나 프레임워크의 특성에 맞게 판단한다. – 옮긴이

방법을 동원하면 코드의 성능을 더욱 높일 수 있다.

- 연산을 병렬로 수행하는 멀티프로세싱multiprocessing 패키지를 사용한다.
- 파이파이PyPy, 넘바Numba와 같은 도구로 파이썬 코드를 빠르고 최적화된 기계어 코드로 변환(컴파일)한다.

09

비지도 학습

비지도 학습^{unsupervised learning}은 레이블이 없는 데이터로 학습하는 방법을 다룬다. 이러한 속성은 여러 응용에서 문제의 여지가 많다. 모델의 바람직한 동작을 나타내는 레이블이 없으면 모델의 품질을 정확히 평가할 방법이 없다. 이 책에서는 비지도 학습 중에서도 사람의 주관적 판단이 아닌, 데이터를 기반으로 평가할 수 있는 모델을 만드는 기법만 소개한다.

9.1 밀도 추정

밀도 추정^{density estimation}은 확률분포가 알려지지 않은 데이터셋에서 확률 밀도 함수(pdf)를 모델링하는 문제다. 이 기법은 여러 응용 분야에서 유용하게 쓰이는데, 특히 침입 탐지나 이상 탐지 문제에 적합하다. 7장에서 이미 한 클래스 분류 문제를 해결하기 위해 pdf를 추정하는 방법을 살펴봤다. 그때는 다변량/다변수 정규분포(MVN)를 따르는 **파라미터 모델**^{parametric model}(모수/매개변수 모델)을 사용했다. 데이터셋의 기반이 되는 실제 분포가 MVN과 다르면 모델이 불완전해지기 때문에 모델의 종류를 다소 무작위로 결정한 셈이다. 한편 **비파라미터 모델**non-parametric model(비모수/비매개변수 모델)을 사용할 수도 있다. 커널 회귀에서는 비파라미터 모델을 사용했었다. 그런데 이와 같은 기법을 밀도 추정에도 그대로 적용할 수 있다.

모든 $i = 1, \cdots, N$에 대해 $x_i \in \mathbb{R}$인 미지의 확률 밀도 함수 f에 따라 예제를 도출한 1차원 데이터셋인 $\{x_i\}_{i=1}^{N}$이 있다고 하자(다차원 데이터셋도 방법은 비슷하다). 이 상태에서 f의 형태를 모델링해야 한다. f에 대한 커널 모델 $\hat{f}_b$은 다음과 같이 정의한다.

$$\hat{f}_b(x) = \frac{1}{Nb} \sum_{i=1}^{N} k \left(\frac{x - x_i}{b} \right) \tag{9.1}$$

여기서 b는 모델의 편향과 분산의 균형점을 조절하는 하이퍼파라미터고, k는 커널이다. 7장과 마찬가지로 여기서도 가우시안 커널을 사용한다.

$$k(z) = \frac{1}{\sqrt{2\pi}} \exp \left(\frac{-z^2}{2} \right)$$

실제 f와 모델 $\hat{f}_b$의 차이를 최소화하는 b를 구하는 것이 목적이다. 이러한 차이를 측정하기 위한 좋은 방법은 **MISE**(평균 적분 제곱 오차mean integrated squared error)다.

$$\mathrm{MISE}(b) = \mathbb{E} \left[\int_{\mathbb{R}} (\hat{f}_b(x) - f(x))^2 \, dx \right] \tag{9.2}$$

식 9.2를 보면 실제 pdf f와 구축할 모델인 $\hat{f}_b$의 차이를 제곱했다. 평균 제곱 오차식에 나왔던 $\sum_{i=1}^{N}$ 대신에 적분 기호 $\int_{\mathbb{R}}$로 바꾸고, 평균을 구하는 $\frac{1}{N}$ 대신에 기댓값 연산자인 $\mathbb{E}$로 바꾼 것이다.

$(\hat{f}_b(x) - f(x))^2$처럼 손실을 나타내는 함수의 정의역이 연속이라면, 시그마 대신 인테그랄integral로 바꿔야 한다. 기댓값 연산 $\mathbb{E}$는 주어진 훈련 집합 $\{x_i\}_{i=1}^{N}$에서 나올 수 있는 모든 경우에 대해 최적인 b를 구한다는 뜻이다. $\hat{f}_b$이 특정한 확률분포의 유한한 샘플에 대해 정의된 반면, 실제 pdf인 f는 무한 정의역(집합 $\mathbb{R}$)에 대해 정의된 것이기 때문에 이렇게 하는 것이 중요하다.

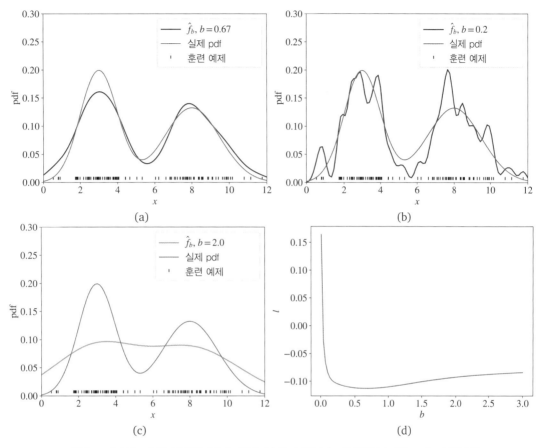

그림 9.1 커널 밀도 추징: (a) 적합, (b) 오버피팅, (c) 언더피팅, (d) b의 최적값에 대한 그리드 탐색 곡선

이렇게 하고 나면 식 9.2의 우변을 다음과 같이 쓸 수 있다.

$$\mathbb{E}\left[\int_{\mathbb{R}} \hat{f}_b^2(x)dx\right] - 2\mathbb{E}\left[\int_{\mathbb{R}} \hat{f}_b(x)f(x)dx\right] + \mathbb{E}\left[\int_{\mathbb{R}} f(x)^2 dx\right]$$

여기서 세 번째 항은 b에 독립적이기 때문에 무시해도 된다. 첫 번째 항의 비편향(불편) 추정량은 $\int_{\mathbb{R}} \hat{f}_b^2(x)dx$로 주어지는 반면, 두 번째 항의 비편향 추정량은 **교차 검증** $-\frac{2}{N}\sum_{i=1}^{N} \hat{f}_b^{(i)}(x_i)$로부터 근사치를 구할 수 있다. 여기서 $\hat{f}_b^{(i)}$는 예제 x_i를 제외한 훈련 집합에 대해 계산한 f의 커널 모델이다.

통계학에서는 여기에 나온 $\sum_{i=1}^{N} \hat{f}_b^{(i)}(x_i)$ 항을 **LOO 추정**^Leave One Out estimate^이라 부른다. 이는 교차 검증 방식 중 하나로서 각 폴드마다 예제가 하나씩 있다. 여기서 $\int_{\mathbb{R}} \hat{f}_b(x) f(x)dx$ 항(이를 a라고 부르자.)은 함수 $\hat{f}_b$에 대한 기댓값이다. f가 pdf이기 때문이다. LOO 추정은 $\mathbb{E}[a]$에 대한 비편향 추정량임을 증명할 수 있다.

그리고 나서 b의 최적값 b^*를 구하기 위해 다음과 같이 정의한 비용을 최소화한다.

$$\int_{\mathbb{R}} \hat{f}_b^2(x)dx - \frac{2}{N} \sum_{i=1}^{N} \hat{f}_b^{(i)}(x_i)$$

b^*는 그리드 탐색으로 구할 수 있다. D차원 특징 벡터 $\mathbf{x}$에 대해서는 식 9.1에 나온 오차항 $x - x_i$를 유클리드 거리 $\|\mathbf{x} - \mathbf{x}_i\|$로 바꾸면 된다. 그림 9.1은 예제 100개로 구성된 데이터셋에 대해 세 가지 b 값으로 동일한 pdf에 대한 추정치를 구한 결과와 그리드 탐색 곡선을 보여주고 있다. b^*는 그리드 탐색 곡선의 최솟값에 해당하는 것을 고른다.

9.2 군집화

군집화(클러스터링^clustering^)는 레이블이 없는 데이터셋을 이용해 예제에 레이블을 붙이는 방법을 학습하는 기법이다. 데이터셋에 레이블이 하나도 없기 때문에 학습된 모델이 최적인지 결정하는 방법은 지도 학습 기법보다 훨씬 복잡하다.

현재 다양한 군집화 알고리즘이 나와 있는데, 아쉽게도 주어진 데이터셋에 어느 것이 가장 뛰어난 결과를 내는지 알아내기가 힘들다. 일반적으로 각 알고리즘의 성능은 데이터셋에 적용된 확률분포의 미지의 속성에 따라 달라진다. 이 장에서는 그중에서도 널리 사용되고 가장 유용한 알고리즘만 개략적으로 소개한다.

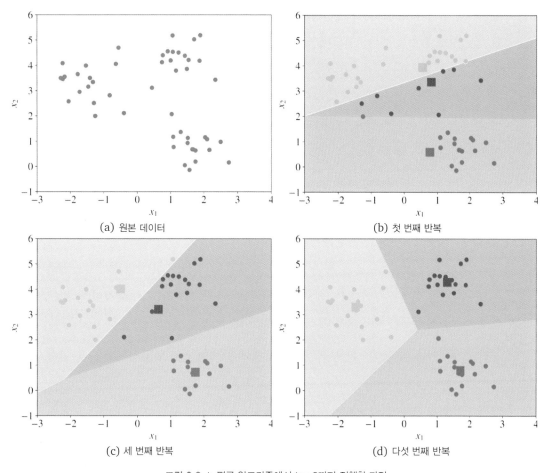

(a) 원본 데이터

(b) 첫 번째 반복

(c) 세 번째 반복

(d) 다섯 번째 반복

그림 9.2 k-평균 알고리즘에서 k = 3까지 진행한 과정

9.2.1 K-평균

k-평균k-means 군집화 알고리즘의 진행 과정은 다음과 같다. 먼저 군집(클러스터) 개수 k 를 정한다. 그리고 나서 **센터로이드**centeroid라 부르는 특징 벡터 k개를 무작위로 특징 공 간에 집어넣는다. 그런 다음, 유클리드 거리와 같은 특정한 척도로 각 예제 **x**와 센터 로이드 **c** 사이의 거리를 계산한다. 이 결과를 보고 각 예제마다 가장 가까운 센터로이 드를 할당한다(이 과정은 센터로이드 ID가 레이블이라 할 때, 각 예제에 레이블을 붙이는 것과

비슷하다). 각 센터로이드마다 할당된 예제의 평균 특징 벡터를 계산한다. 이렇게 계산한 평균 특징 벡터는 센터로이드의 새로운 위치가 된다.

이제 각 예제와 센터로이드 사이의 거리를 다시 계산해 앞서 대입된 내용을 수정한다. 센터로이드의 위치를 다시 계산한 뒤 더 이상 대입된 내용이 변하지 않을 때까지 이 과정을 반복한다. 이렇게 해서 나온 모델은 센터로이드 ID와 예제로 구성된 튜플의 리스트다.

센터로이드의 초기 위치에 따라 최종 위치가 달라진다. 따라서 k-평균 알고리즘을 두 번 실행해보면, 각각 생성되는 모델이 다르게 나온다. k-평균을 변형한 어떤 알고리즘은 센터로이드의 위치를 데이터셋의 특정한 속성에 따라 계산한다.

그림 9.2는 k-평균 알고리즘을 한 번 실행한 결과를 보여준다. 이 그림에서 동그라미는 2차원 특징 벡터를 나타내고, 네모는 이동하는 센터로이드를 표시한 것이다. 같은 배경색에 속한 점들은 모두 동일한 군집에 속한다.

군집의 개수인 k 값은 데이터 분석가가 튜닝해야 할 하이퍼파라미터다. k 값을 지정하는 몇 가지 기법이 나와 있지만, 어느 것도 최적이라고 증명된 바는 없다. 이러한 기법은 대부분 데이터 분석가가 몇 가지 척도를 고려하거나 군집 대입 결과를 시각적으로 검토하는 것처럼, '합리적인 추측educated guess'으로 결정한다. 이 장에서는 데이터를 분석하거나 추측하지 않고도 k 값을 꽤 잘 추측할 수 있는 기법 하나를 소개한다.

9.2.2 DBSCAN과 HDBSCAN

k-평균이나 그와 비슷한 알고리즘은 모두 센터로이드 기반으로 작동하는 반면, **DBSCAN**은 밀도 기반 군집화 알고리즘이다. DBSCAN은 필요한 군집 수를 추측하지 않고 ϵ와 n이라는 두 가지 하이퍼파라미터를 정의한다. 먼저 데이터셋에서 무작위로 예제 **x**를 하나 뽑아서 이를 군집 1에 할당한다. 그리고 나서 **x**로부터 떨어진 거리가 ϵ보다 같거나 작은 예제들이 몇 개나 있는지 센다. 그 수가 n보다 크거나 같으면 해당 예제(ϵ-이웃ϵ-neighbor)를 모두 군집 1에 집어넣는다. 그리고 나서 군집 1의 원소를 하나

씩 검사해서 각각에 해당하는 ϵ-이웃을 찾는다. 군집 1의 원소 중에서 ϵ-이웃이 n개 이상인 것이 있다면, 이러한 ϵ-이웃을 군집 1에 추가한다. 더 이상 추가할 예제가 없을 때까지 군집을 계속 확장한다. 그러다 추가할 예제가 없게 되면, 기존 군집에 속하지 않은 예제를 데이터셋에서 하나 뽑은 후 군집 2에 집어넣는다. 이 과정은 모든 예제가 특정한 군집에 속하거나 아웃라이어로 분류될 때까지 계속 진행한다. 여기서 아웃라이어란 ϵ-이웃에 해당하는 예제 수가 n개 이하인 예제를 말한다.

DBSCAN의 장점은 군집을 임의의 형태로 만들 수 있다는 것이다. 반면 k-평균을 비롯한 센터로이드 기반 알고리즘은 초구^{hypersphere} 형태의 군집을 만든다. DBSCAN의 대표적인 단점은 하이퍼파라미터 두 개(그중에서 특히 ϵ)를 잘 정하기가 어렵다는 것이다. 게다가 ϵ가 결정되고 나면 알고리즘에서 다양한 밀도를 가진 군집을 효과적으로 다룰 수 없다.

HDBSCAN은 DBSCAN의 장점은 유지하면서 ϵ 값을 결정할 필요가 없도록 변형한 군집화 알고리즘이다. 이 알고리즘은 다양한 밀도를 가진 군집을 만들 수 있다. HDBSCAN은 다양한 아이디어를 조합한 것이며, 여기에 사용된 알고리즘들을 모두 소개하는 것은 이 책의 범위를 벗어난다.

HDBSCAN에는 군집에 넣을 예제의 최소 개수인 n이라는 하이퍼파라미터 하나만 있다. 이 하이퍼파라미터는 직관적으로 결정하기 쉬운 편이다. HDBSCAN을 구현한 것 중에는 실질적으로 예제 수백만 개까지 처리할 수 있을 정도로 속도가 상당히 빠른 것이 있다. k-평균 알고리즘의 최근 구현 결과 중에는 HDBSCAN보다 훨씬 빠른 것도 있지만, 실전에서 문제를 해결하는 데 HDBSCAN으로 만든 결과의 품질이 그 단점을 만회하고도 남는 경우가 많다. 따라서 주어진 데이터로 처음 작업을 시작할 때는 HDBSCAN부터 적용해보길 바란다.

9.2.3 군집 개수 결정하기

가장 중요한 결정 사항은 주어진 데이터셋에 대해 군집을 몇 개로 정해야 하는가다. 특징 벡터가 1, 2, 3차원이라면 데이터를 보고 특징 공간에 뭉쳐진 형태로 가늠해볼 수 있다. 이렇게 뭉쳐진 덩어리를 군집으로 볼 수 있다. 하지만 4차원 이상의 데이터에 대해서는 현실적으로 데이터를 보는 것만으로 가늠하기 힘들다.[1]

적절한 군집 개수를 결정하기 위한 한 가지 방법으로 **예측 강도**prediction strength 개념에 기반한 것이 있다. 기본 개념은 지도 학습에서 했던 것처럼 데이터를 훈련 집합과 테스트 집합으로 나누는 것이다. 이렇게 훈련 집합을 크기가 N_{tr}인 집합 S_{tr}로 만들고 테스트 집합을 크기가 N_{te}인 집합 S_{te}로 갈랐다면, 군집 수인 k를 결정하고 군집화 알고리즘 C를 집합 S_{tr}과 S_{te}에 대해 실행하는 $C(S_{tr}, k)$와 $C(S_{te}, k)$를 만든다.

훈련 집합으로 만든 군집화 결과 $C(S_{tr}, k)$를 A라고 할 때, A 안에 속한 각각의 군집을 일종의 영역region으로 볼 수 있다. 따라서 이러한 영역 중 하나에 속한 예제는 특정한 군집에 속한다. 예를 들어 어떤 데이터셋에 k-평균 알고리즘을 적용하면, 전체 특징 공간이 다각형 영역 k개로 분할된다(그림 9.4).

$N_{te} \times N_{te}$인 동시 소속 행렬co-membership matrix $\mathbf{D}[A, S_{te}]$를 다음과 같이 정의한다. $\mathbf{D}[A, S_{te}]^{(i, i')} = 1$이면 테스트 집합에 속한 예제 $\mathbf{x}_i$와 $\mathbf{x}_i$는 군집화 A에 따라 같은 군집에 속한다. 그리고 그 역도 성립한다. 그렇지 않은 나머지 경우는 $\mathbf{D}[A, S_{te}]^{(i, i')} = 0$이다.

여기서 잠시 멈추고 지금까지 설명한 내용을 살펴보자. 예제의 훈련 집합을 이용해 군집 k개로 구성된 군집화 결과 A를 만들었다. 그러고 나서 테스트 집합에 있는 두 예제가 A에서 같은 군집에 속하는지를 나타내는 동시 소속 행렬을 만들었다.

직관적으로 볼 때, k 값을 적절히 지정했다면 군집화 $C(S_{te}, k)$에서 같은 군집에 속한 예제 두 개는 군집화 $C(S_{tr}, k)$에서도 같은 군집에 속할 가능성이 높다. 반면 k가 (너무 크거나 너무 작아서) 적절하지 않다면, 훈련 데이터에 대한 군집화와 테스트 데이터

---

1   어떤 데이터 분석가는 2차원 도표 여러 개로 펼쳐 놓고 그 안에서 동시에 등장하는 특징 쌍을 찾는 방식으로 군집 수를 가늠한다. 하지만 이 방법은 주관에 크게 휘둘릴 가능성이 커서 오차가 발생하기 쉽고, 과학적인 기법이라기보다는 경험에 따른 합리적인 추측에 가깝다.

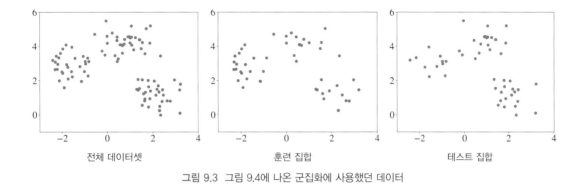

그림 9.3 그림 9.4에 나온 군집화에 사용했던 데이터

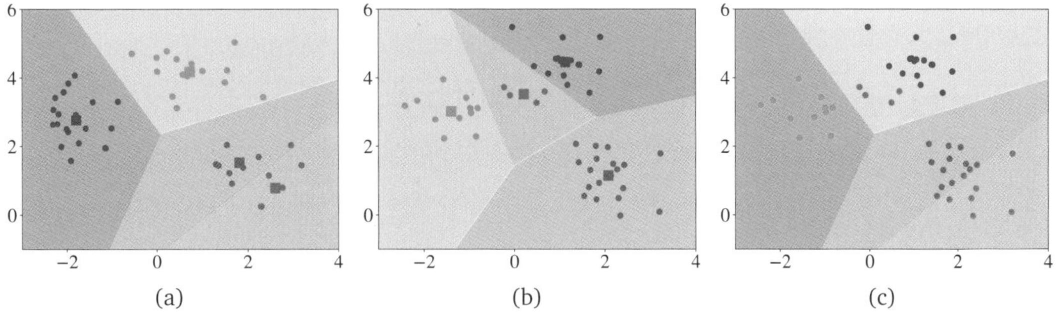

전체 데이터셋　　　　훈련 집합　　　　테스트 집합

그림 9.4 k = 4일 때의 군집화: (a) 훈련 데이터에 대한 군집화, (b) 테스트 데이터에 대한 군집화, (c) 훈련 데이터에 대한 군집화 결과 위에 테스트 데이터를 그린 모습

(a)　　　　(b)　　　　(c)

에 대한 군집화의 결과가 서로 다를 가능성이 높다.

그림 9.3에 나온 데이터를 이용해 앞에서 설명한 방식을 적용한 결과는 그림 9.4와 같다. 그림 9.4의 (a)와 (b)는 각각 $C(S_{tr}, 4)$와 $C(S_{te}, 4)$를 실행해서 나온 군집 영역을 보여주고 있다. 그림 9.4(c)는 훈련 데이터에 대한 군집 영역 위에 테스트 예제를 표시한 것이다. 여기서 오렌지색으로 표시한 테스트 예제는 훈련 데이터로부터 도출한 군집 영역에서는 더 이상 같은 곳에 속하지 않는 것을 볼 수 있다. 그러면 행렬 $\mathbf{D}[A, S_{te}]$에 0인 원소가 많아진다. 따라서 k = 4는 최적의 군집 개수가 아니라는 것을 알 수 있다.

좀 더 수학적으로 표현하면, 앞서 살펴본 군집 개수가 k일 때의 예측 강도를 다음과 같이 정의한다.

$$\mathrm{ps}(k) \stackrel{\mathrm{def}}{=} \min_{j=1,\dots,k} \frac{1}{|A_j|(|A_j|-1)} \sum_{i,i' \in A_j} \mathbf{D}[A, \mathcal{S}_{te}]^{(i,i')}$$

여기서 $A \stackrel{\mathrm{def}}{=} C(S_{tr}, k)$고, A_j는 군집화 $C(S_{te}, k)$에서 나온 j번째 군집이며, $|A_j|$는 군집 A_j에 있는 예제 개수다.

군집화 $C(S_{tr}, k)$에서 각 테스트 군집에 대해 관측 쌍의 비율을 계산한다. 이는 훈련 집합 센터로이드에 의해 동일한 군집에 할당돼 있기도 하다. 이때 예측 강도는 k개의 테스트 군집에 대한 이 수식의 최솟값이다.

실험에 따르면 합리적인 군집 개수는 $\mathrm{ps}(k)$가 0.8 이상인 k 중에서 가장 큰 값이라고 한다. 그림 9.5를 보면 군집이 두 개, 세 개, 네 개일 때, 다양한 k 값에 대한 예측 강도의 예를 볼 수 있다.

k-평균처럼 비결정적인non-deterministic 군집화 알고리즘은 센터로이드의 초기 위치에 따라 군집화 결과가 달라질 수 있다. 이럴 때는 동일한 k에 대해 군집화 알고리즘을 여러 차례 실행한 다음, 각각에 대한 예측 강도 $\bar{\mathrm{ps}}(k)$의 평균을 구한다.

군집 개수를 예측하기 위한 또 다른 효과적인 기법으로 **갭 통계 기법**gap statistic method이 있다. 이보다는 자동화가 덜 됐지만 일부 데이터 분석가가 여전히 사용하는 기법 중에는 **엘보 기법**elbow method과 **평균 실루엣 기법**average silhouette method도 있다.

9.2.4 다른 군집화 알고리즘

DBSCAN과 k-평균 알고리즘은 각 예제가 군집 하나에만 속하는 **하드 군집화**(하드 클러스터링hard clustering) 연산을 수행한다. **가우시안 혼합 모델**(GMM Gaussian Mixture Model)과

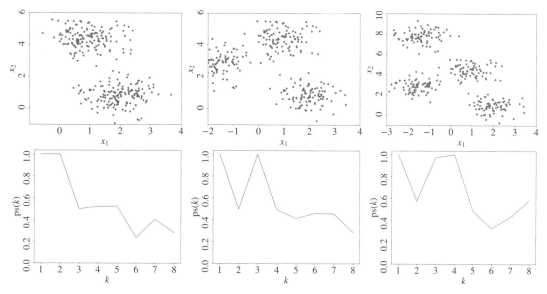

그림 9.5 군집이 두 개, 세 개, 네 개인 데이터에서 k 값에 따른 예측 강도

HDBSCAN에서는 각 예제마다 가지는 다양한 **소속 점수**^{membership score}에 따라 여러 군집에 속할 수 있다. GMM을 계산하는 과정은 모델 기반 밀도 추정과 매우 비슷하다. GMM에서는 다변량 정규분포(MND) 하나만 갖지 않고 여러 MND에 대한 가중치 합을 가진다.

$$f_X = \sum_{j=1}^{k} \phi_j f_{\boldsymbol{\mu}_j, \boldsymbol{\Sigma}_j}$$

여기서 f_{μ_j, Σ_j}는 MND j고, ϕ_j는 이에 대한 가중치 합이다. 파라미터 μ_j, Σ_j, ϕ_j는 모든 $j = 1, \cdots, k$에 대해 **최대 가능도**^{maximum likelihood} 기준을 최적화하는 **기댓값 최대화 알고리즘**^{expectation maximization algorithm}(EM)을 이용해 구할 수 있다.

여기서도 앞에서와 마찬가지로 간결한 표현을 위해 1차원 데이터의 예를 살펴보자. 또한 군집은 두 개($k = 2$)라고 가정한다. 그러면 다음과 같이 두 가지 가우시안 분포를 가질 수 있다.

$$f(x \mid \mu_1, \sigma_1^2) = \frac{1}{\sqrt{2\pi\sigma_1^2}} \exp -\frac{(x - \mu_1)^2}{2\sigma_1^2},$$

$$(9.3)$$

$$f(x \mid \mu_2, \sigma_2^2) = \frac{1}{\sqrt{2\pi\sigma_2^2}} \exp -\frac{(x - \mu_2)^2}{2\sigma_2^2}$$

여기서 $f(x \mid \mu_1, \sigma_1^2)$과 $f(x \mid \mu_2, \sigma_2^2)$은 $X = x$에 대한 가능도를 정의하는 pdf다.

이러한 EM 알고리즘으로 μ_1, σ_1^2, μ_2, σ_2^2, ϕ_1, ϕ_2의 값을 추정한다. 뒤에서 보겠지만, 파라미터 ϕ_1과 ϕ_2는 밀도 추정에 유용하고 군집화에는 덜 유용하다.

EM의 수행 과정은 다음과 같다. 먼저 μ_1, σ_1^2, μ_2, σ_2^2에 대한 초깃값을 추측하고 $\phi_1 = \phi_2 = \frac{1}{2}$로 설정한다(일반적으로 $j \in 1, \cdots, k$일 때 각 ϕ_j를 $\frac{1}{k}$로 설정한다).

EM을 반복할 때마다 다음과 같은 네 가지 단계를 수행한다.

1. 모든 $i = 1, \cdots, N$에 대해, 식 9.3을 이용해 각 x_i의 가능도를 계산한다.

$$f(x_i \mid \mu_1, \sigma_1^2) \leftarrow \frac{1}{\sqrt{2\pi\sigma_1^2}} \exp -\frac{(x_i - \mu_1)^2}{2\sigma_1^2},$$

$$f(x_i \mid \mu_2, \sigma_2^2) \leftarrow \frac{1}{\sqrt{2\pi\sigma_2^2}} \exp -\frac{(x_i - \mu_2)^2}{2\sigma_2^2}$$

2. **베이즈 규칙**을 이용해 예제 x_i마다 군집 $j \in \{1, 2\}$에 속할 가능도 $b_i^{(j)}$를 계산한다 (다시 말해 각 예제가 가우시안 j로부터 도출됐을 가능도를 계산한다).

$$b_i^{(j)} \leftarrow \frac{f(x_i \mid \mu_j, \sigma_j^2)\phi_j}{f(x_i \mid \mu_1, \sigma_1^2)\phi_1 + f(x_i \mid \mu_2, \sigma_2^2)\phi_2}$$

파라미터 ϕ_j는 파라미터 μ_j, σ_j^2에 대한 가우시안 분포 j가 데이터셋을 생성했을 가능도를 반영한다. 그래서 처음에 $\phi_1 = \phi_2 = \frac{1}{2}$로 설정했던 것이다. 두 가우시안의 가능도를 모르기 때문에 두 파라미터의 가능도 값을 $\frac{1}{2}$로 설정했다.

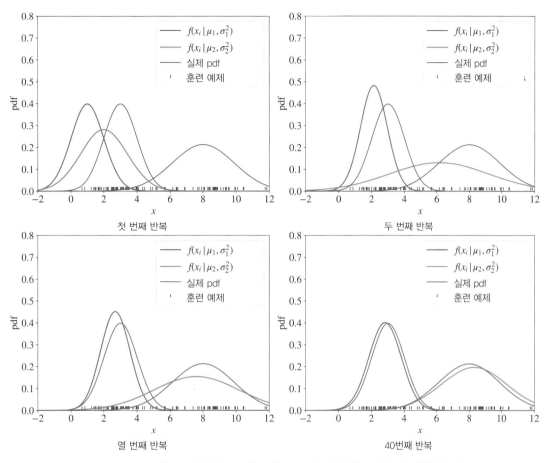

첫 번째 반복

그림 9.6 군집 두 개($k = 2$)에 대해 EM 알고리즘으로 가우시안 혼합 모델 추정을 진행하는 과정

3. $j \in \{1, 2\}$에 대해 μ_j, σ_j^2의 새로운 값을 다음과 같이 계산한다.

$$\mu_j \leftarrow \frac{\sum_{i=1}^{N} b_i^{(j)} x_i}{\sum_{i=1}^{N} b_i^{(j)}}, \quad \sigma_j^2 \leftarrow \frac{\sum_{i=1}^{N} b_i^{(j)} (x_i - \mu_j)^2}{\sum_{i=1}^{N} b_i^{(j)}} \quad (9.4)$$

4. $j \in \{1, 2\}$에 대해 ϕ_j를 업데이트한다.

$$\phi_j \leftarrow \frac{1}{N} \sum_{i=1}^{N} b_i^{(j)}$$

1단계에서 4단계는 μ_j, σ_j^2 값이 더 이상 변경되지 않을 때까지 반복적으로 실행된다. 예를 들어 이 값의 변화가 일정한 문턱값 ϵ를 넘지 않으면 그만둔다. 그림 9.6은 이 과정을 보여준다.

여기서 볼 수 있듯이 EM 알고리즘은 k-평균 알고리즘과 상당히 비슷하다. 먼저 무작위 군집으로 시작한 후, 매번 군집에 할당된 데이터의 평균을 구해서 각 군집의 파라미터를 반복적으로 업데이트한다. 단 한 가지 차이가 있다면, GMM에서는 예제 x_i를 군집 j에 **소프트 군집화**(소프트 클러스터링^{soft clustering}) 방식으로 대입한다는 것이다. x_i는 $b_i^{(j)}$의 확률로 군집 j에 속한다. 그래서 식 9.4로 μ_j, σ_j^2의 새 값을 (k-평균처럼) 평균이 아닌 가중치 $b_i^{(j)}$를 반영한 가중 평균^{weighted average}으로 계산했던 것이다.

이렇게 군집 j마다 파라미터 μ_j, σ_j^2을 학습시켰다면, 예제 x의 군집 j에 대한 소속 점수를 $f(x \mid \mu_j, \sigma_j^2)$으로 구할 수 있다.

지금까지 설명한 과정을 D차원($D > 1$) 데이터에 확장하는 방법은 간단하다. 분산 σ^2 대신, 다항 정규분포(MND)를 파라미터화하는 공분산 행렬^{covariance matrix} Σ를 사용하면 된다.

군집이 항상 원형인 k-평균과 반대로, GMM의 군집은 임의의 신장^{elongation}과 회전^{rotation}을 갖는 타원형의 형태를 갖는다. 이러한 속성은 공분산 행렬에 있는 값으로 조절한다.

GMM에서 k를 잘 고르기 위해 널리 알려진 방법은 따로 없다. 따라서 먼저 데이터셋을 훈련 집합과 테스트 집합으로 분할하고 나서, 훈련 집합으로 다양한 k 값에 대해 모델 f_{tr}^k를 여러 개 만든 후 테스트 집합에 대해 다음과 같이 예제의 가능도를 최대화하는 k 값을 선정한다.

$$\arg\max_k \prod_{i=1}^{|N_{te}|} f_{tr}^k(\mathbf{x}_i)$$

여기서 $|N_{te}|$는 테스트 집합의 크기다.

현재 군집화 알고리즘에 대한 논문이 다양하게 발표됐다. 그중에서 특히 주목할 만한 것으로 **스펙트럼 군집화**spectral clustering와 **계층적 군집화**hierarchical clustering가 있으며, 데이터셋의 성격에 따라 이러한 기법이 더 적합할 수 있다. 하지만 실전에서는 k-평균, HDBSCAN, 가우시안 혼합 모델만으로도 충분한 경우가 많다.

9.3 차원 축소

앙상블 알고리즘이나 신경망과 같은 최신 머신 러닝 알고리즘은 특징 수가 수백만 개 이상인, 상당히 차원이 높은 예제를 잘 다룬다. 최신 컴퓨터와 GPU^Graphical Processing Unit 기술의 발달로 실전에서 차원 축소 기법의 중요성은 과거에 비해 약해졌다. 차원 축소의 대표적인 활용 분야는 데이터 시각화다. 사람은 최대 3차원 그래프까지만 이해할 수 있기 때문이다.

차원 축소가 필요한 또 다른 경우로는 해석 가능한 모델을 구축해서 학습 알고리즘 선택의 폭을 줄여야 할 때를 꼽을 수 있다. 예를 들어 결정 트리나 선형 회귀 알고리즘만 사용할 수 있는 경우가 있다. 데이터의 차원을 줄여서, 축소된 특징 공간에서 새로운 특징마다 어느 원본 예제의 품질에 영향을 미치는지 살펴보도록 구성하면 간단한 알고리즘으로도 처리할 수 있다. 차원 축소 기법을 적용하면 중복된 특징이나 상관관계가 아주 높은 특징들을 제거할 수 있다. 또한 데이터의 노이즈도 줄일 수 있다. 이러한 점은 모델의 해석 가능성을 높이는 역할을 한다.

차원 축소 기법 중에서도 **PCA**^Principal Component Analysis, **UMAP**^Uniform Manifold Approximation and Projection, **오토인코더**autoencoder라는 세 가지 기법이 가장 널리 사용된다.

오토인코더에 대해서는 7장에서 설명한 바 있다. 오토인코더의 **병목 계층**bottleneck layer의 저차원 출력을, 고차원 입력 특징 벡터를 표현하는 벡터의 차원 축소 버전으로 사용할 수 있다. 이러한 저차원 벡터는 입력 벡터에 담긴 핵심 정보를 표현한다는 것을 알 수 있다. 오토인코더는 병목 계층 출력만으로도 입력 특징 벡터를 재구성할 수 있기 때문이다.

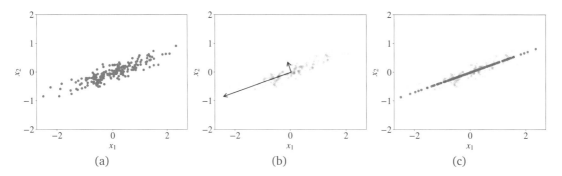

그림 9.7 PCA: (a) 원본 데이터, (b) 벡터로 표현된 두 가지 주성분, (c) 첫 번째 주성분에 투영된 데이터

9.3.1 PCA

PCA(주성분 분석)는 차원 축소 기법 중에서도 가장 오래된 것에 속한다. 이 기법은 2장에서 소개하지 않은 행렬 연산에 기반을 두고 있다. 따라서 구체적인 수학 연산에 대해 궁금한 독자는 참고 문헌을 읽어보길 바란다. 여기서는 간단한 예와 함께 개념만 간략히 설명한다.

그림 9.7(a)에 나온 2차원 데이터에 대해 생각해보자. 주성분이란 새로운 좌표계를 정의하는 벡터를 말한다. 이 좌표계에서 첫 번째 축은 데이터의 분산이 가장 높은 방향을 향한다. 두 번째 축은 첫 번째 축과 직교하고 데이터에서 두 번째로 분산이 높은 방향을 향한다. 데이터가 3차원이라면, 세 번째 축은 첫 번째 축과 두 번째 축에 직교하면서 세 번째로 분산이 높은 방향을 향한다. 이런 식으로 차원이 증가함에 따라 좌표축을 구성한다. 그림 9.7(b)를 보면 두 가지 주성분이 화살표로 표시돼 있다. 화살표의 길이는 그 방향의 분산값을 의미한다.

이 상태에서 주어진 데이터의 차원을 $D_{new} < D$ 차원으로 축소하려면, 가장 큰 주성분 D_{new}개를 골라서 데이터를 여기에 투영시킨다. 2차원 예에서는 $D_{new} = 1$로 설정하고 예제들을 첫 번째 주성분에 투영하면 그림 9.7(c)의 주황색 점들을 구할 수 있다.

각각의 주황색 점을 표현하려면, 좌표 두 개가 아니라 첫 번째 주성분에 대한 좌표 하나만 있어도 된다. 실전에서 데이터의 차원이 굉장히 높을 때, 흔히 데이터의 분산에 큰 영향을 미치는 주성분은 첫 번째와 두 번째 주성분 또는 첫 번째부터 세 번째까지의 주성분이다. 따라서 이 데이터를 2D 또는 3D 그래프로 출력하면 차원이 매우 높은 데이터와 그 속성을 눈으로 볼 수 있다.

9.3.2 UMAP

최근에 나온 차원 축소 알고리즘, 그중에서도 특히 t-SNE나 UMAP처럼 시각화 목적으로 개발된 것 중 상당수는 핵심 개념이 모두 같다. 먼저 두 예제에 대한 유사도 척도similarity metric를 설계한다. 시각화 목적이라면 두 예제 사이의 유클리드 거리 말고도 주변의 다른 예제에 대한 밀도와 같은, 두 예제의 주변local 속성을 반영하는 유사도 척도를 사용할 수 있다.

UMAP에서는 이러한 유사도 척도 w를 다음과 같이 정의한다.

$$w(\mathbf{x}_i, \mathbf{x}_j) \stackrel{\text{def}}{=} w_i(\mathbf{x}_i, \mathbf{x}_j) + w_j(\mathbf{x}_j, \mathbf{x}_i) - w_i(\mathbf{x}_i, \mathbf{x}_j)w_j(\mathbf{x}_j, \mathbf{x}_i) \tag{9.5}$$

여기서 함수 $w_i(\mathbf{x}_i, \mathbf{x}_j)$의 정의는 다음과 같다.

$$w_i(\mathbf{x}_i, \mathbf{x}_j) \stackrel{\text{def}}{=} \exp\left(-\frac{d(\mathbf{x}_i, \mathbf{x}_j) - \rho_i}{\sigma_i}\right)$$

여기서 $d(\mathbf{x}_i, \mathbf{x}_j)$는 두 예제 사이의 유클리드 거리고, ρ_i는 $\mathbf{x}_i$부터 이와 가장 가까운 이웃까지의 거리며, σ_i는 $\mathbf{x}_i$에서 그와 가장 가까운 k번째 이웃까지의 거리다(여기서 k는 이 알고리즘의 하이퍼파라미터다).

식 9.5에 나온 척도의 치역은 구간 [0, 1]이고, 대칭성symmetric을 가진다(다시 말해 $w(\mathbf{x}_i, \mathbf{x}_j) = w(\mathbf{x}_j, \mathbf{x}_i)$가 성립한다).

w가 원본 고차원 공간에서 두 예제의 유사도고, w'가 새로운 저차원 공간에서 동일

한 식 9.5로 구한 유사도라 하자.

여기서 **퍼지 집합**fuzzy set 개념을 잠시 소개할 필요가 있다. 퍼지 집합은 집합을 좀 더 일반화한 것으로, 퍼지 집합 S의 원소 x마다 소속 함수membership function $\mu_S(x) \in [0, 1]$이 있으며, 이를 통해 x가 집합 S에 속하는 정도membership strength(소속 관계의 강도)를 정의한다. $\mu_S(x)$가 0에 가까울수록 퍼지 집합 S에 속한 정도는 약하다. 반면 $\mu_S(x)$가 1에 가까울수록 x가 S에 속하는 정도는 강하다. 모든 $x \in S$에 대해 $\mu(x) = 1$이면, 퍼지 집합 S는 일반(비퍼지) 집합과 같다.

그렇다면 퍼지 집합 개념이 왜 필요한지 살펴보자.

w와 w'의 값이 구간 $[0, 1]$에 있기 때문에 $w(\mathbf{x}_i, \mathbf{x}_j)$를 예제 쌍 $(\mathbf{x}_i, \mathbf{x}_j)$가 특정한 퍼지 집합에 속한 정도로 볼 수 있다. w'도 마찬가지다. 두 퍼지 집합에 대한 유사도를 **퍼지 집합 교차 엔트로피**fuzzy set cross-entropy라 부르며, 다음과 같이 정의한다.

$$C_{w,w'} = \sum_{i=1}^{N} \sum_{j=1}^{N} \left[w(\mathbf{x}_i, \mathbf{x}_j) \ln \left(\frac{w(\mathbf{x}_i, \mathbf{x}_j)}{w'(\mathbf{x}_i', \mathbf{x}_j')} \right) + (1 - w(\mathbf{x}_i, \mathbf{x}_j)) \ln \left(\frac{1 - w(\mathbf{x}_i, \mathbf{x}_j)}{1 - w'(\mathbf{x}_i', \mathbf{x}_j')} \right) \right]$$

(9.6)

여기서 $\mathbf{x}'$는 고차원 원본 예제 $\mathbf{x}$의 저차원 버전이다.

식 9.6에서 미지의 파라미터는 (모든 $i = 1, \cdots, N$에 대해) $\mathbf{x}_i'$로서, 우리가 찾을 저차원 예제에 해당한다. 그리고 나서 경사 감소법으로 $C_{w,w'}$를 최소화하는 파라미터를 계산한다.

그림 9.8은 손글씨 숫자에 대한 MNIST 데이터셋에 차원 축소 기법을 적용한 결과를 보여준다. MNIST는 다양한 이미지 처리 시스템을 벤치마크하는 데 널리 사용되는 데이터셋으로서, 레이블이 달린 예제 70,000개로 구성돼 있다. 그림에서는 열 가지 클래스를 열 가지 색깔로 표시했다. 그래프에 나온 각 점은 데이터셋의 예제를 가리킨다. 여기서 볼 수 있듯이 UMAP이 예제를 시각적으로 더 잘 분리한다는 것을 알 수 있다(참고로 UMAP은 레이블에 접근할 수 없다). 실전에서 UMAP은 PCA보다 살짝 느

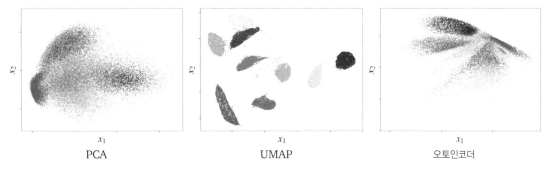

x_2 x_1 PCA x_2 x_1 UMAP x_2 x_1 오토인코더

그림 9.8 세 가지 차원 축소 기법으로 MNIST 데이터셋의 차원을 축소한 예

리지만 오토인코더보다는 빠르다.

9.4 아웃라이어 탐지

아웃라이어 탐지outlier detection란 데이터셋에서 전형적인 예제와 상당히 다른 예제를 탐지하는 문제다. 이 문제를 해결하기 위한 기법들(오토인코더, 단일 클래스 분류)에 대해서는 앞에서 이미 살펴봤다. 오토인코더를 사용할 때는 먼저 주어진 데이터로 오토인코더를 학습시킨다. 그리고 나서 주어진 예제가 아웃라이어인지 예측할 때는 앞서 학습시킨 오토인코더 모델의 병목 계층으로부터 해당 예제를 재구성한다. 이 모델은 아웃라이어를 재구성하지 못할 가능성이 높다.

단일 클래스 분류 모델은 입력 예제가 주어진 클래스에 속하는지, 아니면 아웃라이어인지를 예측한다.

10

그 밖에 다양한 학습 기법

10.1 메트릭 학습

두 특징 벡터 사이의 유사도similarity(또는 비유사도dissimilarity)를 측정하는 데 가장 많이 사용하는 방법은 **유클리드 거리**Euclidean distance와 **코사인 유사도**cosine similarity다. 이러한 메트릭metric(척도)은 선형 회귀에서 제곱 오차를 사용하기로 하는 것처럼(또는 선형 회귀 자체의 형태에 대해 선택하는 것처럼) 나름 합리적이면서도 임의로 선정한다. 주어진 데이터셋에서 특정 메트릭이 더 좋다는 것은 단지 참고 사항일 뿐, 절대적인 기준으로 삼을 수는 없다.

주어진 데이터셋에 적합한 메트릭을 직접 만들 수도 있다. 이렇게 만든 메트릭을 k-평균이나 kNN처럼 특정한 메트릭이 필요한 학습 알고리즘에 적용할 수 있다. 그렇다면 가능한 모든 경우의 수를 일일이 확인해보지 않고도 메트릭으로 적합한 수식을 알아낼 수 있을까? 예상할 수 있듯이 메트릭에 대한 식을 데이터로 학습시키면 된다.

앞에서 두 특징 벡터 $\mathbf{x}$와 $\mathbf{x}'$ 사이의 유클리드 거리를 다음과 같이 구했다.

$$d(\mathbf{x}, \mathbf{x}') = \|\mathbf{x} - \mathbf{x}'\| \overset{\text{def}}{=} \sqrt{(\mathbf{x} - \mathbf{x}')^2} = \sqrt{(\mathbf{x} - \mathbf{x}')(\mathbf{x} - \mathbf{x}')}$$

이 식을 살짝 수정해서 파라미터를 학습시키게 만들 수 있다. 예를 들면 다음과 같다.

$$d_{\mathbf{A}}(\mathbf{x}, \mathbf{x}') = \|\mathbf{x} - \mathbf{x}'\|_{\mathbf{A}} \stackrel{\text{def}}{=} \sqrt{(\mathbf{x} - \mathbf{x}')^{\top} \mathbf{A} (\mathbf{x} - \mathbf{x}')}$$

여기서 $\mathbf{A}$는 $D \times D$ 행렬이다. $D = 3$이라 가정할 때, $\mathbf{A}$가 다음과 같은 항등 행렬identity matrix이라 하자.

$$\mathbf{A} \stackrel{\text{def}}{=} \begin{bmatrix} 1 & 0 & 0 \\ 0 & 1 & 0 \\ 0 & 0 & 1 \end{bmatrix}$$

그러면 $d_{\mathbf{A}}$는 유클리드 거리가 된다. $\mathbf{A}$가 다음과 같은 일반 대각 행렬이라면,

$$\mathbf{A} \stackrel{\text{def}}{=} \begin{bmatrix} 2 & 0 & 0 \\ 0 & 8 & 0 \\ 0 & 0 & 1 \end{bmatrix}$$

차원에 따라 중요도가 달라지게 된다(이 예의 경우에는 메트릭 계산에서 두 번째 차원이 가장 중요하게 취급된다). 일반적으로 메트릭을 두 변수에 대한 함수로 만들기 위해서는 다음과 같은 세 가지 조건을 만족해야 한다.

1. $d(\mathbf{x}, \mathbf{x}') \geq 0$ (음이 아님)
2. $d(\mathbf{x}, \mathbf{x}') \leq d(\mathbf{x}, \mathbf{z}) + d(\mathbf{z}, \mathbf{x}')$ (삼각 부등식triangle inequality)
3. $d(\mathbf{x}, \mathbf{x}') = d(\mathbf{x}', \mathbf{x})$ (대칭성)

첫 번째와 두 번째 조건을 만족하려면 $\mathbf{A}$는 **양의 준정부호**positive semi-definite 행렬이어야 한다. 양의 준정부호 행렬은 음이 아닌 실수라는 개념을 행렬 버전으로 일반화한 것이다. 모든 양의 준정부호 행렬 $\mathbf{M}$은 다음을 만족한다.

$\mathbf{M}$의 행 및 열의 수와 같은 차원의 모든 벡터 $\mathbf{z}$에 대해 $\mathbf{z}^{\top} \mathbf{M} \mathbf{z} \geq 0$

이 속성은 양의 준정부호 행렬의 정의로부터 도출된 것이다. $\mathbf{A}$가 양의 준정부호 행렬일 때 두 번째 조건을 만족한다는 것에 대한 증명은 이 책의 웹사이트를 참고하길 바

란다.

세 번째 조건을 만족하려면 단순히 $(d(\mathbf{x}, \mathbf{x}') + d(\mathbf{x}', \mathbf{x}))/2$를 구하면 된다.

레이블이 없는 집합 $\mathcal{X} = \{\mathbf{x}_i\}_{i=1}^{N}$이 있다고 하자. 메트릭 학습 문제를 위한 훈련 데이터를 구축하려면 두 집합을 직접 만든다. 첫 번째 집합 $\mathcal{S}$는 $\mathbf{x}_i$와 $\mathbf{x}_k$가 (주관적인 관점에서) 유사한 예제 쌍 $(\mathbf{x}_i, \mathbf{x}_k)$로 구성한다. 두 번째 집합 $\mathcal{D}$는 $\mathbf{x}_i$와 $\mathbf{x}_k$가 유사하지 않은 예제 쌍 $(\mathbf{x}_i, \mathbf{x}_k)$로 구성한다.

이런 데이터로 파라미터 행렬 $\mathbf{A}$를 학습시키려면 다음과 같은 최적화 문제를 푸는 양의 준정부호 행렬 $\mathbf{A}$를 찾아야 한다.

$$\sum_{(\mathbf{x}_i, \mathbf{x}_k) \in \mathcal{D}} \|\mathbf{x} - \mathbf{x}'\|_{\mathbf{A}} \geq c \text{ 를 만족하는 } \quad \min_{\mathbf{A}} \sum_{(\mathbf{x}_i, \mathbf{x}_k) \in \mathcal{S}} \|\mathbf{x} - \mathbf{x}'\|_{\mathbf{A}}^2$$

여기서 c는 양의 상수로서 임의의 수로 지정할 수 있다.

이 최적화 문제의 해는 $\mathbf{A}$가 양의 준정부호 행렬임을 보장하도록 수정한 버전의 경사 감소법으로 구할 수 있다. 이 알고리즘에 대한 자세한 사항은 이 책의 범위를 벗어나므로 여기서는 설명을 생략하며, 더 많이 알고 싶다면 참고 문헌을 읽어보길 바란다.

여기서 한 가지 짚고 넘어갈 사항이 있다. **샴 네트워크**siamese network와 **삼중항 손실**triplet loss을 적용한 **원샷 러닝**one-shot learning을 일종의 메트릭 학습 문제로 볼 수 있다. 동일 인물에 대한 그림 쌍은 집합 $\mathcal{S}$에 속하는 반면, 무작위 그림 쌍은 $\mathcal{D}$에 속하도록 구성하면 된다.

메트릭 학습을 위한 비선형 방식 또는 커널 방식 기법들이 다양하게 나와 있지만, 이 책에서 소개하는 기법과 원샷 러닝에 적용한 버전만으로도 실전에서 마주치는 문제를 대부분 풀 수 있다.

10.2 랭킹 학습

랭킹 학습[learning to rank]은 일종의 지도 학습 문제로서, 특히 검색 엔진의 결과를 최적화하는 데 가장 많이 사용된다. 검색 결과 랭킹 최적화 문제를 생각해볼 때, 크기가 N인 훈련 집합에 있는 레이블 예제 $\mathcal{X}_i$는 크기가 r_i인 랭킹이 정해진 문서 집합이다(레이블이 문서의 랭킹을 나타낸다). 특징 벡터는 이 집합의 각 문서를 표현한다. 랭킹 학습의 목표는 문서의 랭킹을 결정하는 데 사용될 값을 출력하는 랭킹 함수 f를 찾는 것이다. 가장 이상적인 랭킹 함수 f는 각 훈련 예제마다 문서의 랭킹이 주어진 레이블과 같은 값을 리턴하는 것이다.

각 예제 $\mathcal{X}_i(i = 1, \cdots, N)$는 레이블이 달린 특징 벡터 집합 $\mathcal{X}_i = \{(\mathbf{x}_{i,j}, y_{i,j})\}_{j=1}^{r_i}$이다. 특징 벡터 $\mathbf{x}_{i,j}$에 담긴 특징들은 $j = 1, \cdots, r_i$인 문서다. 예를 들어 $x_{i,j}^{(1)}$은 문서가 얼마나 최근 것인지를 표현하고, $x_{i,j}^{(2)}$는 검색어가 문서 제목에 담겨 있는지를 표현하고, $x_{i,j}^{(3)}$은 문서의 크기를 나타내는 식으로 구성할 수 있다. 레이블 $y_{i,j}$는 랭킹($1, 2, \cdots, r_i$) 또는 점수(스코어)를 표현할 수 있다. 예를 들어 이 점수가 낮을수록 문서의 랭킹이 높아진다.

이 문제는 **포인트와이즈, 페어와이즈, 리스트와이즈**라는 세 가지 방식으로 풀 수 있다.

포인트와이즈[pointwise](점 기준) 방식은 각 훈련 예제를 여러 예제로 변환한다. 이때 한 문서당 예제 하나로 만든다. 그러면 이 문제를 회귀 또는 로지스틱 회귀라는 표준 지도 학습 문제로 만들 수 있다. 포인트와이즈 학습 문제의 각 예제 $(\mathbf{x}, y)$에서 $\mathbf{x}$는 어떤 문서의 특징 벡터고, ($y_{i,j}$가 점수라면) y는 원래 점수 또는 랭킹으로부터 구한 합성 점수가 된다(랭킹이 높을수록 합성 점수값이 낮아진다). 이때 지도 학습 알고리즘이라면 어떤 것도 활용할 수 있다. 이렇게 구한 해는 완벽하지 않다. 주된 이유는 포인트와이즈 방식에서는 각 문서를 독립적으로 취급하는 반면, (원본 훈련 집합에서 레이블 $y_{i,j}$로 주어진) 원래 랭킹은 전체 문서 집합에서 검색어의 순위를 나타내기 때문이다. 예를 들어 어떤 검색어에 대해 특정한 위키피디아 페이지의 랭킹을 이미 높게 지정한 사실을 알고 있을 때는 동일한 검색어에 대해 다른 위키피디아 페이지의 랭킹을 또 다시 높게 지정하는 것은 좋지 않다고 판단할 수 있지만, 각 문서를 독립적으로 볼 때는 이런 판단을 할 수 없다.

페어와이즈pairwise(쌍 기준) 방식도 문서를 독립적으로 취급하지만, 문서 쌍 등을 동시에 고려한다. 문서 쌍 $(\mathbf{x}_i, \mathbf{x}_k)$가 주어졌을 경우에 입력 $(\mathbf{x}_i, \mathbf{x}_k)$에 대해 $\mathbf{x}_i$의 랭킹이 $\mathbf{x}_k$보다 높으면 1에 가까운 값을 출력하고, 그렇지 않으면 0에 가까운 값을 출력하는 모델 f를 만든다. 테스트 단계에서는 레이블이 없는 예제 $\mathcal{X}$에 있는 모든 문서 쌍에 대한 예측값을 합해서 최종 랭킹을 구한다. 페어와이즈 방식은 포인트와이즈 방식에 비해 성능은 좋지만 완벽하지는 않다.

LambdaMART와 같은 최신 랭킹 학습 알고리즘은 리스트와이즈listwise(목록 기준) 방식을 사용한다. 즉, 랭킹의 품질을 평가하는 메트릭을 최적화 대상(목적/손실 함수)으로 직접 이용한다. 검색 엔진 결과의 랭킹을 평가하기 위한 메트릭에는 정밀도나 재현율을 비롯한 다양한 것들이 있다. 그중에서 특히 정밀도와 재현율을 합친 **MAP**Mean Average Precision이 많이 쓰인다.

MAP을 정의하기 위해서는 주어진 검색어에 대한 검색 결과 집합을 검사해서 각 결과마다 관련성에 대한 레이블을 할당하는 (구글에서는 랭커ranker라 부르는 사람에 해당하는) 심판에게 물어본다. 레이블은 ('관련 있는' 결과는 1로, '관련 없는' 결과는 0으로 할당하는) 이진 값으로 표현할 수도 있고, 1부터 5 사이의 값으로 표현할 수도 있다. 이때 값이 클수록 검색어에 대한 결과 문서의 관련성이 높다. 심판은 100가지 검색어에 대한 검색 결과 집합에 대해 관련성을 표현하는 레이블을 붙인다. 그러고 나서 이 집합에 대해 구축한 랭킹 모델을 테스트한다. 특정한 검색어에 대한 모델의 **정밀도**는 다음과 같이 구한다.

$$\text{정밀도} = \frac{|\{\text{관련 있는 문서}\} \cap \{\text{검색된 문서}\}|}{|\{\text{검색된 문서}\}|}$$

여기서 $|.|$는 '개수'를 의미한다. **평균 정밀도**average precision(AveP) 메트릭은 다음과 같이 검색어 q에 대한 검색 엔진의 결과로 나온 랭킹이 결정된 문서 집합으로 정의한다.

$$\text{AveP}(q) = \frac{\sum_{k=1}^{n}(P(k) \cdot \text{rel}(k))}{|\{\text{검색된 문서}\}|}$$

여기서 n은 검색된 문서의 개수고, $P(k)$는 주어진 검색어에 대해 우리가 구축한 랭킹 모델이 리턴한 상위 k개 검색 결과에 대한 정밀도며, $\mathrm{rel}(k)$는 인디케이터 함수indicator function로서 랭킹이 k인 결과가 (심판이 보기에) 관련 있는 문서면 1을, 그렇지 않으면 0을 출력한다. 마지막으로 크기가 Q인 검색어 집합에 대한 MAP을 다음과 같이 정의한다.

$$\mathrm{MAP} = \frac{\sum_{q=1}^{Q} \mathrm{AveP(q)}}{Q}$$

다시 LambdaMART로 돌아가보자. 이 알고리즘은 페어와이즈 방식을 구현하며, 랭킹 함수 $h(\mathbf{x})$를 학습시키는 데 그래디언트 부스팅을 사용한다. 이렇게 해서 나온 바이너리 모델 $f(\mathbf{x}_i, \mathbf{x}_k)$는 (같은 검색어에 대해) 문서 $\mathbf{x}_i$가 문서 $\mathbf{x}_k$보다 랭킹이 높은지를 예측하며, 다음과 같이 하이퍼파라미터 α를 가진 시그모이드로 정의한다.

$$f(\mathbf{x}_i, \mathbf{x}_k) \stackrel{\mathrm{def}}{=} \frac{1}{1 + \exp((h(\mathbf{x_i}) - h(\mathbf{x_k}))\alpha}$$

확률을 예측하는 다른 모델과 마찬가지로 LambdaMART의 비용 함수는 모델 f로 계산한 교차 엔트로피다. 그래디언트 부스팅에서 여러 가지 회귀 트리를 조합해 이 비용을 최소화하는 함수 h를 만든다. 앞에서 설명했듯이, 그래디언트 부스팅에서 모델에 트리 하나를 추가하면 현재 모델에서 훈련 데이터에 대해 발생하는 오차가 줄어든다. 분류 문제에서는 비용 함수의 도함수를 계산해서 훈련 예제의 실제 레이블을 이러한 도함수로 교체했다. LambdaMART도 방식은 비슷하지만 한 가지 차이점이 있다. 여기서는 실제 그래디언트를 그래디언트와 MAP 같은 메트릭에 의존하는 다른 인자를 조합한 값으로 교체한다. 이러한 인자는 메트릭을 향상시키도록 원래 그래디언트를 증가시키거나 감소시킨다.

이는 매우 뛰어난 아이디어로서, 이렇게 메트릭을 직접 최적화하는 지도 학습 알고리즘은 많지 않다. 정말 하려는 일은 메트릭을 최적화하는 것이지만, 대표적인 지도 학습 알고리즘들은 대부분 메트릭이 아닌 비용을 최적화한다(이렇게 하는 이유는 메트릭들이 대부분 미분 가능하지 않기 때문이다). 일반적으로 지도 학습에서 비용 함수를 최적화하는 모델을 발견하면, 곧바로 하이퍼파라미터를 조정해서 메트릭 값을 향상시키려고 한다. 이에 반해 LambdaMART는 메트릭을 직접 최적화한다.

그럼 첫 번째 입력이 두 번째 입력보다 랭킹이 높은지 예측해야 할 모델 f의 예측 결과에 따라 랭킹 목록을 만들려면 어떻게 해야 할까? 이 문제는 일반적으로 풀기 힘든 문제로 분류되며, 페어와이즈 비교를 랭킹 목록으로 변환할 수 있는 랭커로 구현한 것들이 많이 나와 있다.

그중에서 가장 직관적인 방법은 기존에 나온 정렬 알고리즘을 활용하는 것이다. 정렬 알고리즘은 숫자 집합을 오름차순 또는 내림차순으로 정렬한다(그중에서도 가장 간단한 정렬 알고리즘으로, 학부 수업 시간에 흔히 배우는 버블 정렬bubble sort이 있다). 일반적으로 정렬 알고리즘은 집합에 있는 숫자 쌍을 반복적으로 비교하고 그 결과에 따라 목록에 나온 위치를 바꾸는 방식으로 처리한다. 앞에서 만든 함수 f를 정렬 알고리즘에 적용해서 비교 연산을 수행하면, 숫자가 아닌 문서를 정렬하게 만들 수 있다.

10.3 추천 학습

추천 학습learning to recommend이란 추천 시스템recommender system을 구축하는 방법을 말한다. 일반적으로 콘텐츠를 소비하는 사용자가 있고 이들의 소비 내역(히스토리)이 있을 때, 사용자가 좋아할 만한 새로운 콘텐츠를 추천하는 것이다. 이러한 시스템은 넷플릭스Netflix에서 영화를 추천하거나 아마존Amazon에서 책을 추천하는 데 적용할 수도 있다.

기존에는 두 가지 방식으로 추천 시스템을 구현했다. 하나는 콘텐츠 기반 필터링이고, 다른 하나는 협업 필터링이다.

콘텐츠 기반 필터링content-based filtering은 사용자가 본 콘텐츠에 대한 설명을 토대로 사용자의 선호도를 학습한다. 예를 들어 뉴스 사이트의 경우, 사용자가 읽은 뉴스 기사가 주로 과학과 기술에 대한 것이라면 이 사용자에게 과학과 기술에 대한 문서를 더 추천한다. 좀 더 일반화하면 사용자마다 훈련 집합을 만들어서 이 데이터셋에 뉴스 기사를 특징 벡터 $\mathbf{x}$로 추가하고, 그 사용자가 최근 이 뉴스 기사를 읽었는지 여부를 레이블 y로 표시한다. 그리고 나서 각 사용자마다 모델을 만들고 새로운 콘텐츠마다 특정 사용자가 읽었는지 여부를 주기적으로 검사한다.

콘텐츠 기반 기법은 여러 가지 한계가 있다. 예를 들어 사용자가 이른바 필터 버블 filter bubble이라는 함정에 빠질 수 있다. 시스템은 항상 그 사용자가 본 적 있는 것과 비슷한 정보만 제공한다. 그러면 기존의 사용자 성향과 다른 정보에 접근할 수 없거나 관심사의 영역을 확장할 수 없게 된다. 실전에서는 사용자가 시스템이 추천하는 내용을 더 이상 보지 않을 수도 있다. 이렇게 되면 안 된다.

협업 필터링collaborative filtering은 콘텐츠 기반 필터링에 비해 뛰어난 장점이 있다. 한 사용자에게 추천할 내용을 다른 사람이 소비하거나 평가한 결과를 토대로 계산하기 때문이다. 예를 들어 두 사용자가 동일한 영화 열 개에 대해 높은 점수를 줬다고 하자. 그러면 첫 번째 사용자는 두 번째 사용자가 선호하는 영화를 좋아할 가능성이 높다. 하지만 이 기법은 추천 대상(영화)의 내용을 고려하지 않는다는 단점이 있다.

협업 필터링에서는 사용자 선호도 정보를 행렬로 관리한다. 각 행은 사용자를 표현하고, 각 열은 사용자가 평가하거나 소비한 콘텐츠의 일부분에 해당한다. 일반적으로 이 행렬은 굉장히 크고 중간에 비어있거나 0으로 채워진 곳도 많다(희소 행렬sparse matrix). 그 이유는 현재 주어진 콘텐츠 중 극히 일부분에 대해서만 평가하거나 소비하는 경우가 대다수이기 때문이다. 이렇게 희소한 데이터를 토대로 실질적으로 의미가 있는 추천을 하는 것은 상당히 힘들다.

실전에서 사용하는 추천 시스템은 하이브리드 방식으로 접근한다. 다시 말해 콘텐츠 기반 필터링과 협업 필터링 모델을 모두 활용해서 추천한다.

앞에서 언급했듯이, 콘텐츠 기반 추천 모델은 콘텐츠의 특징을 기반으로 사용자가 좋아할지를 예측하는 분류나 회귀 모델로 만들 수 있다. 이러한 특징으로는 책이나 신문 기사에 사용자가 선호하는 단어의 포함 여부, 콘텐츠의 가격, 최신 콘텐츠 여부, 동일 저자 여부 등이 있다.

두 가지 효과적인 추천 시스템 학습 알고리즘으로 **FM**과 **DAE**가 있다.

10.3.1 FM

FM^Factorization Machine(팩터리제이션 머신, 인수분해 기계)은 다소 최근에 등장한 알고리즘으로서, 희소 데이터셋에 특화된 기법이다. 먼저 이 기법이 다루는 문제부터 살펴보자.

그림 10.1은 레이블이 달린 희소 특징 벡터의 예를 보여준다. 각각의 특징 벡터는 특정한 사용자 한 사람과 특정한 영화 하나에 대한 정보를 표현한다. 파란색으로 표시된 특징 영역은 사용자를 나타낸다. 사용자는 원핫 벡터로 인코딩한다. 초록색으로 표시된 특징 영역은 영화를 표현한다. 영화도 원핫 벡터로 인코딩한다. 노란색으로 표시한 특징 영역은 파란색 영역의 사용자가 평가한 영화에 대한 점수를 표현한다. 특징 x_{99}는 사용자가 시청한 영화 중에서 오스카상을 수상한 영화의 비율을 표현한다. 특징 x_{100}은 파란색 영역의 사용자가 초록색 영역에 있는 영화에 대해 점수를 매기기 전에 시청한 영화의 비율^percentage을 나타낸다. 타깃(목푯값) y는 파란색 영역의 사용자가 초록색 영역의 영화에 대해 매긴 점수를 표현한다.

실전에서 사용하는 추천 시스템에서는 사용자 수가 수백만 명에 이른다. 따라서 그림 10.1에 나온 행렬의 행은 수백만 개로 구성된다. 특징 수도 콘텐츠의 종류와 데이터 분석가의 창의력에 따라 수십만 개로 구성될 수 있다. 특징 x_{99}와 x_{100}은 특징 공학 과정에서 수작업으로 구성된 것이지만, 예를 보여주기 위해 두 가지 특징만 소개한다.

이처럼 굉장히 희소한 데이터셋에 대해 회귀 모델이나 분류 모델을 학습시키면 일반화가 잘되지 않는다. FM 기법은 이 문제를 다른 방식으로 접근한다.

FM 모델은 다음과 같이 정의한다.

$$f(\mathbf{x}) \stackrel{\text{def}}{=} b + \sum_{i=1}^{D} w_i x_i + \sum_{i=1}^{D} \sum_{j=i+1}^{D} (\mathbf{v}_i \mathbf{v}_j) x_i x_j$$

여기서 b와 $w_i (i = 1, \cdots, D)$는 스칼라 파라미터며 선형 회귀에서 사용한 것과 비슷하

	사용자				영화					점수가 매겨진 영화								
	Ed	Al	Zak	···	It	Up	Jaws	Her		It	Up	Jaws	Her					
	x_1	x_2	x_3	···	x_{21}	x_{22}	x_{23}	x_{24}	···	x_{40}	x_{41}	x_{42}	x_{43}	···	x_{99}	x_{100}	y	
$\mathbf{x}^{(1)}$	1	0	0	···	1	0	0	0	···	0.2	0.8	0.4	0	···	0.3	0.8	1	$y^{(1)}$
$\mathbf{x}^{(2)}$	1	0	0	···	0	1	0	0	···	0.2	0.8	0.4	0	···	0.3	0.8	3	$y^{(2)}$
$\mathbf{x}^{(3)}$	1	0	0	···	0	0	1	0	···	0.2	0.8	0.4	0.7	···	0.3	0.8	2	$y^{(3)}$
$\mathbf{x}^{(4)}$	0	1	0	···	0	0	1	0	···	0	0	0.7	0.1	···	0.35	0.78	3	$y^{(4)}$
$\mathbf{x}^{(5)}$	0	1	0	···	0	0	0	1	···	0	0	0.7	0.1	···	0.35	0.78	1	$y^{(5)}$
$\mathbf{x}^{(6)}$	0	0	1	···	1	0	0	0	···	0.8	0	0	0.6	···	0.5	0.77	4	$y^{(6)}$
···	···	···	···	···	···	···	···	···	···	···	···	···	···	···	···	···	···	···
$\mathbf{x}^{(D)}$	0	0	0	···	0	0	1	0	···	0	0	1	0	···	0.95	0.85	5	$y^{(D)}$

그림 10.1 희소 특징 벡터 $\mathbf{x}$와 각각에 대한 레이블 y의 예

다. 벡터 $\mathbf{v}_i$는 **인수**factor에 대한 k차원 벡터다. k는 하이퍼파라미터로서 대체로 D보다 훨씬 작다. $\mathbf{v}_i\mathbf{v}_j$는 i번째 인수 벡터와 j번째 인수 벡터에 대한 점곱이다.

여기서 볼 수 있듯이 희소성으로 인해 특징 사이의 상호작용이 거의 없는 거대한 파라미터 벡터 하나 대신, 특징 사이의 페어와이즈 상호작용 x_ix_j에 적용될 파라미터를 추가해서 보완한다. 하지만 각 상호작용마다 파라미터 $w_{i,j}$를 갖게 해서 모델에 새로운 파라미터가 굉장히 많아지게 하지 않고,[1] 파라미터를 $Dk \ll D(D-1)$개만 사용해서 $w_{i,j}$ 대신 $\mathbf{v}_i\mathbf{v}_j$를 사용하도록 모델을 만든다.[2]

문제에 따라 손실 함수를 (회귀의 경우) 제곱 오차 손실이나 힌지 손실로 정의할 수 있다. $y \in \{-1, +1\}$에 대한 분류 문제에서 힌지 손실 또는 로지스틱 손실을 적용하면 $y = \mathrm{sign}(f(x))$로 예측값을 구한다. 로지스틱 손실은 다음과 같이 정의한다.

1 좀 더 정확히 표현하면 $D(D-1)$개의 파라미터를 더한다.

2 ≪는 '훨씬 작다.'는 뜻이다.

$$loss(f(\mathbf{x}), y) = \frac{1}{\ln 2} \ln(1 + e^{-yf(\mathbf{x})})$$

평균 손실을 최적화하는 작업은 경사 감소법으로 처리할 수 있다. 그림 10.1에 나온 예제에서 레이블이 {1, 2, 3, 4, 5}이므로 다중 클래스 문제가 된다. 이럴 때는 OvR 기법을 적용해서 다중 클래스 문제를 이진 분류 문제 다섯 개로 바꿀 수 있다.

10.3.2 DAE

7장에서 디노이징(노이즈 제거) 인코더denoising encoder란 병목 계층으로부터 입력을 재구성하는 신경망이라고 배웠다. 노이즈에 의해 입력이 손상되는 것과 달리 출력은 노이즈의 영향을 받지 않으므로, **DAE**(디노이징 오토인코더denoising autoencoder)는 추천 모델을 구축하는 데 이상적인 기법이다.

기본 개념은 간단하다. 사용자가 좋아할 만한 새로운 영화를 일정한 손상 프로세스를 통해 선호 영화 집합에서 제거된 것으로 취급한다. DAE의 목표는 이렇게 제거된 항목을 재구성하는 것이다.

DAE에 적용할 훈련 집합을 만들기 위해 그림 10.1에 나온 훈련 집합에서 파란색과 초록색 특징을 제거한다. 일부 예제가 중복되기 때문에 고유한 예제만 유지한다.

학습 단계에서는 입력 특징 벡터에서 0이 아닌 노란색 특징 중 일부를 무작위로 0으로 만든다. 그러고 나서 오토인코더를 학습시켜 손상되지 않은 입력을 재구성한다.

예측 단계에서는 사용자에 대한 특징 벡터를 만든다. 이 특징 벡터에는 손상되지 않은 노란색 특징뿐만 아니라 x_{99} 및 x_{100}과 같이 직접 만든 특징도 포함된다. 앞에서 학습시킨 DAE 모델을 이용해서 손상되지 않은 입력을 재구성한다. 그러고 나서 이 모델의 출력에서 가장 높은 점수를 받은 영화를 사용자에게 추천한다.

협업 필터링 모델 중에서 또 다른 효과적인 것으로는 입력이 두 개고 출력이 하나인 FFNN이 있다. 8장에서 설명했듯이 신경망은 여러 입력을 동시에 처리할 수 있다. 여기서 훈련 예제는 (u, m, r)이라는 삼중항으로 구성된다. 입력 벡터 $\mathbf{u}$는 사용자를 원핫 인코딩한 것이다. 두 번째 입력 벡터 $\mathbf{m}$은 영화를 **원핫 인코딩**한 것이다. 출력 계층은 (레이블 r의 값이 $[0, 1]$ 구간에 있는) 시그모이드로 정의할 수도 있고, ReLU로 정의할 수도 있다. ReLU로 정의할 때는 r을 $[1, 5]$와 같이 흔히 사용하는 구간의 값으로 정의한다.

10.4 자가 지도 학습: 단어 임베딩

단어 임베딩에 대해서는 7장에서 이미 설명했지만, 여기서 다시 한 번 소개한다. **단어 임베딩**word embedding은 단어를 표현하는 특징 벡터며, 단어가 비슷하면 특징 벡터도 비슷하다는 속성이 있다. 그렇다면 이런 단어 임베딩은 어디서 나온 것일까? (다시 한 번 설명하면) 데이터로부터 학습한 것이다.

단어 임베딩을 학습하는 데 사용할 수 있는 알고리즘은 다양하다. 여기서는 그중에서도 실전에서 많이 쓰는 **word2vec**의 한 버전인 **스킵그램**skip-gram을 소개한다. 인터넷에서 검색해보면, 여러 언어에 대해 미리 학습시켜둔 word2vec 임베딩을 다운로드할 수 있다.

단어 임베딩 학습의 목표는 원핫 인코딩된 단어를 단어 임베딩으로 변환하는 데 사용할 모델을 만드는 것이다. 사전에 10,000개의 단어가 담겨 있을 때, 각 단어에 대한 원핫 벡터는 10,000차원 벡터로서 1을 포함한 차원을 제외한 나머지는 모두 0이다. 차원마다 1을 가진 단어도 다르다.

예를 들어 "I almost finished reading the book on machine learning."이란 문장을 살펴보자. 여기서 'book'이란 단어를 삭제해서 "I almost finished reading the · on machine learning."이란 문장을 만들어보자. 그러고 나서 · 앞에 나온 세 단어와 · 뒤에 나오는 세 단어만 담은 "finished reading the · on machine learning."이라는 일곱 단어로 구

성된 윈도우를 보면서, ‧에 들어갈 단어를 추측해보면, 'book', 'article', 'paper' 등과 같은 값을 제시할 수 있다. 바로 이런 식으로 주변 단어를 보고 문맥에 맞는 단어를 추측할 수 있다. 또한 이 과정을 통해 기계는 'book', 'article', 'paper'란 단어의 의미가 서로 비슷하다는 것을 학습하게 된다. 여러 텍스트에서 비슷한 문맥으로 등장하기 때문이다.

또한 이와 반대로 단어 하나로부터 그 주변 문맥을 예측할 수도 있다. "finished reading the ‧ on machine learning."이란 일부 문장을 윈도우 크기가 7(= 3 + 1 + 3)인 스킵그램이라고 한다. 웹에 있는 문서를 활용하면 스킵그램 수백만 개를 쉽게 생성할 수 있다.

스킵그램을 $[\mathbf{x}_{-3}, \mathbf{x}_{-2}, \mathbf{x}_{-1}, \mathbf{x}, \mathbf{x}_{+1}, \mathbf{x}_{+2}, \mathbf{x}_{+3}]$과 같이 표기해보자. 앞에 나온 문장에서 $\mathbf{x}_{-3}$은 'finished'에 대한 원핫 벡터고, $\mathbf{x}_{-2}$는 'reading'에 대한 원핫 벡터며, $\mathbf{x}$는 삭제한 단어 '‧'에 해당하고, $\mathbf{x}_{+1}$은 'on' 등으로 대응된다. 윈도우 크기가 5인 스킵그램은 $[\mathbf{x}_{-2}, \mathbf{x}_{-1}, \mathbf{x}, \mathbf{x}_{+1}, \mathbf{x}_{+2}]$와 같이 구성할 수 있다.

그림 10.2는 윈도우 크기가 5인 스킵그램 모델의 구조를 보여준다. 이 모델은 다계층 퍼셉트론처럼 완전 연결 신경망으로 돼 있다. 입력 단어는 스킵그램에서 ‧에 해당하는 단어다. 이 신경망은 입력된 중심 단어에 대해 이 스킵그램의 문맥에 맞도록 주변 단어들을 예측하도록 학습한다.

지금까지의 설명을 통해 왜 이런 종류의 학습 기법을 **자가-지도**self-supervised 학습이라 부르는지 이해할 수 있다. 텍스트와 같은 레이블이 없는 데이터로부터 레이블이 달린 예제를 추출할 수 있기 때문이다.

이 모델의 출력 계층에서는 활성화 함수로 소프트맥스를 사용한다. 비용 함수는 음의 로그 가능도를 사용한다. 단어에 대한 임베딩은 그 단어를 원핫 인코딩한 값이 모델의 입력으로 주어졌을 때 임베딩 계층에서 출력된 값으로 구할 수 있다.

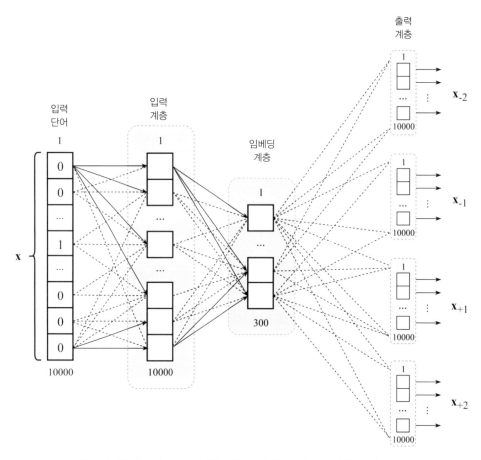

그림 10.2 윈도우 크기가 5고 임베딩 계층이 300개의 유닛으로 구성된 스킵그램 모델

word2vec 모델은 파라미터가 아주 많기 때문에 연산을 좀 더 효율적으로 수행하도록 두 가지 기법을 사용한다. 하나는 (소프트맥스의 출력을 이진 트리의 말단 노드로 표현하는 방식으로 소프트맥스를 효율적으로 계산하는) **계층적 소프트맥스**hierarchical softmax고, 다른 하나는 (경사 감소법을 매번 반복할 때마다 나오는 출력 중에서 무작위 샘플만 업데이트하는) **네거티브 샘플링**negative sampling이다. 이 두 가지 기법에 대한 자세한 내용은 참고 문헌을 읽어보길 바란다.

11

결론

어느덧 이 책의 끝에 다다랐다. 지금까지 설명한 내용을 대부분 이해하면서 순조롭게 따라왔다면 정말 대단하다.

이 책의 제목과 달리 책의 분량이 이미 100페이지를 넘어섰다. 마케팅 의도가 다분한 제목이었음을 고백하니 너그럽게 봐주길 바란다. 사실 폰트 크기, 여백, 줄 간격을 줄이거나 UMAP에 대한 절을 삭제하고 원본 논문을 알아서 참고하는 식으로 작성함으로써, 이 책이 정말 100페이지만으로 구성되게 할 수도 있었다(여담이지만, UMAP을 원본 논문을 직접 읽으면서 파악하고 싶은 독자는 별로 없을 것이다).

그런데 이 책을 마무리하는 시점에서 돌이켜보면, 뛰어난 데이터 분석가나 머신 러닝 엔지니어가 되고 싶은 사람이라면 반드시 알아야 할 내용들을 어느 정도 잘 정리했다는 생각이 든다. 그렇다고 해서 이 책에서 모든 내용을 다 다뤘다는 뜻은 전혀 아니다. 그보다는 100여 페이지만으로 수천 페이지에 달하는 책들에 담긴 내용들을 어느 정도 소개했다는 의미다. 이 책에서 소개한 주제 중에는 어느 책에서도 다루지 않은 것들도 많다. 현재 나온 머신 러닝 책들은 다소 보수적이고 아카데믹한 성격이 강하다. 반면 이 책에서는 실전에서 필요할 만한 알고리즘과 기법을 중점적으로 다뤘다.

이 장에서는 내가 만약 '1,000페이지 머신 러닝'이란 제목으로 책을 쓴다면 추가하고 싶은 주제를 소개한다.

11.1 이 책에서 다루지 않은 내용

11.1.1 토픽 모델링

텍스트 분석에서 **토픽 모델링**^{topic modeling}은 대표적인 비지도 학습 문제며, 텍스트 문서 집합이 주어졌을 때 각 문서에 담긴 주제를 찾는 문제를 다룬다. **LDA**^{Latent Dirichlet Allocation}는 매우 효율적인 토픽 찾기 알고리즘이다. 문서 집합에서 찾고자 하는 토픽의 개수만 지정하면, 이 알고리즘이 문서 집합의 각 단어마다 토픽을 할당해준다. 문서 하나에 대한 토픽을 추출하려면, 그 문서에 각 토픽에 대한 단어가 몇 개나 있는지만 세어보면 된다.

11.1.2 가우시안 프로세스

가우시안 프로세스(GP^{Gaussian Process})는 커널 회귀와 자웅을 다투는 지도 학습 기법이다. GP가 커널 회귀보다 좋은 점이 몇 가지 있다. 예를 들어 각 포인트마다 회귀 직선에 대한 신뢰도 구간을 제공한다. 나는 GP를 쉽게 설명할 방법을 찾지 못했기 때문에 GP에 대한 설명을 빼기로 했다. 하지만 약간의 시간만 투자하면 얼마든지 GP를 이해할 수 있다. 이 시간은 정말 투자할 만한 가치가 있다.

11.1.3 일반화 선형 모델

일반화 선형 모델(GLM^{Generalized Linear Model})은 입력 특징 벡터와 목푯값 사이의 다양한 의존성을 모델링하기 위해 선형 회귀를 일반화한 것이다. 예를 들어 로지스틱 회귀는 일종의 GLM이다. 간단하면서도 설명 가능한 회귀 모델에 관심이 많다면, GLM에 대해 반드시 읽어보길 바란다.

11.1.4 확률 그래픽 모델

7장에서 **확률 그래픽 모델**(PGM^{Probabilistic Graphical Model})에 대한 한 예인 **CRF**^{Conditional Random Field}에 대해 소개한 적이 있다. CRF를 이용하면 단어의 입력 시퀀스와, 그 시퀀스 안의 특징과 레이블 사이의 관계에 대한 모델을 순차적인 의존성 그래프^{dependency graph}로 만들 수 있다. 좀 더 일반적으로 표현하면, PGM은 어떠한 그래프로도 표현할 수 있다. 여기서 **그래프**^{graph}란 노드와 노드 쌍을 연결하는 엣지로 구성된 구조체를 말한다. PGM의 각 노드마다 (관측 가능 여부를 나타내는) 확률 변수^{random variable}를 표현하고, 엣지는 어떤 확률 변수의 다른 확률 변수에 대한 조건부 의존성을 표현한다. 예를 들어 '보도의 축축한 정도'를 나타내는 확률 변수는 '날씨 상태'에 대한 확률 변수에 의존한다. 일부 확률 변수의 값만 관측한 상태에서 관측된 변수와 관측되지 않은 변수 사이의 의존성을 최적화 알고리즘이 데이터로부터 학습할 수 있다.

PGM에 대해 좀 더 자세히 알고 싶은 독자는 베이지안 네트워크^{Bayesian network}, 빌리프(신뢰, 믿음) 네트워크^{belief network}, PIN^{Probabilistic Independence Network}이라는 이름으로도 부른다는 사실을 참고하길 바란다.

11.1.5 마르코프 체인 몬테 카를로

그래프 모델을 다루면서 의존성 그래프로 정의된 굉장히 복잡한 분포에서 표본(샘플)을 구하고 싶다면, **MCMC**^{Markov Chain Monte Carlo}(마르코프 체인 몬테 카를로) 알고리즘을 사용할 수 있다. MCMC는 수학적으로 정의된 모든 확률분포에서 표본을 추출(샘플링)하기 위한 알고리즘이다. 앞에서 **디노이징 오토인코더**에 대해 설명할 때, 정규분포에서 노이즈 표본을 구했다. 정규분포나 균등분포^{uniform distribution}와 같은 표준 분포로부터 샘플링하는 것은 상대적으로 쉽다. 그 속성이 잘 알려져 있기 때문이다. 하지만 확률 분포가 복잡한 수식으로 정의된 경우에는 샘플링 과정이 매우 복잡해질 수 있다.

11.1.6 GAN

GAN^{Generative Adversarial Network}은 비지도 학습에 사용되는 신경망이며, 두 신경망이 제로섬 게임^{zero-sum game}으로 서로 경쟁하는 시스템으로 구현한다. GAN은 주로 사람이 봤을 때 진짜처럼 보이는 사진을 생성하는 방법을 학습하는 데 활용된다. 두 신경망 중 첫 번째는 무작위 입력(주로 가우시안 노이즈)을 받아서 픽셀 행렬 형태로 이미지를 생성하는 방법을 학습한다. 두 번째 신경망은 두 가지 이미지를 입력받는다. 하나는 이미지 집합에서 가져온 이미지고, 다른 하나는 첫 번째 신경망에서 생성한 이미지다. 두 번째 신경망은 두 이미지 중 첫 번째 신경망에서 생성한 것을 찾는 방법을 학습한다. 첫 번째 신경망은 두 번째 신경망이 '가짜' 이미지임을 알아내면 음의 손실을 받게 된다. 반면 두 번째 신경망은 두 이미지 중 가짜를 찾지 못하면 페널티를 받게 된다.

11.1.7 유전 알고리즘

유전 알고리즘(GA^{Genetic Algorithm})은 미분 불가능한 목적 함수를 최적화하기 위한 수치 최적화 기법이다. 진화 생물학에서 가져온 개념을 토대로 최적화 문제의 최소^{minimum}나 최대^{maximum}와 같은 전역 최적값^{global optimum}을 탐색한다.

GA는 먼저 후보 해에 대한 초기 세대에서 시작한다. 모델의 파라미터에 대한 최적값을 찾으려면 먼저 파라미터 값에 대한 다양한 조합을 무작위로 생성한다. 그러고 나서 각각의 파라미터 값 조합을 목적 함수를 기준으로 테스트한다. 각각의 파라미터 값 조합을 다차원 공간의 한 점으로 볼 때, '선택^{selection}', '교배^{crossover}', '변이^{mutation}'와 같은 개념을 적용해서 이전 세대로부터 다음 세대의 점들을 생성할 수 있다.

간단히 정리하면, 각 세대마다 목표를 기준으로 가장 뛰어난 성능을 보여준 이전 세대의 점과 비슷한 점들을 더 많이 갖게 된다. 새로운 세대에서는 이전 세대에서 최악의 성능을 보여준 점들이 '변이'나 '교배'를 통해 이전 세대에서 최상의 성능을 보여준 점들로 교체된다. 한 점의 변이는 원본 점의 일부 속성을 무작위로 왜곡시켜서 구한다. 교배는 여러 점을 특정한 방식(예: 평균)으로 조합한다.

GA를 이용하면 측정 가능한 모든 최적화 기준에 대해 해를 구할 수 있다. 예를 들어 학습 알고리즘의 하이퍼파라미터를 최적화하는 데 GA를 활용할 수 있다. GA는 그래디언트에 기반한 최적화 기법에 비해 대체로 속도가 느리다.

11.1.8 강화 학습

앞에서 설명했듯이, **강화 학습**(RL^{Reinforcement Learning})은 의사 결정이 순차적인 특정한 종류의 문제를 푸는 기법이다. 일반적으로 미지의 환경에서 활동하는 에이전트가 하나 있다. 각 동작마다 보상이 주어지면서 에이전트는 환경의 다음 상태로 전이한다(주로 미지 속성에 대한 무작위 프로세스의 결과로 상태가 전이된다). 에이전트의 목표는 장기 보상을 최적화하는 것이다.

Q-학습^{Q-learning}과 같은 강화 학습 알고리즘이나 이에 대한 신경망 버전은 비디오 게임이나 로봇 내비게이션 및 협동, 재고 및 유통망 관리, 복잡한 전력 시스템(파워 그리드^{power grid}) 최적화, 금융 거래 전략 학습 등에 활용된다.

***

이것으로 이 책의 모든 내용을 마쳤다. 이 책의 위키 페이지에도 종종 들러서 지금까지 소개한 다양한 머신 러닝 분야에 대해 최근 발표된 기술을 확인해보길 바란다. 이 책의 서문에서 밝혔듯이, 끊임없이 업데이트되는 위키 덕분에 이 책은 여러분이 구입한 후에도 뛰어난 와인이 숙성되듯 나날이 개선되고 있다.

11.2 감사의 글

이 책이 높은 완성도로 출간될 수 있었던 것은 자발적으로 나서준 편집자 덕분이다. 특히 이 책에 체계적으로 공헌해준 다음 독자들에게 감사의 말을 전하고 싶다.

마틴 반 아티쿰Martijn van Attekum, 대니얼 마라이니Daniel Maraini, 알리 아지즈Ali Aziz, 레이첼 맥Rachel Mak, 캘빈 순들리Kelvin Sundli, 존 로빈슨John Robinson.

또한 다음 분들에게도 이 책에 도움을 주신 데 대해 감사의 말을 전하고 싶다.

마이클 아누지스Michael Anuzis, 크눗 스베르드룹Knut Sverdrup, 프레디 드레넌Freddy Drennan, 칼 핸들린Carl W. Handlin, 아브히짓 쿠마Abhijit Kumar, 라지 베다드Lazze Veddbärd, 리카르도 리스Ricardo Reis, 대니얼 그로스Daniel Gross, 요한 파오지Johann Faouzi, 아카시 아그라왈Akash Agrawal, 나타나엘 웨일Nathanael Weill, 필립 제킥Filip Jekic, 아비셱 바부지Abhishek Babuji, 루안 비에이라Luan Vieira, 세이액 폴Sayak Paul, 바헤이드 월릿츠Vaheid Wallets, 로렌조 부포니Lorenzo Buffoni, 엘리 프리드먼Eli Friedman, 루카스 마드리Łukasz Mądry, 하올란 킨Haolan Qin, 비벡 베헤라Bibek Behera, 제니퍼 쿠퍼Jennifer Cooper, 니샨트 탸기Nishant Tyagi, 데니스 아키야로프Denis Akhiyarov, 아론 자나프Aron Janarv, 알렉산더 오브차렌코Alexander Ovcharenko, 리카르도 리오스Ricardo Rios, 마이클 멀린Michael Mullen, 매튜 에드워즈Matthew Edwards, 데이빗 에틀린David Etlin, 마노지 발라지Manoj Balaji J, 데이빗 로이David Roy, 루안 비에이라Luan Vieira, 루이즈 펠릭스Luiz Felix, 아난드 모한Anand Mohan, 하디 소투데Hadi Sotudeh, 찰리 뉴위Charlie Newey, 자미르 아킴베코프Zamir Akimbekov, 헤수스 르네로Jesus Renero, 카란 가디야Karan Gadiya, 무스타파 아닐 데르벤트Mustafa Anil Derbent, JQ 빈스트라JQ Veenstra, 졸트 크라이스Zsolt Kreisz, 이안 켈리Ian Kelly, 루카스 자와다Lukasz Zawada, 로버트 웨어햄Robert Wareham, 토마스 보스먼Thomas Bosman, Lv 스티븐Lv Steven, 아리엘 로사니고Ariel Rossanigo, 마이클 럼프킨스Michael Lumpkins, 루치아노 세구라Luciano Segura.

| 찾아보기 |

THE HUNDRED-PAGE
MACHINE LEARNING BOOK

수식과 간결한 설명을 바탕으로 하는 핵심 머신 러닝

발 행 | 2019년 8월 30일

지은이 | 안드리 부르코프
옮긴이 | 남 기 혁 · 이 용 진 · 윤 여 찬

펴낸이 | 권 성 준
편집장 | 황 영 주
편 집 | 조 유 나
디자인 | 박 주 란

에이콘출판주식회사
서울특별시 양천구 국회대로 287 (목동)
전화 02-2653-7600, 팩스 02-2653-0433
www.acornpub.co.kr / editor@acornpub.co.kr

한국어판 ⓒ 에이콘출판주식회사, 2019, Printed in Korea.
ISBN 979-11-6175-340-9
http://www.acornpub.co.kr/book/100page-ml

이 도서의 국립중앙도서관 출판시도서목록(CIP)은 서지정보유통지원시스템 홈페이지(http://seoji.nl.go.kr)와
국가자료공동목록시스템(http://www.nl.go.kr/kolisnet)에서 이용하실 수 있습니다.(CIP제어번호: CIP2019032692)